重点马克思主义学院建设学术文库

The Academic Library of Key Marxism School of Higher Education in China

迈向共同富裕：现代化进程中劳动性所得增进研究

王思然 著

吉林大学出版社

· 长春 ·

图书在版编目（CIP）数据

迈向共同富裕 ： 现代化进程中劳动性所得增进研究 ／
王思然著. -- 长春 ： 吉林大学出版社，2025. 5.
（重点马克思主义学院建设学术文库）. -- ISBN 978-7
-5768-4983-7

Ⅰ. F124.7

中国国家版本馆CIP数据核字第2025DS4127号

书　　　名：迈向共同富裕：现代化进程中劳动性所得增进研究
MAIXIANG GONGTONG FUYU：XIANDAIHUA JINCHENG ZHONG
LAODONGXING SUODE ZENGJIN YANJIU

作　　者：王思然
策划编辑：周　婷
责任编辑：周　婷
责任校对：孙　琳
装帧设计：林　雪
出版发行：吉林大学出版社
社　　址：长春市人民大街4059号
邮政编码：130021
发行电话：0431-89580036/58
网　　址：http://www.jlup.com.cn
电子邮箱：jldxcbs@sina.com
印　　刷：吉广控股集团有限公司
开　　本：787mm×1092mm　1/16
印　　张：15
字　　数：210千字
版　　次：2025年5月　第1版
印　　次：2025年5月　第1次
书　　号：ISBN 978-7-5768-4983-7
定　　价：92.00元

序

在历史的长河中，每一次社会的重大进步都伴随着对公平与效率的深刻思考。《迈向共同富裕：现代化进程中劳动性所得增进研究》的诞生，正是源于这样的思考。在此，我愿与读者分享这本书背后的故事，以及它所承载的意义。

这本书的种子萌发于我的博士论文《共同富裕现代化进程中劳动性所得增进研究》。在那个阶段，我专注于探讨劳动者如何通过自身的努力获得更多的收益。然而，随着党的二十届三中全会的召开，一个新的词汇——"劳动性所得"——进入了公众视野，也深深触动了我。党的二十届三中全会提出的这一概念，不仅为我的研究提供了新的视角，也让我意识到，有必要将原先的研究拓展和深化，从而形成了本书的主题。

中国作为世界上经济增长速度最为迅速的国家，正面临着一系列复杂的挑战，其中收入分配问题尤为突出。在追求共同富裕的现代化道路上，劳动性所得的增进成为了不可忽视的重要议题。劳动性所得，作为劳动者通过劳动获得的直接经济回报，不仅关系到劳动者的生活质量和幸福感，更是衡量社会公平与正义的重要标尺。

本书的撰写，正是基于对这一问题的深刻认识。我认为，研究劳动性所得增进问题，对于中国乃至全世界的经济发展和社会进步都具有重要的理论和实践意义。以下是本书序言中我想表达的几个核心观点。首先，劳动性所得的增进是共同富裕现代化的基石。在社会主义市场经济体制下，劳动者的主体地位日益凸显，他们的劳动性所得不仅是对个人劳动的肯定，也是社会财富分配的基本依据。只有确保劳动性所得的合理增长，才能推动社会整体向着共同富裕的目标迈进。其次，中国作为一个发展中大国，其收入分配问题的复杂性远超一般国家。在经济增长的同时，如何确保广大劳动者能够共享发展的成果，是摆在我们面前的一道难题。本书试图通过深入分析，为解决这一问题提供思路和对策。再次，研究劳动性所得增进问题，有助于我们更好地理解劳动者的经济地位和社会角色。在现代化进程中，劳动者不仅是生产力的创造者，也是社会变革的推动者。因此，关注劳动性所得，就是关注劳动者的权益，就是关注社会的和谐与稳定。最后，本书的撰写也是我个人学术探索的延续。从博士论文到本书，我始终保持着对劳动性所得问题的热忱和关注。我希望通过这本书，能够为学术界和实践界提供一份有价值的参考资料，同时也为推动我国劳动性所得增进的政策制定和实践探索贡献自己的一份力量。

最后，我衷心感谢我的家人。你们无私的爱与支持是我学术旅程中最坚实的后盾。在此，向你们表示最诚挚的谢意。正是你们的鼓励和支持，我才能在学术的道路上坚定前行。同时，我也期待这本书能够引起更多人对劳动性所得增进问题的关注，共同致力于构建一个更加公平、和谐的社会。

是为序。

王思然

2024年12月27日于长春

目　录

第一章

导　论

第一节　劳动性所得增进研究的重要意义

一、劳动性所得增进研究的选题缘由

在对共同富裕这一宏伟目标与现代化进程深度融合的探索进程中，劳动性所得的增进无疑处于核心地位。作为社会经济发展的基石，劳动不仅承载着个人生存与发展的希望，更是国家繁荣与民族复兴的强大动力。随着时代的变迁和社会制度的演进，劳动性所得分配制度的合理性、公平性与效率性，直接关系到社会的和谐稳定与持续发展。因此，深入研究共同富裕现代化背景下的劳动性所得的增进，不仅是对历史经验的总结回顾，更是对未来路径的前瞻探索，具有重大的理论与实践意义。

（一）科学认识共同富裕现代化背景下劳动性所得分配制度变迁理论与实践

"治国之道，富民为始。"共同富裕是社会主义的本质要求，是中国式现代化的重要特征。从古代中国人民提出"以天下物利天下人""损有余而补不足"的美好愿望到习近平总书记提出的"绝不能出现'富者累巨万，贫者食糟糠'"[①]，在中华民族追求共同富裕的漫长进程中，劳动始终扮演着举足轻重的角色。劳动，作为人类独有的、一种有意识、有目的的社会实践活动，是人们运用自身的体力和脑力，通过自身的活动来调控人与自然之间物质、能量、信息的交换过程。它不仅是个体生存的必要条件和方式，更是社会存在与发展的坚实基础。中国共产党自始至终都高度重视劳动性所得

---

① 习近平谈治国理政：第2卷［M］. 北京：外文出版社，2017：200.

分配的问题。新中国成立之初，毛泽东在继承并发展马克思按劳分配理论的基础上，提出了"公平正义"的分配原则，强调劳动是劳动者获取收益的唯一正当途径。改革开放之后，为了激发劳动者参与社会主义现代化建设的热情，中国共产党逐步接受了私有制的存在，允许私营资本的发展，鼓励私人财富的积累，并保护私有产权，从而开启了具有中国特色的劳动性所得分配制度改革的新篇章。将"按劳动要素分配"纳入劳动性所得分配体系，不仅更精准地体现了劳动者的实际劳动量及其贡献大小，也极大地调动了劳动者的积极性，为中国特色社会主义市场经济的发展注入了强劲动力。实践充分证明，将按劳分配作为主体，同时结合按劳动要素分配的劳动性所得分配制度，是一项极具优越性的制度设计。它有助于缩小贫富差距，推动实现全体人民的共同富裕。因此，对共同富裕现代化背景下劳动性所得分配制度变迁进行系统性的梳理和分析，对于我们深入理解如何构建既能促进生产力发展又能充分调动劳动者积极性的劳动性所得分配制度，具有重要的理论意义和实践价值。

（二）梳理总结共同富裕现代化背景下劳动性所得分配制度改革伟大成就

新中国成立以来，中国共产党始终将实现共同富裕作为坚定不移的奋斗目标，始终尊重劳动与劳动者。在劳动性所得分配政策与格局持续完善的过程中，劳动性所得分配制度的改革不仅重塑了人们的物质利益观念，还建立健全了有效的物质激励机制。随着按劳分配原则的稳固确立，以及按劳动要素贡献参与分配机制的日益完善，劳动者的收入来源变得日益多元化，收入水平也持续提升。与此同时，消费需求结构与生活水平均得到了显著改善，劳动者的幸福指数与获得感不断增强。在推进共同富裕现代化的进程中，中国共产党扎实推进马克思主义中国化的实践探索，尊重一切形式的劳动及从事这些劳动的劳动者。为确保劳动者的就业权利，我们党致力于消除一切不合理、不平等的就业歧视，努力实现各类劳动者的公平就业。这一系列的努力，使我们历史性地消除了绝对贫困，实现了现行标准下9899万农村贫困人口的全部脱贫，832个贫困县的全部摘帽，12.8万个贫困村的全部出列，区域性整体贫困问题得到解决，完成了消除绝对贫困的艰巨任务。[①]改革开放以来，全国恩格尔系数逐年下降，至2021年已降至29.8%，[②]达到了联合国划分的20%至30%的富足标准。居民收入水平也实现了大幅度提升，2020年全国居民人均可支配收入达到32189元，相较于1949年名义上增长了646.7倍。[③]与此同时，从党的十三大报告首次提出应允许其他分配方式作为补充，到党的二十大报告指出要完善按要素分配的政策制度，我国按生产要素参与分配的机制也在不断完善。这一机制的建立与完善，既是收入分配制度改革不断深化的体现，也是劳动性所得分配政策日趋成熟的重要标志。共同富裕现代化背景下劳动性所得分配改革所取得的伟大成就，要求当代哲学社会科学工作者对传统劳动性所得分配中的价值取向、基本方法、范围内容等进行深刻反思与全面革新。我们应从中系统总结符合中国实际、具有中国特色的劳动性所得分配理论，为未来的改革与发展提供坚实的理论支撑。

（三）积极回应共同富裕现代化背景下劳动性所得增进的困境

在中国共产党带领中国人民迈向共同富裕现代化的征途中，我国城乡居民收入水平虽已大幅提升，且收入差距扩大的趋势得到了有效控制，但我国作为全球最大的发展中国家，劳动性所得水平仍有待进一步提升。受到区域资源禀赋差异、劳资关系失衡、收入分配制度不完善以及个体劳动生产率差异等多重因素的影响，城乡之间、区域之间、行业之间的劳动性所得差距依然显著。劳动性所得分配制度的改革仍面临诸多挑战，如缩小收入分配差距、规范收入分配秩序等。同时，必须正视的是，长期以来存在的重视资本

①　全国脱贫攻坚总结表彰大会在京隆重举行 习近平向全国脱贫攻坚楷模荣誉称号获得者颁奖并发表重要讲话 李克强主持 汪洋宣布决定 栗战书王沪宁赵乐际韩正王岐山出席［N］. 人民日报, 2021-02-26(01).
②　国家统计局. 中华人民共和国2017年国民经济和社会发展统计公报［R］. 2018-02-28.
③　中国统计摘要（2021）［M］. 北京: 中国统计出版社, 2021: 61.

权利而忽视劳动权益的问题尚未得到根本解决。改革开放以来，我国各级地方政府在追求经济增长的过程中，逐渐形成了一种以经济利益为导向的发展模式，工业化建设和招商引资成为推动GDP快速增长的重要手段。然而，这也在一定程度上过分强调了资本要素的作用，而相对忽视了物质资料生产和劳动要素的基础性地位，导致整体发展呈现出一定的资本主导倾向。因此，为了进一步提升劳动者的收益状况，改善劳资关系，调节劳资之间的收益差距，当代哲学社会科学工作者需要在坚持和完善社会主义基本经济制度的基础上，更加注重政策措施的针对性。通过有效的政策干预，消除劳动性所得差距中的分配不公因素，确保劳动者能够公平地分享经济发展的成果，从而在推动共同富裕现代化的进程中不断提高劳动性所得水平。

二、劳动性所得增进研究的重要意义

当前，劳动性所得已成为衡量一个国家或地区经济社会发展水平、公平正义程度及社会稳定性的关键指标。特别是在中国特色社会主义进入新时代的关键阶段，劳动性所得增进研究不仅关乎劳动者的基本权益与生活质量，更是推动经济高质量发展、实现共同富裕目标、构建和谐社会的重要基石。

（一）为丰富和发展中国特色社会主义政治经济学作出新贡献

习近平总书记指出："加快构建中国特色哲学社会科学，归根结底是构建中国自主的知识体系。"[①]在新中国波澜壮阔的发展历程中，政治经济学作为马克思主义理论体系的重要组成部分，始终站在时代前沿，紧扣新时代党和国家事业发展的重大经济议题，不断提出具有原创性、前瞻性的新理念、新思想、新战略。这些理论创新不仅是对中国改革与发展实践的深刻提炼，更是将丰富的实践经验升华为系统化、理论化的经济学知识，为中国特

---

① 习近平在中国人民大学考察时强调 坚持党的领导传承红色基因扎根中国大地 走出一条建设中国特色世界一流大学新路 [N]. 人民日报, 2022-04-26 (01).

色社会主义政治经济学的发展注入了强劲动力。中国特色社会主义政治经济学，是对我国改革开放以来经济社会发展成功经验的全面总结，是运用中国智慧、中国方案解读中国故事、传播中国声音的生动典范。它植根于中国大地，紧贴中国实际，以独特的理论视角和深厚的实践基础，揭示了中国特色社会主义经济发展的内在逻辑与外在表现，展现了马克思主义政治经济学在中国的创新发展与蓬勃生机。

此外，本书还注重从发展实践中总结提炼出阶段性与规律性的成果，这些成果不仅丰富了新时代中国特色社会主义政治经济学的理论体系，也为指导未来实践提供了宝贵的理论资源。通过本书研究，进一步证明了马克思主义政治经济学在中国的强大生命力与广阔发展前景，同时也为推动构建中国自主的知识体系、增强中国理论的世界影响力作出了积极贡献。

（二）调动劳动者积极性，推动经济高质量发展

改善劳动者福祉是中国共产党不懈追求的目标，也是调动劳动者积极性、保持党的强大生命力的群众基础。马克思指出："国家制度不仅自在地，不仅就其本质来说，而且就其存在、就其现实性来说，也在不断地被引回到自己的现实的基础、现实的人、现实的人民，并被设定为人民自己的作品。"[①] "现实的人" "现实的人民"是中国共产党关于劳动性所得分配制度改革的出发点。纵观中国共产党分配制度改革的实践历程，无论是新民主主义革命时期构建让劳动者劳有所得的分配制度，还是社会主义革命和建设时期建立保障人民当家作主的分配制度；无论是改革开放以来加快改善人民生活的分配制度，还是新时代保障人民共享改革发展成果的分配制度，都体现了共同富裕现代化进程中中国共产党领导劳动性所得分配制度变革的人民立场。劳动性所得增进研究，有助于完善分配制度促进机会公平，即让每一位劳动者都有平等的机会参与竞争，通过发挥个人最大潜能去创造收入和财

---

① 马克思恩格斯全集：第3卷［M］. 北京：人民出版社，2002：39-40.

富，使每位劳动者都能以有尊严的方式获得美好生活的物质基础。在高质量发展的轨道中，不断做大"蛋糕"并分好"蛋糕"，充分提高劳动者参与社会生产的积极性与参与度，推动劳动要素质量的提升并持续创造价值，有利于为经济发展新常态下的高质量发展提供强大的内生动力，实现经济发展和民生改善的良性循环。

（三）为缩小收入差距、促进共同富裕现代化之路提供坚实保障

作为中国特色社会主义的本质要求与中国式现代化的显著特征，共同富裕的深刻内涵不仅蕴含着"富裕"的目标追求，更强调了"共同"的价值取向。这一理念要求我们在经济发展的道路上，不仅要注重"蛋糕"的做大，即通过经济高质量发展，确保社会财富持续增长，满足全体社会成员日益增长的美好生活需要；更要关注"蛋糕"的分好，确保在分配环节能够体现公平正义，避免收入差距过大，让每一位公民都能从经济发展中切实受益，共享改革成果。进入新时代以来，以习近平同志为核心的党中央高瞻远瞩，深刻洞察我国社会主要矛盾的变化，将实现共同富裕提升至前所未有的战略高度。通过实施区域协调发展战略，推动城乡、区域间均衡发展；打赢脱贫攻坚战，历史性地解决了绝对贫困问题；全面建成小康社会，为实现共同富裕奠定了坚实基础。这一系列重大举措，彰显了中国共产党以人民为中心的发展思想，以及对全体人民幸福生活的深切关怀。

当前，我国正处于向第二个百年奋斗目标迈进的关键时期，共同富裕的攻坚战已经全面打响。在此背景下，如何进一步完善分配制度，激发劳动性所得的分配激励作用，成为推动共同富裕现代化背景下的关键一环。党的二十大报告明确指出，"分配制度是促进共同富裕的基础性制度"[①]，并强调"坚持按劳分配为主体、多种分配方式并存，构建初次分配、再分配、第

---

① 习近平. 高举中国特色社会主义伟大旗帜 为全面建设社会主义现代化国家而团结奋斗——在中国共产党第二十次全国代表大会上的报告[N]. 人民日报, 2022-10-26(01).

三次分配协调配套的制度体系"①。这一重要部署，不仅为新时代分配制度改革提供了根本遵循，也为全面建设社会主义现代化国家新征程上实现共同富裕绘制了清晰的路线图。

在共同富裕现代化背景下，研究如何增进劳动性所得，具有重大意义。它要求我们既要通过市场机制优化资源配置，提高劳动生产率，增加劳动者报酬，确保劳动成为致富的源泉；又要通过税收、社保、转移支付等再分配手段，调节过高收入，保障低收入群体基本生活，缩小收入分配差距。同时，鼓励和支持慈善事业等第三次分配方式，形成全社会共同参与、协同推进共同富裕的良好氛围。此外，保障劳动者的基本权益，如劳动安全、休息休假、职业培训等，也是推进共同富裕不可或缺的一环。只有让劳动者在体面劳动中实现自我价值，才能真正实现人的全面发展，为共同富裕现代化奠定坚实的人力资源基础。

第二节　劳动性所得增进研究的文献综述

恩格斯指出："同任何新的学说一样，它必须首先从已有的思想材料出发，虽然它的根子深深扎在物质的经济的事实中。"②提高劳动性所得，始终是新中国成立以来中国共产党经济工作的核心关注点，同时也是学术界长久以来反复研讨、不断深化理解的重大议题。改革开放以来，随着我国经济社会的快速发展与转型，学界对于劳动性所得的研究也随之不断深入，紧跟时代脉搏，形成了一系列既具有理论深度又紧贴实践需要的宝贵成果。这些研究不仅从经济学原理出发，深入剖析了劳动性所得的决定机制、分配规律

① 习近平. 高举中国特色社会主义伟大旗帜　为全面建设社会主义现代化国家而团结奋斗——在中国共产党第二十次全国代表大会上的报告[N]. 人民日报, 2022-10-26(01).
② 马克思恩格斯文集：第3卷[M]. 北京：人民出版社，2009：523.

及其对社会经济发展的影响，还紧密结合我国改革开放的实际，探讨了市场化改革、产业结构升级、技术进步等因素对劳动性所得的具体作用。同时，通过系统梳理和比较国内外关于劳动性所得的理论，学界不仅拓宽了研究视野，也加深了对劳动性所得理论本质及其在中国特色社会主义建设实践中应用的理解。这些理论成果不仅为政府制定更加科学合理的收入分配政策提供了有力支撑，也为促进劳动者收入增长、实现共同富裕目标奠定了坚实的理论基础。

一、国内文献综述

在当前社会经济快速发展的背景下，劳动性所得分配问题逐渐成为社会各界关注的焦点。为了解决这一矛盾，国内学术界对劳动性所得增进的相关研究进行了深入探讨。总体而言，当前国内学者对共同富裕现代化背景下劳动性所得的研究主要分为以下几个部分。

（一）关于共同富裕视域下马克思主义分配思想的研究

第一，关于马克思主义共同富裕思想的研究。国内学者关于马克思主义共同富裕思想方面的研究是比较全面的，但是大多缺乏相对系统深入的研究。祝奉明从马克思关于共同富裕的思想形成基础、历史演进和当代价值三个层面分析了马克思主义共同富裕思想。他认为，共同富裕是人类社会实现从必然王国到自由王国飞跃的重要物质基础，是科学社会主义理论的题中应有之义，是社会主义的本质与核心。马克思、恩格斯虽然并未明确提出"共同富裕"这一概念，但在他们的著作中有丰富且完备的相关论述。马克思关于共同富裕的思想来源于对德国古典哲学、英国古典政治经济学和英法空想社会主义理论的批判与继承，凝聚在当时工人和资本主义社会的考察中，渗透在对未来共产主义社会的设想和论证中。[①]韩喜平、王思然认为，共同富裕是马克思主义政治经济学的范畴，马克思以现实的"人"的生存与发展为切入点，立足人民物质层面的富足和分配正义价值层面的发展，实现了对资本主义财富观的根本超越。[②]吴燕、魏传光从资本逻辑视角对马克思共同富裕思想进行阐释，并指出，资本逻辑是马克思共同富裕思想的逻辑起点，也是理解共同富裕不可或缺的视角。马克思在对资本逻辑的深刻审思中揭示了导致人民贫困的真正源泉，从而提出了共同富裕思想。[③]马惠娣认为，"现实的人""解放的人""生活是一切历史的第一个前提"及"全面自由发展的人"构成了马克思主义历史逻辑的主线。[④]高惺惟、崔笑李从马克思对于财富的理解和阐述切入，并提出，马克思在对财富的理解中充分认识到：财富源于自然界和劳动的结合；财富的创造过程也是生产关系的再生产过程；资本主义制度下财富的生产必然带来普遍的贫穷。由此，只有提高生产力发展水平、做大社会财富总量、健全和完善劳动性所得分配制度，方能实现共同富裕。[⑤]任政认为，马克思唯物史观视域中的共同富裕是社会主义主体自由平等的物质化体现，重在处理社会财富生产与社会主体发展的内在关系。在资本主义私有制下，资本对雇佣劳动的支配不仅导致了社会财富的生产与贫富分化，资本与雇佣劳动之间的关系更加复杂化。马克思共同富裕思想重新审视财富的真正意义，正确认识和处理社会财富与社会主体的关系，以扭转社会财富的生产目的，通过社会财富的共享和合理解决财富生产过程，推

① 祝奉明. 马克思恩格斯关于共同富裕的思想的形成基础、历史演进和当代价值[J]. 当代世界与社会主义, 2023 (02)：69-77.

② 韩喜平, 王思然. 共同富裕：人类的追求与中国的实践[J]. 毛泽东邓小平理论研究, 2022 (01)：1-10+107.

③ 吴燕, 魏传光. 马克思共同富裕思想中的资本逻辑批判及其现实启示[J]. 学校党建与思想教育, 2023 (03)：15-19.

④ 马惠娣. 马克思主义历史逻辑中的"共同富裕"[J]. 哲学分析, 2022, 13 (04)：98-110+198.

⑤ 高惺惟, 崔笑李. 马克思恩格斯对实现共同富裕的理论贡献[J]. 科学社会主义, 2022 (04)：6-17.

动实现社会主体的平等与共同发展。①

第二，关于共同富裕视域下马克思分配理论的创立过程。李楠认为，马克思劳动性所得分配理论始于19世纪40年代恩格斯所著的《大陆上社会改革运动的进展》和马克思、恩格斯合著的《德意志意识形态》《共产党宣言》关于未来社会的分配思想的论述中；初步形成于《〈政治经济学批判〉导言》和《经济学手稿（1857—1858年）》对研究分配方式的科学方法论原则和按劳分配思想的阐述中；在《资本论》第1卷和第2卷实现了对未来社会实行按劳分配思想的初步确立；在《哥达纲领批判》中通过批判拉萨尔"不折不扣的劳动所得""公平分配劳动所得"的庸俗理论系统阐明了按劳分配理论。②张雷声认为，马克思对劳动性所得分配的研究是遵循着所有制与分配、生产与分配、生产关系与分配关系、按劳分配与按需分配的思路推进的，基本上可以将马克思劳动性所得分配理论的形成概括为：1843年开始研究政治经济学到19世纪40年代末，《1844年经济学哲学手稿》《德意志意识形态》《哲学的贫困》《雇佣劳动和资本》《共产党宣言》关于剩余价值理论、无产阶级与资产阶级关系的研究等为劳动性所得分配理论的形成奠定了基础；19世纪50年代到60年代末，批判资产阶级政治经济学、创立无产阶级政治经济学，为在人类社会发展的高级形态探索分配方式开辟了理论道路；19世纪70年代到80年代初，通过撰写《哥达纲领批判》，从人类社会未来发展的高度对未来社会的分配方式作了科学预测。③罗雪中认为，马克思劳动性所得分配理论形成分为三个阶段，第一阶段是19世纪四五十年代，这一时期，马克思、恩格斯处于由激进的革命民主主义者向共产主义者的转变过程中，研究的重点集中于未来社会的分配形式应该是"按劳分配"还是"按需分配"问题的争论上。第二阶段是19世纪50年代到70年代马克思按劳分配思

---

① 任政.马克思主义唯物史观视野中共同富裕的理论逻辑及实践自觉[J].当代世界与社会主义，2022（03）：52-59.

② 李楠.马克思按劳分配理论及其在当代中国的发展[M].北京：高等教育出版社，2003：30-39.

③ 张雷声.马克思分配理论及其中国化的创新成果[J].政治经济学评论，2022，13（01）：59-73.

想的逐渐形成时期，随着他对《资本论》的写作和经济研究的深入，逐步形成了其按劳分配思想。第三个阶段以1875年《哥达纲领批判》的问世为标志，这是马克思按劳分配理论最终形成的标志。而后，恩格斯在《论住宅问题》和《反杜林论》中对劳动者分配问题作进一步思索，由此科学社会主义的分配理论正式确立。①除此之外，商务印书馆编著的《按劳分配学说史论文集》、黄范章的《马克思按劳分配学说形成初探》以及杨锦英、肖磊的《马克思分配理论新探》，也对马克思劳动性所得分配理论的演变史进行了研究。对马克思分配理论形成阶段的划分与考察，有助于理解马克思分配理论的形成过程，有助于深入理解马克思分配理论。

第三，关于共同富裕视域下马克思分配理论的主要内容研究。刘灿等认为，马克思劳动性所得分配理论集中体现在三本著作中：在《资本论》中通过研究资本主义分配关系的基本前提、资本主义个人收入分配的逻辑起点、理论支点和形式化理论，以及批判"三位一体"分配公式的谬论，总结提炼出资本主义生产方式中分配关系与生产关系之间的相互联系。《哥达纲领批判》通过阐明按劳分配存在的历史阶段、实现的基本条件、对象、直接尺度，系统论述了未来社会收入分配设想的基本理论内容。《反杜林论》批判杜林的"暴力决定分配论"、五种价值论，以及杜林将错误理论应用于未来社会的分析，捍卫和发展了马克思劳动性所得分配理论。②乔榛、徐龙认为，马克思劳动性所得分配理论体现在初次收入分配过程中关于资本和劳动分配关系方面，也体现在资本主义生产方式内部的变化，即各种性质的资本围绕剩余价值进行分配，与此同时，马克思收入分配理论也包含收入分配的效率和公平问题。③曹永栋、陆跃祥通过对资本主义生产方式下收入分配方式的解析，厘清了资本主义分配生产方式下对抗性的劳资矛盾，并通过对未

① 罗雪中. 历史演进中的马克思按劳分配理论[M]. 长沙: 中南大学出版, 2006: 54-60.

② 刘灿, 王朝明, 李萍, 盖凯程, 等. 中国特色社会主义收入分配制度研究[M]. 北京: 经济科学出版社, 2017: 55-88.

③ 乔榛, 徐龙. 马克思收入分配理论及现代启示[J]. 河北经贸大学学报, 2014, 35(02): 8-12.

来共产主义社会分配制度的分析透视了马克思分配理论的核心内涵，即工资的决定理论和剩余价值的分割理论。在《共产党宣言》中，马克思推演了未来共产主义社会的两个重要特征，以及"各尽所能、按需分配"的分配原则。[①]于金凤认为，马克思科学地继承了古典政治经济学的劳动价值理论和"剩余"思想，通过引入"劳动二重性"和"劳动力商品"概念，发展了劳动价值论，创立了剩余价值理论，通过对资本主义生产方式的系统、深入剖析，科学阐明了分配的性质，进而明确指出了收入分配的对象是剩余产品，收入分配关系的实质就是利益关系，由此构建了科学的劳动收入分配理论。[②]于金富认为，马克思主义分配理论的主要内容包括：分配方式决定于生产方式的一般原理和生产方式决定分配方式。[③]

（二）关于共同富裕现代化背景下劳动性所得分配思想演进、发展的研究

第一，关于共同富裕现代化背景下劳动性所得分配思想演进的研究。对于共同富裕现代化背景下劳动性所得分配思想演进历程，当前学界主要依据党的十九届六中全会系统总结的党的百年奋斗重大成就和历史经验，把这一思想的演进划分为四个历史时期。姬旭辉分阶段梳理了中国共产党关于收入分配理论的演进与实践历程，将新中国成立七十多年来的分配制度思想的演进，大致分为三个阶段：社会主义革命和建设时期，按劳分配与探索中的平均主义分配理论；改革开放时期，突破传统社会主义的分配理论；中国特色社会主义新时代，习近平对社会主义分配理论的创新发〔展〕中国共产党对分配方式的探索，是通过对生产资料所有制的改革实现对分〔配关〕系的调整，进而带领中国人民向共同富裕现代化的实践目标不断迈进，我〔们对〕对劳动性所

---

① 曹永栋，陆跃祥. 马克思收入分配理论的真实内涵及现代启示[J]. 社会主义研究，2〔0〕2〔2〕：24-31.

② 于金凤. 马克思收入分配理论的精髓及当代意义[J]. 生产力研究，2008（24）：15-17.

③ 于金富. 马克思主义分配理论与我国国民收入分配结构及其调整[J]. 长春市委党校学〔报〕，〔20〕11（04）：36-41.

得分配制度的认识不断深化，发展和创新了马克思主义分配理论，对于进一步推进社会主义现代化强国建设具有重要的启示和现实意义。[①]关斐、司小飞认为，中国共产党始终将共同富裕作为深化收入分配制度改革的目标，并将中国收入分配制度改革分为收入分配制度的早期探索（1921—1949年），收入分配制度的确立与发展（1949—1978年），收入分配制度的修正与新探索（1978—2012年），收入分配制度改革的深化与创新（2012年11月至今）四个阶段，在对共同富裕现代化探索的实践历程中，我们打破平均主义，建立适应社会主义市场经济要求的分配制度；激发市场主体活力，助推经济高质量发展；提高居民收入水平，朝着共同富裕目标迈进。收入分配制度的改革作为中国经济体制改革的重要环节，不但深刻影响着劳动者之间的利益关系，更对实现共同富裕的中国式现代化意义重大。[②]淦宇杰、许钤川从分配制度改革推进共同富裕的历史逻辑、理论逻辑和实践逻辑出发，阐明优化分配制度推进共同富裕的内在逻辑。通过厘清中国共产党领导中国人民实现共同富裕现代化背景下的分配制度改革，总结出优化分配制度推进共同富裕的基本特征，开展历史、理论与实践三重逻辑相统一的研究，总结和评价共同富裕现代化背景下劳动性所得分配思想，具有重要的方法论意义。[③]还有的学者基于分配制度的变革，将其划分为三个阶段。张璟龙、刘李红基于历史时序视角，在明确劳动性所得分配制度体系内涵的基础上，系统回顾了劳动性所得分配制度的思想渊源，梳理了改革开放以来共同富裕视域下的劳动性所得分配思想和分配制度的演化过程，将改革开放以来中国的劳动性所得分配制度分为三个阶段，以按劳分配主体的阶段（1978—1992年），以初次分配为主的阶段（1992—2012年），三次分配结构逐步优化阶段（2012年至

① 姬旭辉. 从"共同富裕"到"全面小康"——中国共产党关于收入分配的理论演进与实践历程[J]. 当代经济研究, 2020（09）: 42-50.
② 关斐, 司小飞. 共同富裕视域下中国收入分配制度改革的历史考察[J]. 河南社会科学, 2023（05）: 73-82.
③ 淦宇杰, 许钤川. 分配制度改革推进共同富裕的内在逻辑、基本特征与结构优化[J]. 南昌大学学报（人文社会科学版）, 2022（03）: 32-40.

今），并在此基础上提出了新时代劳动分配制度构建的逻辑路径。①除此之外，张道根的《中国收入分配制度变迁》，高志仁的《新中国个人收入分配制度变迁研究》，杨钟馗的《中国收入分配变迁解读》，也在共同富裕视域下对中国收入分配制度变迁进行梳理，为学术界研究劳动性所得分配制度变迁提供了新视角。

第二，关于共同富裕现代化背景下劳动性所得分配思想的理论成果。一是围绕社会主义革命和建设时期劳动性所得分配思想的理论成果进行研究。吴丰华、白永秀认为，新中国成立初期，中国共产党实行"注重公平"的劳动性所得分配原则思想。②刘儒、李超阳认为，社会主义革命和建设时期，中国共产党实行"以集中化、低水平和平均化"为特点的劳动性所得分配政策，建立了按劳分配制度，也促进了社会主义生产力发展和经济增长。③朱春晖认为，毛泽东在劳动性所得分配上，把共同富裕作为一项重要原则，也在政治经济学、伦理学意义上传承了马克思的分配正义理论，并根据新中国经济发展情况，创造性地发展了马克思分配理论。④王明生认为，新中国成立以后，中国共产党既提倡坚持"各尽所能、按劳分配"的社会主义分配原则，也追求分配中的平均主义，试图用供给制替代按劳分配，致使在经济运行中，劳动者的积极性受到挫伤。⑤二是围绕改革开放和社会主义现代化建设新时期劳动性所得分配思想的理论成果进行研究。梁柱指出，邓小平在晚年提出，贫富悬殊、两极分化必然导致社会矛盾尖锐化，要充分重

---

① 张璟龙，刘李红. 共同富裕视域下协调配套的分配制度体系——思想渊源、演进历程与实践进路 [J]. 经济学家，2023（02）：5-14.

② 吴丰华，白永秀. 中国共产党的分配思想演进路径分析 [J]. 经济纵横，2011（11）：80-83.

③ 刘儒，李超阳. 新中国成立以来收入分配政策的历史变迁与基本经验 [J]. 当代经济研究，2020（04）：32-45+2+113.

④ 朱春晖. 毛泽东对马克思分配正义理论的传承与创新 [J]. 湖南科技大学学报（社会科学版），2016，19（05）：13-18.

⑤ 王明生. "大跃进"前后毛泽东分配思想述论 [J]. 南京大学学报（哲学·人文科学·社会科学版），2002（04）：12-19.

视两极分化将导致的严重后果，在实践中不断总结经验，加快推进以改善民生为重点的社会建设，体现了以共同富裕为原则要求的分配制度变革思想。[①]丁建东、谌基东指出，改革开放以来，中国共产党对分配功能的认识转变，经历了以下过程：改革开放初期打破平均主义和长期贫困的枷锁，深刻体现解放和发展生产力，倡导提升经济效率的分配方式；提倡效率优先、兼顾公平的分配理念，以及更加注重促进社会公平的分配理念，分配理念的变革成为实现人民共享发展成果的关键途径，体现了共同富裕现代化背景下的时代内涵。[②]严金波、李波指出，社会的所有制结构、资源配置方式是我国分配理论关系演变的逻辑前提，单一公有制经济结构转变为多种所有制结构带来分配方式的多样化变革，资源配置方式从计划向市场演变的过程，导致劳动性所得分配方式的具体形式也随之变化。从所有制结构、资源配置视角分析共同富裕现代化背景下劳动性所得分配的变革，对于推动分配关系变革具有重要意义。[③]权衡系统总结了改革开放和社会主义现代化建设新时期劳动性所得分配思想的理论创新过程，将其概括为：针对平均主义分配理念的先富带后富思想；按劳分配为主体、其他分配方式为补充的多元化的分配制度；确立非劳动收入的合法地位和性质；针对我国居民收入差距扩大的初次分配与再分配的创新；探索收入分配制度改革而提出的构建合理有序的分配新格局。对收入分配理论的系统梳理，极大地丰富和创新了中国特色劳动收入分配思想和理论。[④]三是围绕新时代劳动性所得分配思想的理论成果进行研究。张雷声认为，新时代中国劳动性所得分配把实现人民共享作为收入分配制度的核心内容，把建设合理的分配体系作为国家经济体系建设的基本

---

① 梁柱. 邓小平晚年心系分配问题[J]. 毛泽东邓小平理论研究, 2010 (03): 32-73+85.

② 丁建设, 谌基东. 改革开放以来中国共产党对分配制度功能认识和政策选择的转变及其实践效应[J]. 当代世界与社会主义, 2023 (02): 51-60.

③ 严金波, 李波. 改革开放40年来我国分配关系变化的理论分析[J]. 上海财经大学学报, 2019, 21 (01): 4-15.

④ 权衡. 中国收入分配改革40年: 实践创新、发展经验与理论贡献[J]. 中共中央党校学报, 2018, 22 (05): 33-41.

内容，把处理好收入分配关系作为实现共同富裕现代化的重要内容。[①]邱海平认为，新时代我国分配制度突出以人民为中心的发展思想，更加强调人的全面发展和共同富裕，促进我国劳动性所得分配状况和民生福祉得到明显改善。[②]潘文轩认为，习近平收入分配思想是中国共产党关于劳动性所得分配的最新理论创新成果，并从时代意蕴、价值遵循、目标指向、实践路径、辩证思维五个相互联系的方面来把握新时代劳动性所得分配思想，对于促进我国新时代劳动性所得分配制度改革有着重要的指导意义。[③]四是对新时代劳动性所得分配制度优越性及其特点的研究。刘伟认为，习近平新时代中国特色社会主义经济思想从理论和实践两个方面提升了对分配的认识，即重新认识分配制度与基本经济制度的关系；将实现共同富裕现代化作为以人民为中心的发展思想的深刻要求，并将其概括为"共享"理念，并对发展和分配的关系作深刻的辩证历史唯物主义的阐释，从理论和实践两个维度把劳动性所得分配认识推到新高度。[④]张磊、毛章勇、龚志民认为，中国劳动性所得分配制度以马克思分配理论为思想基础，赋予人民平等参与的分享权利，用以人民为中心的发展理念实现了对以资本为中心的全面超越，也完成了劳动者自我价值实现对高度资本化、金融化发展的超越。[⑤]韩喜平、朱翠明认为，新时代中国劳动性所得分配制度体现了社会主义基本经济制度的整体优势，体现了"人民至上"的价值追求，为推进共同富裕现代化奠定了物质基础，也激发了劳动者的奋斗精神。[⑥]

[①] 张雷声. 马克思分配理论及其中国化的创新成果 [J]. 政治经济学评论, 2022 (01)：59-73.

[②] 邱海平. 社会主义分配理论的创新发展 [J]. 马克思主义与现实, 2022 (04)：75-86+204.

[③] 潘文轩. 在新时代下实现更加公平合理的收入分配 [J]. 经济学家, 2018 (10)：14-20.

[④] 刘伟. 中国特色社会主义收入分配问题的政治经济学探索——改革开放以来的收入分配理论与实践进程 [J]. 北京大学学报 (哲学社会科学版), 2018, 55 (02)：27-39.

[⑤] 张磊, 毛章勇, 龚志民. 中国特色社会主义分配制度的优越性研究 [J]. 福建论坛 (人文社会科学版), 2022 (12)：24-34.

[⑥] 韩喜平, 朱翠明. 分配制度上升为基本经济制度的理论逻辑 [J]. 社会科学辑刊, 2020 (04)：5-13+211.

（三）关于共同富裕现代化背景下劳动性所得现状研究

第一，关于共同富裕现代化背景下劳动性所得分配现状及变动趋势研究。谭永生、李璐通过厘清政府、企业和住户三大部门的收入分配情况、居民内部收入分配情况、特殊群体收入分配情况，清晰地阐述了当前我国劳动性所得分配现状。[①]王弟海系统总结1978年改革开放以来，中国各省（区、市）间城镇居民可支配收入的差距变化、中国各省（区、市）间农村居民纯收入差距的变化以及中国东西部收入差距的变化，为分析共同富裕现代化背景下劳动性所得分配现状提供了翔实的数据。[②]杨志安、郭矜基于中国城乡居民收入分配差距、中国行业间收入分配差距以及地区间居民收入分配差距，详细地分析了当前中国劳动性所得分配现状。[③]袁青川采用国家卫生健康委中国流动人口动态监测调查数据，以中国人口流动现象为主线，研究了中国流动人口工资及其工资收入分配差距，探讨了省际和省内流动人口工资收入分配状况，并实证分析了城市与农村户口流动人口的工资收入分配差距。[④]

第二，关于共同富裕现代化背景下影响劳动性所得分配变革的因素研究。改革开放以来，我国收入分配制度改革在提高劳动性所得水平、完善生产要素分配机制等方面取得了显著成就。然而，劳动性所得偏低问题日益受到社会各界的普遍关注。由此，国内学者从不同角度，对当前劳动性所得水平及差距进行研究。刘松涛、罗炜琳、梁颖欣从数字普惠金融对收入差距的影响来分析我国收入差距的成因。[⑤]熊云军、谢海从城乡二元结构的分解测

① 谭永生，李璐. 建设体现效率促进公平的收入分配体系研究［M］. 北京：中国计划出版社，2021：100-108.

② 王弟海. 中国二元经济发展中的经济增长和收入分配［M］. 上海：复旦大学出版社，2019：405-447.

③ 杨志安，郭矜. 中国财政调节收入分配研究［M］. 沈阳：辽宁大学出版社，2016：65-88.

④ 袁青川. 中国人口流动及收入分配研究［M］. 北京：经济科学出版社，2022：56-118.

⑤ 刘松涛，罗炜琳，梁颖欣. 数字普惠金融对城乡收入差距的影响及其机制［J］. 湖南农业大学学报（社会科学版），2024，25（01）：103-112.

算进而分析我国收入差距的主要来源。[①]汪虹希从数字普惠金融的角度来分析收入分配的效应。[②]张岳、张博从数字经济角度分析我国农民收入的增加与收入分配现状。[③]崔丹、杨赐然从社会保障的角度分析我国劳动者收入差距问题。[④]另外，还有众多学者从土地要素、税收方面角度对我国分配差距不断扩大问题进行解读。例如，安家骧、狄鹤、刘国亮认为，金融化不但有助于社会财富收入的增长，也会产生抑制作用，金融化会拉大贫困差距，拉低劳动者参与社会财富分配的分配，因此，金融既是实体经济的血脉，也深刻影响着收入分配。[⑤]闫里鹏、牟俊霖、王阳基于中国家庭收入调查（CHIP）2002年、2013年和2018年城镇劳动者的数据研究发现，创新活动会扩大中国城镇地区劳动者的劳动收入差距，并且是除了教育和年龄以外最重要的贡献因素。[⑥]熊小林、李拓基于泰尔指数对1949—2019年的中国居民收入分配差距进行量化测度，并以此构建动态模型实证研究了中国城乡居民收入分配差距的影响因素，并指出，城乡收入不平等是居民收入分配差距偏大的主要成因。[⑦]冯涛、罗小伟、徐浩遵循Restuccia、Alvarez-Cuadrado及盖庆恩的做法，通过将劳动力市场扭曲引入一个标准的两部门框架中分析劳动力

---

① 熊云军，谢海. 居民收入差距的主要来源发生转变了吗？——基于城乡二元结构的分解测算[J]. 人口与经济，2024（01）：1-15.

② 汪虹希. 数字普惠金融的收入分配效应：马太效应抑或涓滴效应？[J]. 广东社会科学，2024（01）：48-57.

③ 张岳，张博. 数字治理下农民收入增长与收入分配效应[J]. 华南农业大学学报（社会科学版），2024，23（01）：63-75.

④ 崔丹，杨赐然. 社会保障对个体收入差距的影响研究[J]. 统计与决策，2023，39（24）：147-151.

⑤ 安家骧，狄鹤，刘国亮. 经济金融化与财富收入分配——基于二十大报告关于着力发展实体经济和共同富裕的理解[J]. 当代经济研究，2023（04）：79-84.

⑥ 闫里鹏，牟俊霖，王阳. 创新、人力资本与城镇劳动收入差距[J]. 山西财经大学学报，2023，45（08）：31-46.

⑦ 熊小林，李拓. 中国居民收入分配差距测算及其影响因素研究[J]. 统计与信息论坛，2023，37（10）：39-52.

市场扭曲对收入分配差距影响的作用机理。[①]

第三，关于共同富裕现代化背景下劳动性所得分配差距问题研究。近年来，很多学者对于我国现阶段劳动性所得分配差距进行了深入的研究，并提出了自己对于当前城乡劳动性所得差距的看法。一是关于城乡劳动性所得分配差距的研究。大部分学者认为尽管近年来我国农村经济持续发展，但城乡之间的收入差距仍然显著。王德文、蔡昉通过分析城市居民人均可支配收入、农民人均收入增长率与人均GDP的关系，指出了城乡收入分配的差距。[②]杜鑫认为，改革开放以来我国城乡居民收入差距已出现积极的改善趋势，城乡居民人力资本差异和非农就业率差距是导致城乡收入差距的主要成因。[③]钱力、张轲基于乡村振兴的时代背景，利用中国家庭追踪调查项目微观数据，发现农村劳动力流动会缓解农村地区收入差距，而城镇劳动力流动会加剧城镇地区收入差距。[④]黄祖辉、茅锐认为，随着城乡关系从二元对立到协调融合，城乡收入差距普遍呈现倒"U"型变化的共性规律，中国城乡收入差距演变不但符合倒"U"型规律，也由于其复杂的制度性根源呈现新的特点。[⑤]二是关于地区收入差距。我国幅员辽阔、人口众多，特殊的资源禀赋使得统筹区域发展成为一个重大问题。因而许多学者针对地区间劳动性所得差距进行了研究。绝大部分学者认为我国东部、中部、西部三个地区间的收入差距呈现不平衡状态，尤其东部地区劳动者收入要远高于其他两个地区。王银梅、陈义岚认为，地区间收入分配差距不断扩大是我国目前面临的重大经济和社会问题。[⑥]李恒森等认为，党的十八大以来，中国共产党始终重视区域协调发展。2013—2021年省际居民收入差距明显缩小，且四大板块

① 冯涛，罗小伟，徐浩. 劳动力市场扭曲与收入分配差距研究——基于城乡"二元"结构视角[J]. 云南财经大学学报，2016，32（01）：24-37.

② 王德文，蔡昉. "十五"时期城乡居民收入增长及其差距[J]. 经济研究参考，2009（39）：33-34.

③ 杜鑫. 中国的城乡居民收入差距：演变、成因及未来趋势[J]. 学术界，2023（02）：160-173.

④ 钱力，张轲. 劳动力流动、收入差距与城乡居民相对贫困[J]. 商业研究，2023（01）：59-67.

⑤ 黄祖辉，茅锐. 重新认识城乡收入差距[J]. 中国社会科学评价，2023（02）：113-120+159-160.

⑥ 王银梅，陈义岚. 地区收入分配差距的实证分析[J]. 统计与决策，2012（06）：119-122.

之间的收入差距逐步缩小，但东北地区增速较其他地区落后；南北地区居民收入差距逐步拉大，但地区内部差距在缩小；东北地区居民收入增速明显降低。[①]王云飞利用基尼系数分解方法，以我国东部、中部、西部地区作为分析样本，详细分析我国东部、中部、西部地区内部及东部、中部、西部地区之间的收入差距，研究表明我国的地区收入差距主要体现在东、西部和东、中部之间。自1990年以来，这三大板块间的差距有不断扩大的趋势，虽然这种扩大趋势自2000年之后有所减缓，但仍应当引起人们更多的关注。同时，计算还指出，东部地区内部的收入差距要大于中、西部地区内部的差距，但东部各省之间的收入差距有缩小趋势，而西部各省的收入差距呈现扩大趋势。[②]

第四，关于共同富裕现代化背景下劳动性所得分配改革的研究。劳动收入分配制度改革与共同富裕之间的关联，一直是学术界关注的理论焦点。李炳炎教授早在20世纪80年代就提出了社会主义分享经济理论的核心观点，否定了传统社会主义经济理论中的工资范畴和利润范畴，为社会主义分享经济的典型形式——企业净收入分成制度奠定了理论基础。[③]大多数学者认为，共同富裕的实现，要通过"第一次分配""第二次分配""第三次分配"的变革来加以纠正。陈燕认为，充分发挥劳动性所得分配的功能和作用是正确认识和把握实现共同富裕的主要目标和实践途径。初次分配的改革能否解决收入分配差距分化的问题，是实现共同富裕现代化的关键，因此，在初次分配中，要充分发挥国有企业在实现共同富裕中的作用，努力缩小城乡收入分配差距，在非公有制经济内限制资本等生产要素配置引起的收入分化以及激

①　李恒森，刘璇，王军礼. 我国地区居民收入差距现状分析及对策［J］重庆理工大学学报（社会科学），2023, 37（10）: 1-8.

②　王云飞. 我国地区收入差距变化趋势——基于基尼系数分解的分析［J］. 山西财经大学学报，2007（08）: 28-32.

③　李炳炎. 劳动报酬不构成产品成本的内容［J］. 经济研究，1982（02）: 69-70.

活农村集体经济潜能，增加农村低收入群体收入。[①]冉昊认为，完善收入分配、形成合理有序的收入分配格局是实现共同富裕最重要的路径之一，劳动收入分配改革通过促进经济增长来推进共同富裕，因此，要正确处理初次分配与二次分配的关系，通过中国共产党引领劳动收入分配改革促进共同富裕的实现。[②]孙豪、曹肖烨在历史维度考察我国劳动性所得分配制度演进的基础上，估算了初次分配、再分配、三次分配的比例关系，设计了初次分配、再分配、三次分配的政策协调安排。二人还提出，实现共同富裕现代化，既要坚持在高质量发展中优化分配，充分发挥初次分配在收入分配中的主导机制；也要加大再分配调节力度，提升再分配调节的有效性，还要设计激励相容的三次分配制度体系。[③]刘倍玮基于中美慈善捐赠的比较视角，明确了慈善捐赠促进共同富裕的捐赠主力是企业，未来可预期的捐赠主力是个人，因此要构建募捐、捐赠、捐赠管理、捐赠分配和促管五个环节协调机制，促进共同富裕现代化的实现。[④]

二、国外文献综述

收入分配与财富分配共同构成了社会经济活动的核心环节。因此，劳动性所得分配问题历来是西方经济学研究的重中之重。在新古典政治经济学的理论框架中，收入分配的分析主要围绕收入、商品、效用等福利主义概念展开。随着时代的发展，现代西方经济学家在分析收入分配时，逐渐将视野拓

---

① 陈燕. 初次分配改革促进共同富裕：内在逻辑、实现难点及优化路径［J］. 江汉论坛，2023（01）：39-45.

② 冉昊. 开启全体人民共同富裕的现代化新征程：基于分配改革的路径研究［J］. 科学社会主义，2021（04）：98-104.

③ 孙豪，曹肖烨. 收入分配制度协调与促进共同富裕路径［J］. 数量经济技术经济研究，2022，39（04）：3-24.

④ 刘倍玮. 第三次分配促进共同富裕的实现机制探析——基于中美慈善捐赠的比较视角［J］. 理论月刊，2023（08）：73-82.

宽至更为广阔的领域。他们不再仅仅局限于传统的福利主义概念，而是更多地考虑到自由、权利、能力等非收入和非商品的信息。这些新的维度为制定更加公平、合理的收入分配政策提供了有力的理论支持。

（一）关于马克思主义收入分配理论的相关研究

马克思主义收入分配理论是西方经济学家对分配理论研究的重点，西方经济学家对马克思主义劳动性所得分配理论的研究主要集中在几个方面。一是对马克思、恩格斯劳动收入分配理论的相关概念研究。约翰·贝茨·克拉克在《财富的分配》中认为，劳动和资本是生产上必不可少的要素，社会劳动的生产力不过是劳动和资本来各种生产因素的结合。[①]诺曼·莱文重视对马克思价值、劳动力价值以及剩余价值理论的理解，从多个视域分析马克思的劳动性所得分配理论，并对其进行学理性的概括。[②]马丁·布朗芬布伦纳则认为财富是非人力形成的资本存量，收入是人力或非人力资产形成的溢流；资本主义国家与社会主义国家在收入分配差别上主要考察了财富的因素。[③]二是对马克思分配理论进行系统研究。如奥地利学派经济学家欧根·冯·庞巴维克在1896年出版了他对马克思主义经济理论进行批判的著作《卡尔·马克思及其体系的终结》。在这部著作中，庞巴维克通过提出时差利益论试图驳倒马克思的劳动价值论。此外，美国经济学家保罗·萨缪尔森在《马克思剥削概念的理解问题》中，指责马克思的劳动价值概念是不必要的迂回道路，认为通过纯粹数学的分析手法就可以解决所谓的从价值向生产价格的转化的问题。三是关于劳动分配的讨论。米托·哈季·瓦西里耶夫认为，"按劳付酬"作为社会主义的分配原则是以国家所有制形式作为前提

---

① [美]约翰·贝茨·克拉克. 财富的分配[M]. 王翼龙, 译. 北京: 华夏出版社, 2013: 3.

② Levine N. Das Kapital: A Critique of the Labor Theory of Value [J]. Critique: Journal of Socialist Theory, 2008, 36 (01): 91-106.

③ [美]马丁·布朗芬布伦纳. 收入分配理论[M]. 方敏, 李翔, 刘振楠, 等, 译. 北京: 华夏出版社, 2009: 23.

来实现的分配方式。[①]黎国理等认为，按劳分配原则是建立在生产资料公有制、合作劳动基础之上的。[②]四是关于按需分配的讨论。佩弗认为，生产力水平是不可能达到物质财富极大的共产主义社会的先决条件的。[③]金里卡认为，共产主义制度下物质的极大丰富将会消解分配，这是一种不切实际的美好愿望。[④]

（二）关于劳动报酬比重变化及发展趋势的研究

关于劳动报酬比重的变化及发展趋势主要有两种观点。第一种观点认为劳动报酬比重是基本稳定的，基本保持在一个恒定的水平。约翰·理查德·希克斯（John Richard Hicks）在《工资理论》一书中利用鲍利定律概括了这一现象。[⑤]卡尔多将之归结为宏观经济增长中的典型事实。[⑥]凯恩斯虽然认为这是一件令人惊奇的事情，但也承认从英国和美国的长期数据来看这是一个事实。[⑦]而一些新近研究成果表明，"卡尔多事实"在美国和英国至今仍然成立，费尔德斯坦（Feldstein）发现，美国自20世纪70年代以来，劳动收入占比始终在65%上下波动，可以说相当稳定。[⑧]戈林（Gollin）认为，之所以会出现劳动收入占比的变动，是因为统计口径的问题，因而他收集了联合国国民经济收入分配的数据，并对个体经济中劳动收入进行了调

① ［南］米托·哈季·瓦西里耶夫. 社会主义的按劳分配［M］. 林南庆，星朗，金顺福，吴仕康，译. 北京：生活·读书·新知三联书店，1963：62-119.
② ［越］黎国理，潘金娥. 马克思关于生产、分配与社会公平之间关系的思想的科学价值和时代意义［J］. 马克思主义研究，2018（12）：129-132.
③ ［美］R. G. 佩弗. 马克思主义、道德与社会主义［M］. 吕梁山，李旸，周宏军，译. 北京：高等教育出版社，2010：338.
④ ［加］威尔·金里卡. 当代政治哲学［M］. 刘莘，译. 上海：上海译文出版社，2011：181.
⑤ Hicks J. The Theory of Wages［M］. London：McMillan，1932：117.
⑥ Kaldor N. A model of Economic Growth［J］. The Economic Journal，1957，67（268）：591-624.
⑦ Keynes J M. Relative Movements of Real Wages and Output［J］. Economic Journal，1939，49（193）：34-39.
⑧ Feldstein M S. Did Wages Reflect Growth in Productivity？［J］. Journal of Policy Modeling，2008，30（04）：591-594.

整，把自我雇佣者的收入算作劳动所得，得出了劳动收入占比在长期内保持65%～80%之间的结论。[①]第二种观点认为劳动收入占比是不稳定的，会随着社会经济的发展而不断变化，并且这种现象是在世界范围内存在的。布兰查德（Blanchard）等人研究发现，虽然美国、英国和加拿大的盎格鲁-撒克逊地区的劳动收入占比始终保持较为稳定的水平，但是从20世纪80年代开始，意大利、西班牙、德国和法国等欧洲国家的劳动收入占比出现了下降的趋势，德国尤为明显，至今德国的劳动收入占比已经下降到50%左右。[②]哈里森（Harrison）在戈林的研究基础上发现，即使将个体经济中的劳动收入进行调整，也无法改变劳动收入占比变动的事实，而且他发现劳动收入占比在经济发达的国家上升而在经济欠发达国家下降。[③]

（三）影响劳动者报酬比重下降的因素

国外学者认为，影响劳动者报酬比重的因素主要包括科学技术进步、对外开放度、劳动力市场结构以及产业结构转型升级等因素。Lawless研究发现，科学技术进步与劳动者报酬比重呈反方向变动，科学技术的进步发展必然导致劳动者报酬比重的逐步下降。[④]Oyvat认为，经济全球化和国际贸易的进一步发展对劳动者报酬比重具有负效应，土耳其的自由贸易政策降低了劳动者报酬比重。[⑤]Duenhaupt实证研究一部分发达国家和发展中国家劳动报酬比重演化进程，发现随着金融化的进一步发展，劳动者在经济发展中的地位

---

① Gollin D. Getting Income Shares Right [J]. Journal of Political Economy, 2002, 110（02）: 458- 474.

② Blanchard O. Nordhaus W D and Phelps E S. The Medium Ru [J]. Brookings Papers on Economic Activity, 1997（02）: 89-158.

③ Harrison A E. Has Globalization Eroded Labor's Share? [M] Mimeo: University of Califonia at Berkeley and NBER, 2002: 73.

④ Lawless M, Whelan K.Technological Change and the Decline in Labor's Share [J].Economic Journal, 2011, 121（552）: 215-240.

⑤ Oyvat C Globalization, Wage Share and Income Distribution In Turkey [J]. Cambridge Journal of Regions, Economy and Society, 2011, 4（01）: 123-138.

进一步弱化，导致资本收入者比重提高，劳动者报酬比重下降。[①]Young认为，近年来产业升级导致工业部门劳动者报酬比重下降，服务业部门劳动者报酬比重略有上升，总的劳动报酬比重呈下降趋势。

第三节　劳动性所得增进研究的思路及方法

一、研究思路

劳动是人类特有的、能动的实践活动，其不仅创造了人类文明，也创造了社会财富。社会主义社会是劳动人民的社会，应该让劳动者得到更多的收益。本书根据中国近现代发展目标以及共同富裕的要求，把增进劳动性所得作为研究对象。中国共产党历来重视劳动人民的利益与收入，不断满足人民的需要。但是，目前劳动性所得偏低的问题仍然存在，而这一问题的存在不仅影响着对劳动者主人翁地位的肯定，而且直接制约着劳动者的劳动积极性，不利于推动共同富裕现代化目标的实现。要实现共同富裕现代化目标，就必须增进劳动性所得。本书坚持理论逻辑、历史逻辑、价值逻辑与实践逻辑相统一，在梳理分配理论渊源与考察制度变迁的基础上，对我国现阶段劳动性所得的现实状况进行实证性的研究，并且比较深刻地分析劳动性所得偏低的原因，而后明确在共同富裕现代化目标导向下如何增进劳动性所得。本书共分为以下几个部分。

首先，本书梳理了劳动与劳动性所得的基本内涵。劳动是人类社会生存和发展的基础，按照传统的劳动分类理论，劳动可以分为具体劳动与抽象劳动、简单劳动与复杂劳动，以及21世纪产生的数字劳动。劳动性所得包含

---

① Duenhaupt P. Financialization and the Rentier Income Share: Evidence from the USA and Germany [J]. International Review of Applied Economics, 2012, 26 (04): 465-487.

多种经济成分下劳动者的收益，既包括公有制经济中依据按劳分配获得的收益，也包括非公有经济中雇员部门通过出卖劳动力商品获得的收益，以及自雇部门通过出售商品而获得的收益。提高劳动性所得有着深厚的理论依据，不仅是对马克思主义按劳分配理论的充分体现，也是对西方分配思想的反思与超越，更是对中华优秀传统文化中的劳动观的传承。因而，增进劳动性所得充分体现了社会主义本质，也与共同富裕现代化的目标要求相契合。

其次，本书考察了新中国成立以来劳动性所得增长的历程。应该看到，中国共产党始终以共同富裕为目标不断探索提高劳动者待遇的办法。根据劳动性所得增长状态，我们把劳动性所得状态分为以下三个阶段。第一阶段：社会主义革命和建设时期。我们从多种分配方式并存变革为强调按劳分配，肯定劳动者地位，劳动性所得不断增加。但是平均主义问题突出，影响劳动效率。第二阶段：改革开放和社会主义现代化建设时期。我们提出了"先富带后富，从而达到共同富裕"的思想，从单一公有制变革为多种经济成分并存。由于资本的扩张导致劳动性所得偏低，资本和劳动报酬之间的矛盾成为主要问题。第三阶段：党的十八大以来，随着中国特色社会主义进入新时代，我们不断调整公平与效率的目标导向，提出以人民为中心的共享发展理念，劳动性所得持续增加，使全体人民朝着共同富裕现代化的阶段性目标不断迈进。

再次，本书实证性地考察了劳动性所得的现实状态。当前，公有制经济中，尽管劳动性所得逐年上升，但国企高管与普通职工收益比例不合理，且劳动性所得增长不仅落后于企业利润的增长，也落后于企业生产率的增长。非公有制经济中，民营企业劳动者平均工资低于国有企业劳动者平均工资；资本侵蚀劳动不仅造成了劳动性所得与劳动贡献逆向偏离，也造成了劳资收益GDP占比失衡；自雇部门劳动性所得偏低。与此同时，城乡间、区域间、行业间劳动性所得差距也逐渐拉大。厘清当前劳动性所得现状及分配差距现状，是着力破解劳动性所得偏低，缩小分配差距，进而推进实现共同富裕的重要着力点。

从次，本书分析了劳动性所得偏低的主要原因。第一，劳动—资本关系失衡。改革开放以来的人口红利使普通劳动力在市场上供过于求，由此，劳动与资本双方在利益分配中的地位极不平等，企业内部经营者、资本所有者占据分配主体，致使劳动在初次分配中的比重较低，"强资本、弱劳动"的格局让"利润侵蚀工资"成为普遍现实。第二，劳动力市场存在多重制度性分割。由户籍、社会关系网络和所有制性质等形成的体制性障碍尚未消除，致使劳动力自由流动的制度成本仍然较高，劳动力要素不能实现有效配置。这不仅体现在劳动用工存在"双轨制"现象，劳动力市场在竞争性行业和垄断性行业的分割也越来越明显。第三，工资制度和工资价格形成机制不完善。工资是劳动者获取劳动报酬的主要方式。当前，不少企业缺乏薪酬战略、企业职工晋升通道单一，且职工绩效考核不到位，都不利于劳动性所得的提高。第四，劳动性所得保障制度尚不健全。这不仅体现在我国劳动工资法律保障体系不健全，也体现在劳动报酬争议纠纷化解机制与劳动者参与企业管理和决策机制的不健全。劳动性所得如果长期保持偏低的水平，不但会制约消费驱动型经济增长，也将制约我国经济结构的调整，更不利于调动劳动者工作积极性，从而影响共同富裕现代化目标的实现。

最后，本书提出了增进劳动性所得的对策建议。提高劳动性所得是符合社会公平和经济发展需要的重要举措，也是实现共同富裕现代化的必由之路。它不仅有利于实现社会稳定，促进经济高质量发展，还可以激发劳动者的积极性和创造性。为了提高劳动性所得，公有制经济中的企业要做好薪酬战略设计、薪酬激励方案以健全企业薪酬分配市场化机制，也要通过完善企业高管薪酬管理制度、逐步提高国有资本上缴的范围和比例，以及推动国有资本收益向民生领域转移等方式建立并完善国有资本的收益分享机制。非公有制经济既要建立健全与市场经济相适应的企业工资制度，也要提高劳动力素质和劳动生产率，更要提高劳动者主人翁地位，构建和谐劳资关系。各级政府要积极制定相关政策，通过加强劳动者权益保障、持续扩大劳动者就业规模、改善营商环境，从而创造更多的就业机会和劳动性所得提升空间。

二、研究方法

（一）历史分析法

历史分析方法属于具体分析方法的一种，即运用发展的、变化的观点分析客观事物和社会现象的方法，可以从时间的维度观察事物的变化过程，进而总结出其变化的规律。本书研究的时间段限定在新中国成立至今。在这一段时间内，我国分配制度实现了从无到有的变化。因而，把历史分析方法应用到劳动性所得分配的研究当中，就是按照从新中国成立到现如今的历史发展顺序，把我国分配制度的思想变革与实践历程进行系统梳理，进而从中发现我国分配制度变革的具体特征与价值。

（二）科学抽象法与系统分析法

科学抽象法是在唯物辩证法的指导下，从复杂的经济现象中揭示其本质的重要方法，即从具体到抽象的研究方法和从抽象到具体的叙述方法的统一。正如马克思指出的，"分析经济形式，既不能用显微镜，也不能用化学试剂。二者都必须用抽象力来代替"[①]。对共同富裕现代化进程中劳动性所得增进问题的研究，要运用从抽象到具体的研究方法，通过系统梳理新中国成立以来劳动性所得变革的历史进程和实践经验，从而总结出劳动性所得变革的内在规律。同时，以科学抽象法为主导，实证性地分析当前劳动性所得偏低的现状，进而从中分析出劳动性所得偏低的具体原因及危害，从而为提高我国劳动性所得提出对策性建议。系统分析方法是从整体上评价我国劳动性所得水平能否发挥整体性功能，即能否充分保障劳动者的消费水平及生产生活的良性状态。对共同富裕现代化进程中劳动性所得增进进行研究，要运用普遍联系的、全面系统的、发展变化的观点来观察事物，本书从理论研

---

① 马克思恩格斯文集：第5卷 [M]. 北京：人民出版社，2012：8.

究、政策制定、实践历程、现实困境等角度全面分析劳动性所得分配制度的变迁过程，从而为新时代提升劳动性所得水平提供制度思路。

（三）数量分析法

数学是现代经济学研究中最重要的工具，为经济学的公理化程度提供了符合可验证性的科学原则。劳动性所得增进问题作为包含政治经济学、发展经济学、政治学、历史学、哲学、社会学等多学科的交叉内容，数量分析应该作为一个重要的分析工具，成为劳动性所得问题关注事实和科学的方法。本书通过对公有制经济与非公有制经济中劳动性所得情况的统计，从而使劳动性所得实际情况建立在定量分析与精确计算的基础上。

第二章

劳动性所得的基本内涵及增进价值

马克思认为，"全部人的活动迄今为止都是劳动"[①]。劳动是人类生存的本质，主要是指在生产物质资料的过程中，能够对外输出劳动量或劳动价值的人类运动。劳动作为人类运动的一种特殊形式，在商品生产体系中，是劳动力的支出和使用。正如马克思所指出的："劳动力的使用就是劳动本身。劳动力的买者消费劳动力，就是叫劳动力的卖者劳动。"[②]在人类社会漫长的演进历程中，劳动始终占据着无可替代的关键地位。它不仅构成了人类区别于世间万物的本质性标识，更是在历史的长河中持续不断地激荡起推动社会前行与文明升华的澎湃动力。自远古时期人类开始运用工具进行生产活动起，劳动便开启了塑造人类命运的伟大征程；历经农业革命、工业革命乃至当今信息与科技革命的洗礼，劳动的形式与内涵持续演变拓展，从传统的体力劳作逐步拓展为涵盖脑力创造、技术创新以及多元服务等丰富形态的综合性实践。而在这一复杂多元的劳动体系之中，劳动性所得作为劳动者心血与汗水的直接结晶，其重要价值愈发彰显。它犹如一座桥梁，紧密地联结着劳动者的付出与收获，不仅是物质层面的回报，更是对劳动者智慧、技能与努力的量化体现。本章将深度剖析劳动性所得的核心概念、内在本质及其显著特征，全力揭示其在现代社会错综复杂的经济网络中所占据的关键坐标与所发挥的核心效能。在本章中，我们将阐述劳动性所得如何作为衡量劳动者贡献与价值的重要标尺，以及其在实现共同富裕、促进社会公平正义方面的关键作用。同时，本章还将分析劳动性所得的动态变化及其影响因素。通过这一探讨，我们旨在强调增进劳动性所得对于提升人民生活水平、推动社会持续发展的重要意义，以期在快速发展的现代社会中，为构建更加公平、合理的劳动性所得分配机制提供理论支持与实践指导。

[①] 马克思恩格斯文集：第1卷[M]．北京：人民出版社，2009：193．

[②] 马克思．资本论：第1卷[M]．北京：人民出版社，1975：201．

第一节 劳动性所得的基本概念及内涵

一、劳动

人类与动物之间的根本区别就在于劳动。毛泽东在《贺新郎·读史》中写道："人猿相揖别。只几个石头磨过，小儿时节。铜铁炉中翻火焰，为问何时猜得，不过几千寒热。"[①]寥寥数语为我们勾勒出劳动在人类进化历史中的重要意义。几千年辉煌的人类文明史本质上是人类劳动的创造史和发展史，是由低到高不同社会形态的历史演进。人类历史的发展，本质上是以劳动作为推动力的人类社会生产方式的历史嬗变。

人，作为完全意义上的人的存在，既具有自然属性，又具有社会属性，是自然存在和社会存在的有机统一体。真正能够体现人的存在价值和本质的是人作为一种社会存在的属性，而劳动就是人由自然存在转化为社会存在的基础和中介，是这个转变过程中的关键环节。康德在《评赫德尔〈人类历史哲学的观念〉》一文中说："人类作为一切元素和实体的儿子、它们的最精妙的内容并且好似大地上创造物之花一样，除了是大自然最晚出世的幼子而外，绝不能是什么别的。"[②]康德关于人类是大自然的一部分、是大自然长期演化的产物的观点，与拉马克和达尔文提出的以"用进废退"和"获得性遗传"为法则的生物进化论不谋而合。可见，劳动是人类特有的、能动的实践活动。在绵延几千年的历史舞台上，无论上演着怎样有声有色、跌宕起伏的历史话剧，剧目终有曲终人散之时，然而只要有人类存在，人的劳动便永

---

① 中共中央文献研究室. 毛泽东年谱（一九四一—一九七六）：第5卷[M]. 北京：中央文献出版社，2013：346.

② ［德］康德. 历史理性批判文集[M]. 何兆武，译，北京：商务印书馆，1990：35.

远不会画上休止符。人作为万物之灵，其特质之一就是具有能动性，其能动性不仅体现在自我意识的形成以及人类对自身的反思，还体现在对对象世界的能动的改造上。由此决定了人类劳动永远不会以一种劳动形式持续地自我重复，而是在劳动中不断实现自我超越。这种自我超越是以人的不断增长的内在需求为推动力，通过不断优化的劳动过程实现的，彰显的是人作为劳动主体所表现的创造性。人类劳动的创造性在推动生产力的发展和时代进步的同时，也丰富了劳动的形式和内容。生产力作为社会发展的根本动力，其动力机制主要表现为劳动主体与生产工具之间的矛盾运动。人类进行物质资料生产实践，其目的之一就是要满足人类社会的需求。当人类社会产生新的需要，客观上要求劳动主体必须改进原有的生产工具，提高劳动主体的生产技能。于是，在长期的人类创造性的劳动实践中，人类劳动实现了从简单劳动到复杂劳动的全面提升。就这个意义而言，正是人类劳动创造了社会，而社会又推动人类劳动实践大步前进。

为了探究劳动的内涵，我们必须回归马克思的劳动价值论。马克思主义政治经济学与"西方庸俗经济学"的根本区别在于，马克思并非从既定的经济关系及其抽象的范畴出发来理解劳动，而是深入剖析商品世界的内在本质，从而认识劳动。在历史的长河中，劳动的价值形式经历了商品形式、货币形式和资本形式的演变。商品，作为以交换为目的而生产的劳动产品，从自然属性上看，具有满足人们某种需求的使用价值；从社会属性上看，则具有可以被其所有者用于交换的交换价值。因此，商品同时蕴含着使用价值和价值两个核心要素。马克思将劳动商品视为资本理论研究的逻辑起点，并将商品理论奠基于科学的劳动价值论之上，从而推动了政治经济学的伟大变革。在理论构建过程中，马克思借鉴了《逻辑学》中关于"存在"到"定在"的过渡，以此区分"商品堆积"与"单个商品的元素形式"。值得注意的是，劳动商品的二重性与劳动二重性存在着本质的差别。商品二重性主要体现在"质"和"量"的区分上，而劳动二重性则是"质"和"量"相统一的"度"，它体现在生产使用价值不同"质"的"具体劳动"与生产交换价值相同"量"的"抽象劳动"的统一。由于使用价值的物质属性千差万别，因此创造使用价值的人类劳动也是各不相同的。然而，无论劳动的具体形式如何，商品的价值始终由物化劳动转移的价值和活劳动新创造的价值共同构成。

　　除了具体劳动和抽象劳动的分类，劳动还可以被划分为简单劳动和抽象劳动，且这种区分具有相对性。这是因为，简单劳动与复杂劳动的界定并非仅仅依据劳动本身的技术复杂程度来划定。从二者的概念和范畴来看，一方面，作为普遍性的概念，简单劳动与复杂劳动的区分与劳动者是否掌握特定专长紧密相关。简单劳动，因其无须任何专门技能或知识的学习即可从事，故而被视为社会简单劳动力的平均水平。在广泛的社会劳动实践中，由于个体的体力状况、知识储备均存在差异，每位劳动者在社会生产中所贡献的劳动量也各不相同。从这个角度出发，简单劳动亦可被理解为全社会简单劳动耗费的平均状态。而相对地，当劳动者的受教育程度提升、劳动熟练度增强时，他们所从事的劳动便更倾向于被归类为复杂劳动。另一方面，从经济学的视角来审视，简单劳动与复杂劳动的划分并不完全取决于劳动者是否具备专长。在社会主义市场经济体制下，一种劳动究竟被视为简单劳动还是复杂劳动，往往由社会自发的运行机制所决定。在特定的历史条件下，就全社会的劳动整体而言，简单劳动与复杂劳动的区分呈现出一种相对稳定的态势。社会必要劳动时间以简单劳动为衡量基准，而复杂劳动则被视为简单劳动的倍增形态。在通常情况下，单位时间内复杂劳动所创造的价值量要超越简单劳动。因此，在对简单劳动与复杂劳动进行比较时，需要依据它们所创造的价值量来进行。至于这二者在实际生产过程中的分配比例原则，则受到市场供需关系以及相互之间的交换关系等多重因素的共同影响。

　　进入21世纪，全球数字化转型加速的时代背景下催生了新的劳动形态——数字劳动。数字劳动是基于数字化基础设施或互联网平台的一种新型劳动形式。从劳动工具来看，数字劳动主要依托大数据、云计算、人工智能等新型技术载体，因而它是由数字技术催生的"智能型劳动"；从劳动对象来看，数字劳动往往加工改造信息、数据等"无形物"，因而它是加工数据和信息的"生产性劳动"；从劳动主体来看，既有从事数字劳动的互联网工作人员，也有开展休闲和娱乐的用户群体，因而它是人们在数字平台的"创造性"活动。数字劳动者在互联网和数字化平台中利用"数字信息"进行生产、分配、交换和消费，在一定程度上摆脱了传统经济活动的物理空间束缚，重置了劳动场景的虚拟与实在之间的边界，也辩证地融合了物质生产与精神生活。

二、劳动性所得

劳动性所得一词在党的二十届三中全会的决议中首次提出，《中共中央关于进一步全面深化改革　推进中国式现代化的决定》中指出："健全有利于高质量发展、社会公平、市场统一的税收制度，优化税制结构。研究同新业态相适应的税收制度。全面落实税收法定原则，规范税收优惠政策，完善对重点领域和关键环节支持机制。健全直接税体系，完善综合和分类相结合的个人所得税制度，规范经营所得、资本所得、财产所得税收政策，实行劳动性所得统一征税。深化税收征管改革。" [①] 劳动性所得是指经过劳动创造了价值和使用价值而取得的所得，包含物质性和非物质性的劳动产品。劳动性所得不同于资本性所得，其取得的条件是必须经过劳动，从劳动中取得，不劳动则无所得。

劳动性所得，作为公有制经济与非公有制经济中投身于社会主义事业建设的普通劳动者通过辛勤劳动所获得的各类报酬之总称，其与劳动收入的概念并不等同，原因在于二者的分配主体存在着本质差异。劳动收入这一概念涵盖了所有通过劳动获取报酬的个体，既包括了公有制经济中的劳动者，也纳入了非公有制经济中的私营企业主、雇工及个体户主等各类人员。相比之下，劳动性所得则特指公有制与非公有制经济中普通职工通过劳动所获得的收入，明确排除了拥有私人生产资料并据此获得收益的私营企业主等群体。保障并增进劳动性所得，是实现共同富裕现代化目标的坚实基石与强大动力。"十四五"规划以及党的

---

① 中共中央关于进一步全面深化改革　推进中国式现代化的决定[M]. 北京：人民出版社，2024：19.

二十大报告均明确强调，需着力提升居民收入水平与劳动报酬占比，确保居民收入增长与经济增长保持基本同步，劳动报酬的提升与劳动生产率的提高亦需保持相应的协调性。这一政策导向提出的基础是我国在经济快速发展的同时，劳动性所得的提升却相对滞后，其在初次分配中的比例呈现出整体下滑趋势。因此，为了更准确地理解和把握劳动性所得的内涵，我们有必要深入剖析并厘清按劳分配与按要素分配这两个基本概念。通过这一理论梳理，不仅能够为我们提供更为清晰的理论框架，也将有助于我们更有效地推动劳动性所得的合理增长，为实现共同富裕的宏伟目标奠定坚实基础。

（一）社会主义劳动者的按劳分配原则

劳动价值论强调了劳动创造价值，以此来审视我国按劳分配为主体的基本分配制度，为我们理解分配背后的根本机制提供了深刻洞察，并从中发现其在新时代的新内涵。按劳分配旨在通过劳动的多寡和质量的好坏来决定个体和群体的经济收入，体现了劳动在社会生产中的价值，是对劳动价值论的基本实践，承载着马克思主义中有关价值和分配的基本思想，反映了社会主义建设中对公平正义和全体劳动者共同富裕的追求。劳动是价值的创造者，是经济发展的根本动力。按劳分配意味着"每一个生产者，在作了各项扣除以后，从社会领回的，正好是他给予社会的"[①]，"它不承认任何阶级差别，因为每个人都像其他人一样只是劳动者"[②]。按劳分配要求个体的收入水平应当与其为社会创造的价值成正比，但在实践中，劳动价值受到市场需求、技术进步及管理决策等影响，导致劳动贡献评价难以匹配劳动真正的价值。在社会主义市场经济发展进程中，我国的按劳分配也在不断演变，转变为多种分配方式并存，既体现了社会主义制度的公平性和包容性，又体现了在市场经济条件下对经济发展规律的适应性探索，但也在一定程度上对按劳分配提出了一些挑战。收入分配更多地受到市场供需关系、生产要素市场运

---

① 马克思恩格斯文集：第3卷［M］．北京：人民出版社，2009：434.

② 马克思恩格斯文集：第3卷［M］．北京：人民出版社，2009：435.

行以及企业和个人的市场竞争行为等影响，导致收入差距的扩大和分配不公问题的凸显，逐渐造成劳动收入偏低，与按劳分配和按需分配所追求的社会公平和经济公相背离。

按劳分配的内在逻辑体现了对劳动者权益的尊重，是一种能够促进全体劳动者在社会主义建设中实现共同富裕的分配制度安排。尽管我国社会主义市场经济取得了显著成就，坚持将按劳分配作为分配结构主体，以保证劳动者在经济活动中获得相对公正的回报，尤其在国有企业和集体经济中，更注重努力实现劳动者应得报酬与其劳动贡献相一致，劳动者收入水平与其劳动量和质量成正比。非国有企业更加突出个体劳动者与资本家之间的雇佣关系，倾向于按要素分配等方式，劳动力价值通过工资体现，资本家就可以通过剥夺劳动者剩余价值来实现利润，反映了劳动者相对较弱的议价地位。实质上，"劳动力发挥作用的结果，不仅再生产出劳动力自身的价值，而且生产出一个超额价值"[1]。资本家剥削工人的手段就是在工资掩盖下，无偿占有工人活劳动所创造的剩余价值，这也揭露了坚持按劳分配却依然导致劳动收入偏低的一个根源。共产主义社会高级阶段的"各尽所能、按需分配"尚遥不可及，社会主义初级阶段需要以"各尽所能、按劳分配"来过渡，所以按劳分配也体现了社会主义制度的历史必然性。通过衡量每个劳动者的实际劳动数量和质量来决定其所得，是对价值创造者的肯定，可以更好地实现社会资源均衡配置，避免财富过度集中，不仅有助于激发劳动者生产积极性，也有利于消除阶级差别，促进社会主义国家的社会公平及和谐发展，符合社会主义社会对于全体人民共同富裕的追求。

我国解决劳动收入问题既受到了马克思劳动价值论的启发和指导，又在中国特色社会主义制度框架下得到了实践和演进。马克思在《资本论》及其手稿中一针见血地批判了资本权力所映射的一种不对等的社会生产关系，"资本不是一种物，而是一种以物为中介的人和人之间的社会关系"[2]，批

---

① 马克思恩格斯文集：第5卷 [M]. 北京：人民出版社，2009：242.
② 马克思恩格斯文集：第5卷 [M]. 北京：人民出版社，2009：877-878.

判了资本对广大劳动者的无情剥削和压榨，揭示了资本的嗜血本质，指明了在资本主义生产关系之下资本的权力属性。即"资本越来越表现为社会权力，这种权力的执行者是资本家，它和单个人的劳动所能创造的东西不再发生任何可能的关系；但是资本表现为异化的、独立化了的社会权力"[①]。因而，在社会主义市场经济中，要坚持按劳分配原则在多种分配方式并存的体制中不被削弱，防止一些非生产性部门的过度获取收益，从而确保劳动者创造的价值能够更公平地回归到劳动者自身，即劳动者通过劳动创造出产品价值，这种价值应当归属于劳动者本身，不会受制于资本权力而让渡劳动所得。这既是对马克思劳动价值论的理论深化，也是对我国按劳分配制度的实践创新。

在社会主义市场经济实践中，以按劳分配为主体的分配方式，得益于中国特色社会主义公有制经济的坚实支撑与有力保障，展现出在分配领域中消除两极分化、最大化保障每位劳动者劳动性所得权的独特优势。一方面，按劳分配原则将劳动者为社会贡献的劳动数量与质量紧密地与其所获得的劳动报酬相联系，确保劳动者能够根据其劳动的实际贡献获得相应的报酬，这种分配机制极大地激发了劳动者在工作岗位上的创造力与工作积极性。另一方面，实施按劳分配制度要求企业必须建立起严格的定额管理制度、明确的岗位责任制度以及科学的技术考核制度，从而能够对劳动者的劳动数量与质量进行精确计量与有效监督。这一系列制度的实施，不仅提升了劳动管理的精细化水平，还在一定程度上强化了国家经济管理的效能，促进了劳动组织的不断优化与完善。所以，探讨劳动收入问题，需要结合马克思劳动价值论与我国当前的基本分配制度，理解在社会主义市场经济条件下劳动价值的表现形式和制度变迁，以促进社会的持续稳定和经济的健康发展。

---

① 马克思恩格斯文集：第7卷[M]．北京：人民出版社，2009：293．

（二）社会主义劳动者的按劳动要素分配原则

我国当前处于社会主义初级阶段，生产力并未达到极大丰富的程度，为了实现经济社会的充分发展，改革开放以来我们引入了市场经济，激发了多种生产力要素的活力。与此同时，多种生产力要素的充分迸发也使我国在生产关系上呈现出生产资料所有制的多元化发展。由此，在社会主义初级阶段，存在着按劳分配以及按生产要素分配等多种分配方式。

按劳动要素分配是指劳动要素所有者凭借劳动要素所有权，从劳动要素使用者那里获得报酬的经济行为。它包括三层含义：一是参与分配的主体是劳动要素所有者，依据是劳动要素所有权；二是分配的客体是各种劳动要素共同作用创造出来的价值；三是分配的衡量标准，就是按劳动要素的质量、数量以及贡献大小进行分配。因此，按劳动要素分配的内在依据是生产要素的所有权，其直接表现和标准是劳动要素的数量、质量以及劳动要素贡献的大小。

改革开放以前，与计划经济体制相适应，我国实行的分配制度不承认按生产要素分配的合理性。有观点认为：市场经济是资本主义特有的经济形式，计划经济是社会主义的本质特征，因而，社会主义不能引入市场经济。事实上，市场是商品交换的场所，一切服务于以交换为目的的经济都属于市场经济。显然，市场经济的产生和发展源于分工的出现和发展，是分工和交换扩大的结果。市场经济的起源远早于资本主义社会，因此计划经济不等同于社会主义经济。随着改革开放的逐步深入，生产要素的使用者可以根据各类生产要素在生产经营中发挥贡献的大小获得相应的收益。非公有制经济中的劳动者主要按劳动力要素进行分配。在社会主义市场经济中，按劳动力要素分配的主要依据是劳动力的价值，而劳动力价值又是由生产与再生产这一劳动的社会平均费用决定的，因而，我国在非公有制经济中劳动力要素的劳动报酬方面采用了工资这一形式。当前，中国特色社会主义市场经济不仅可以使公有制经济下的劳动者根据按劳分配获得劳动性所得，也可以使非公有制经济下的劳动者凭借劳动力要素获得劳动性所得，这样的分配方式不但有助于国家经济的发展，也能高效率地配置市场资源。

三、劳动性所得的表现形态

劳动性所得是劳动者通过劳动获取劳动报酬的总称。劳动性所得关乎劳动者的民生福祉，因而是经济学界研究的主流问题之一。近代以来，西方经济学理论经过测算认为，各国劳动性所得在国家的经济总额中占比的数额是稳定的，并将这一现象认定为经济增长中的"特征事实"。然而，通过近年来对世界各国劳动报酬份额占比的研究可以发现，劳动报酬在各国经济生产总值中的占比并非处于始终恒定不变的状态。只有在发达国家，由于劳动—资本关系稳定，且从事自雇部门的劳动者偏少，因而其劳动性所得分配始终维持在一个较高水平。而在发展中国家，由于劳动力资源丰富，且资本稀缺，这必然导致低工资率、高资本回报率。现有研究大多利用工资性收入来表征劳动性所得水平，这虽然具有一定的合理性，但是却无法准确涵盖我国劳动性所得的全部内容。原因在于，在我国只有在雇员部门从事劳动的劳动者以工资作为其主要劳动性所得方式，自雇部门中的个体经营商户以及农民的劳动性所得主要依靠个人劳动所得，这一部分所得实际上包含在居民经营净收入之中。因此，劳动性所得看似一个简单的概念，但从国民收入的角度核算劳动性所得并非易事。当劳动者从事雇佣劳动时，我们可以通过雇主对劳动者发放的整体劳动报酬进行统计，从而可以清楚地得出劳动者获得的全部劳动性所得。当前我们所提到的劳动性所得主要包含三个部分：一是货币工资，即用人单位以货币形式支付给劳动者的各种工资、薪金、佣金以及奖金等；二是用人单位以免费或者低于成本价提供给劳动者的各种物品或服务；三是用人单位为劳动者直接向政府和保险部门缴纳的养老、人身、医疗等保险金。自雇部门的劳动者由于为自己工作，其劳动过程也使用了包括土地、资本、厂房、设备等在内的生产要素。因而，自雇部门劳动者的劳动性所得在统计中难以获得精确数字。因此，针对劳动性所得的统计主要通过对城镇、非城镇劳动者工资情况、分行业劳动者工资情况、分地区劳动者工资情况等进行衡量。

我国劳动性所得主要包括按劳分配的实现形式以及按劳动要素的实现形式。就按劳分配的实现形式而言。其分配对象主要包括在我国国家机关工作的劳动者以及在国有企业工作的劳动者。在国有企业工作的劳动者的工资分配一般依据职务、级别和资历等来确定，我国公务员按照职级序列则分为综合管理类、专业技术类、行政执法类等职位类别，因而在实际工资分配中要体现不同职位类别之间的价值差异。此外，公务员工资整体还要与个人的绩效挂钩，以实现公务员的公平分配。一般来说，公务员人力成本增长的幅度要低于财政总收入的增长幅度，也应略低于政府的竞争力。与此同时，为了保证政府竞争力，公务员工资也要通过动态工资和奖金等薪酬设计激发公务员的劳动积极性，实现组织发展与个体价值的双赢。我国国有企业建立了以市场化为取向、以按劳分配为主体、以贯彻工资指导线为主要内容、以工资集体协商为决定形式和以劳动力市场价位体系为指导的工资宏观调控新模式，因而，在国有企业工作的劳动者以"市场机制调节、企业自主分配、职工民主参与、政府监控指导"为原则进行分配。我国劳动性所得分配还包括集体所有制企业的按劳分配。其中工商业集体所有制企业的生产经营特点和企业的社会主义性质决定了在这些企业的内部也需要如全民所有制企业那样实行多种形式的经济责任制，以调动劳动者的劳动主动性与积极性。在工商业集体所有制企业工作的劳动者获得劳动性所得分配的方式与国有企业劳动者一样。

就按劳动要素分配的实现形式而言。主要分为以下几种情况：一是根据劳动者提供的劳动机制进行分配。事实上，对于公有制经济中的按劳分配与非公有制经济中的按劳动要素分配而言，二者所提到的"劳动"有着本质的区别。公有制经济中依据劳动者所提供的劳动进行分配，而并非劳动力；而非公有制经济中主要依据各要素的贡献进行分配。因此，劳动力要素是作为生产要素进行分配的，主要体现的是劳动者所提供的劳动力，是劳动力价值的货币表现，并且受到市场经济中的市场供求等因素的影响。当前，在私营企业、港澳台商投资企业、外商投资企业从事工作的劳动者主要通过把自己的劳动力作为商品出售从而获得相应的劳动报酬，即按劳动力价值分配。二是自雇部门的劳动者通过创造劳动价值而获得劳动性所得。个体工商户及农户利用个人所有的生产资料从事社会生产经营活动获得收入后，经过依法缴纳税金和扣除用于再生产需要的部分后，余盈的部分即构成自雇部门劳动者的劳动性所得。

第二节 劳动性所得增进的理论依据

增进劳动性所得，实现共同富裕，不仅是当前实现中华民族伟大复兴的时代主题，更是千百年来人类孜孜以求的目标理想。从古代中国人民提出"以天下物利天下人""损有余而补不足"的理想愿望，到空想社会主义对无差别平等的理论假象，从西方福利理论"倒U假说"到马克思主义经典作家勾勒实现社会共享、科学论证每个人的自由全面发展，人类在增进劳动性所得、实现共同富裕的道路上进行了艰辛的理论和实践探索。可见，增进劳动性所得是对马克思主义按劳分配理论的充分体现，也是对西方分配思想的深刻反思，更是对中华优秀传统文化中的劳动观的传承。

一、马克思主义按劳分配理论的体现

马克思主义分配理论是新中国劳动性所得观的重要理论基础。马克思在对资产阶级社会的考察分析中，揭示了人类社会的发展规律，创立了科学的世界观。在对资产阶级内部矛盾的批判中，马克思分析了人类社会存在和

发展的基本矛盾及其相互作用，揭示了人类历史由低级社会向高级社会形态不断发展的运动规律。进而，在对科学社会主义理论体系进行系统阐释的同时，颠覆了资本主义社会的分配理论，把空想社会主义的分配思想发展为按劳分配的理论学说。马克思主义分配理论的核心要义，奠定了我们深入认识和研究中国现行分配问题的基础理论。在迈向共同富裕现代化的进程中，中国共产党人坚持把马克思主义分配理论与中国具体实际相结合，致力于马克思主义分配理论的中国化实践，取得了一个又一个新的理论成果，形成了具有中国特色的劳动性所得分配理论。

早在19世纪40年代，马克思、恩格斯就开始了关于未来社会的分配形式的探讨。在当时，马克思和恩格斯对按劳分配是持否定态度的。在《德意志意识形态》中，马克思和恩格斯通过对费尔巴哈、布鲁诺·鲍威尔、麦克斯·施蒂纳等人的观点进行了总体性批判，正面阐释了历史唯物主义的基本原理：人的解放不仅仅是一种价值诉求和思想运动，而是一种历史性的现实社会运动。不仅肯定了李嘉图劳动价值论的合理成分，也形成了关乎社会和经济发展的整体观念。与此同时，马克思、恩格斯也批评了圣西门等空想社会主义者的分配理论，并提出"按能力计报酬，按工效定能力"的主张，"是要求通常的社会阶级划分"，如果和"新基督教"的宗教思想联系起来，就"必然导致对教阶制及其最上层的承认"[①]。尽管在这一时期马克思、恩格斯并未明确未来共产主义社会所有制的基本原则，但《德意志意识形态》中的全面生产理论对于我们今天深刻认识和把握社会生产、社会主要矛盾的转化是非常有益的。19世纪50年代后，马克思逐步形成了按劳分配的思想。在《〈政治经济学批判〉导言》中，针对"何谓政治经济学研究的本题"，马克思在分析政治经济学对象的社会规定性的过程中，详细论述了生产与劳动性所得分配之间的关系。马克思将社会生产过程划分为由生产、分配、交换、消费四个环节组成的有机统一体。这四个环节相互制约、相互依

---

① 马克思恩格斯全集：第3卷 [M]. 北京：人民出版社，1960：598.

赖，共同构成生产总过程的矛盾运动。在这四个环节中，生产是起点，消费是终点，而分配与交换是连接生产与消费的中间环节。在这里马克思着重讨论的是：分配是否处于生产之外的、同生产并列的独立领域，以及分配与生产的关系。进而马克思得出生产和分配的基本关系，"分配关系和分配方式只是表现为生产要素的背面"[①]，"分配的结构完全决定于生产的结构"[②]。从分工、生产力、分配、私有制的内在逻辑联系可以看到，私有制是分工的产物，分工的活动决定了活动的产品即私有制，没有分工这一活动，也就没有私有制这一活动的产品，因而，私有制和剥削是导致分配不公平的根本原因。在这一阶段，马克思系统研究了代表资产阶级和小资产阶级利益的经济学说和理论，从而在对这些学说和理论进行批判的同时，开始了《资本论》的撰写工作。《资本论》充分体现了阶级性与科学性的高度统一，通过科学分析资产阶级对立的经济根源，为实现社会主义提供了方向性指引。在《资本论》第一卷中，马克思明确论述了按劳分配的基本原理。他将社会总产品分为生产资料和生活资料。生产资料部分由社会公共使用，而生活资料部分则由社会成员共同消费。这样的分配方式克服了圣西门、傅立叶等忽视社会积累和再生产对分配进行笼统讨论的弊端。在《资本论》第二卷中论及货币资本的作用时，马克思提出"在社会的生产中，货币资本不再存在了。社会把劳动力和生产资料分配给不同的生产部门。生产者也许会得到纸的凭证，以此从社会的消费品储备中，取走一个与他们的劳动时间相当的量"[③]。在《资本论》第三卷第七篇中，马克思通过对资产阶级庸俗经济学"三位一体公式"和"私密教条"的批判，揭示了资本主义社会中资本家财富的积累主要来自雇佣劳动者所创造的剩余价值，通过对资本主义生产关系决定资本主义分配关系原理的阐释，分析了资本主义生产关系和分配关系的历史暂时性，进而论证了资本主义社会终将被更高级的社会关系和分配关系所取代的

---

① 马克思恩格斯选集：第2卷[M]．北京：人民出版社，2012：695．

② 马克思恩格斯选集：第2卷[M]．北京：人民出版社，2012：695．

③ 马克思恩格斯选集：第2卷[M]．北京：人民出版社，2012：386．

历史趋势。

《哥达纲领批判》是马克思分配理论的集大成之作。拉萨尔想要为工人阶级赢得更好的生活状况，但是他并不否定抽象劳动的统治权，因而，拉萨尔所设想的社会主义，就是每个劳动者都成为资本家的社会主义，或者说是一个没有资本家的资本主义社会。这是一种不动摇资本主义大厦基础的社会主义：劳动者依然是奴隶，只是得到了较好社会待遇的奴隶。由此，马克思批判了拉萨尔派离开生产关系空谈"劳动"和"公平分配"的错误观点，进而系统地阐释了共产主义社会发展的两个主要阶段的理论。通过阐述共产主义社会发展的两个阶段的必然性及其内在的联系，概括了这两个阶段由于经济发展程度不同带来的不同特征，从而明确了这两个阶段的不同分配原则。在共产主义社会第一阶段中的社会成员共同占有生产资料，既不存在交换，也不存在商品和货币。劳动者提供的劳动具有社会性，社会生产直接按计划有组织地进行。与此同时，社会主义社会是一个实行产品经济的社会。可见，按劳分配既不同于资本主义的分配方式，也与共产主义社会的分配方式有所区别，只能是社会主义社会所独有的分配方式。在按劳分配中，由于不存在商品和货币关系，因而劳动者以"劳动券""纸的凭证"或劳动的证书等能代表其向社会提供多少劳动，而后劳动者凭借这张证书，领取和他提供的劳动量相当的一份消费资料。可见，按劳分配体现的是以统一的以劳动为尺度分配个人消费品的平等的分配关系。

马克思主义的分配理论相对于资本主义社会的分配理论具有重大的进步意义，就在于按劳分配从本质上消除了资本家对劳动者剩余价值的无偿占有，从而体现了对个体劳动的充分肯定。新中国成立以来，中国共产党人在马克思主义分配理论的指引下，在实现共同富裕目标导向的引领下，建立了与单一公有制相对应的分配制度。改革开放和社会主义现代化建设时期，随着市场化改革的不断深化，单一按劳分配制度无法满足劳动者对美好生活的需要，由此，我们逐步探索按要素分配的形式，把按生产要素分配纳入收入分配制度中，实行按劳分配为主体、多种分配方式并存的分配制度。我国劳动者的收入也逐渐呈现多样化的状态。从新中国成立初期的多种分配方式并存，到计划经济时期的按劳分配的形成，再到中国特色社会主义分配制度的形成，充分彰显了中国共产党人在不同时期对马克思主义分配理论的实践创新。

二、西方分配思想的反思与超越

众所周知，经济学是研究经济行为和经济运行规律的一门科学。经济活动是一个有机的整体，包含经济运行的各种规律。从早期的重农学派和古典经济学派开始，都对经济学中的国民收入、国民财富与财富流通等多种经济现象进行了分析。可以看到，在西方经济学的理论框架中，收入分配理论一直占据着主要的地位。西方经济学家对收入分配的研究，大致可以分为基于市场调节的收入分配理论、基于政府调节的收入分配理论以及基于经济发展的收入分配理论。从理论分析的角度来看，资本是一种普遍性的生产要素。然而，作为一种有形或者无形的投入要素，资本具有不可忽视的异质性。因而，如果把用于投资的各种生产资料看作一种同质的生产要素或者独立的边际生产力范畴来决定分配数量，不仅掩盖了劳动与资本之间的实际冲突，也造成了劳动者与资本家之间的贫富差距。中国特色社会主义分配制度在现代经济发展的实践中始终坚持以人民为中心，始终坚持按劳分配的主体地位，既促进人的全面发展和社会全面进步，又防止两极分化和阶层固化，克服了资本主义分配方式的固有弊端，实现了收入分配理论的创新与发展。

在西方政治思想传统中，劳动性所得分配的理念可以追溯到古希腊时期，如约翰·E. 罗默（John E. Roemer）认为，分配正义的概念可以追溯到两千多年前[1]，是自柏拉图以来的思想家们探究的重要政治哲学领域。然而，启蒙运动以前的劳动性所得分配理论以统治阶级的整体利益为依据，是对抽象法权的充分反映，囿于"应得正义"和"所有权"的框架中，外在于

---

① ［美］约翰·E. 罗默. 分配正义论［M］. 张晋华，吴萍，译. 北京：社会科学文献出版社，2017：1.

历史唯物主义。随着西方逐渐步入资产阶级社会，西方收入分配的理论也逐步开始发展。其中，古典经济学派是研究收入分配理论最早也是最深入的学派，其中以亚当·斯密、大卫·李嘉图等经济学家为代表。亚当·斯密是古典经济学的创始人和集大成者，他批判地吸收了当时重要的经济实践和理论成果，构建了自己的经济理论体系。斯密在《国富论》中开宗明义，指出构成一个国家的财富的必需品和便利品都是劳动的直接产物，都是劳动创造的。私有制社会中，人是理性的"经济人"，"经济人"只关注个人利益的最大化，在市场这只"看不见的手"的引导下，一切商品的价格都包含劳动工资、资本利润和土地地租三者中的部分或全部。进而，他指出人们收入的三个源泉：劳动、资本和土地。这三个组成部分恰好构成了无产者、资产者和地主三个阶级的收入。大卫·李嘉图对分配理论的研究是从生产过程出发的，既然价值是由劳动创造的，工资就构成了社会产品价值中一个决定性的要素，这构成了其理论分析的起点。

新古典经济学的收入分配理论在继承和发展了李嘉图"边际"原理的同时，马歇尔（Alfred Marshall）将国民收入看作各种生产要素彼此协作共同创造的产物。因此，分配就是国民收入按照一定的原则在各种生产要素之间的分配，其实质不过是"三位一体"的扩大化，目的仍然是说明各种剥削收入的合理性。19世纪30年代的资本主义经济危机使当时的资本家们对以"萨伊定理"为假说的古典经济学派的自动均衡理论产生了怀疑，由此，约翰·梅纳德·凯恩斯（John Maynard Keynes）在《就业、利息和货币通论》一书中将研究失业问题从而达到充分就业作为主要的研究目的。因此，他试图从国民收入均衡的原理出发，对各种决定总产量和就业水平的因素进行分析，形成了具有个人特色的分配理论。这一理论用比较静态分析长期化和动态化，用来解释经济增长与收入分配之间的相互影响关系。哈罗德-多马模型用储蓄率（s）和资本—产出比（v）两个因素来说明经济增长的过程，经济增长率（G）等于储蓄率与资本—产出比的倒数之积。即在均衡条件下，储蓄率等于投资率，投资率就是资本的增长率，而资本—产出比的倒数就是单位资本的产出水平，资本增长率与单位资本的产出水平之积就是产出增长率，也就是经济增长率。进而，卡尔多以凯恩斯的投资—储蓄分析为基础，结合经济增长来说明在生产过程中相互合作的各种生产要素或资源所得报酬的决定规则。

中国特色社会主义分配理论实现了对"卡尔多事实"和边际生产力分配假说的超越。"卡尔多事实"认为，各种生产要素的收入在国民收入分配中所占的份额基本不变，其理论基础是古典经济学中萨伊的效用价值论和价值构成的"三分法"，即劳动者获得工资，资本家获得利润，土地所有者获得地租。根据这个事实，似乎劳动者报酬占比到了一定阶段就会出现稳定状态。然而，在资本主义社会中，资本要素的报酬与边际生产力并不等同。与此同时，资本按照所谓的"贡献"获得的报酬，也归资本家个人所有。中国特色社会主义分配制度一方面以按劳分配为基础，保障了公有制经济的稳定性和国家资本对于经济社会的保障作用；另一方面按要素分配根据各生产要素贡献进行分配，因而是与资本主义分配方式以剥削为基础的完全不同的分配方式。

中国特色社会主义分配理论始终坚持以人民为中心，实现了对西方以资本分配逻辑为主导的分配理论的全面超越。在资本主义生产实践中，资本家们付给劳动者工资，劳动者通过劳动获得劳动报酬。这就造成了劳动者所获取的工资是"劳动的价值或价格"的假象，事实上，在资本主义生产活动中，劳动者出卖的并非劳动，而是劳动力。因为劳动力是潜藏于劳动者身体中的劳动能力，作为一种可供出卖的商品，劳动力在没有出卖之前就已经存在了。可见，在资本主义再生产的过程中，一方面，不断涌现出层出不穷的资本家，他们凭借手中的资本继续掌握雇佣劳动的条件；另一方面，不断出现一无所有的无产者，他们继续向资本家出卖供其剥削的劳动力。马克思通过对资本主义再生产的分析，进一步揭示了资本主义生产方式的本质内涵。从资本主义再生产的过程来看，劳动者所创造的剩余价值转化为资本家的追加资本，追加资本又随原有资本带来剩余价值构成了一个螺旋式的不断上升的过程。总之，资本再生产的过程，就是贫富差距进一步扩大的过程。与此同时，中国特色社会主义分配理论以非均衡式协调发展和分配实践超越市场自动均衡分配理念。如前所述，新古典经济学认为，坚持按照要素的边际生产力进行分配，体现了市场主体利益均衡原则，从本质上看，这样的分配方式是一种"市场利益"导向的分配法则。均衡理念主张通过抑制各种反竞争行为，形成一个可竞争的市场状态，最终实现对效率的追求。然而，从各国的分配实际来看，世界各国的分配水平并非保持统一，既有经过几百年工业革命而演进的发达国家，还有以中国为代表的发展中国家，更有最不发达国家。因而，均衡理念的分配方式尽管强调市场机制的作用，但却忽视了对公平的重视。这样的分配方式不仅会演变为以周期性为特征的世界性经济危机，也会导致逆全球化的民粹主义思潮泛滥。有鉴于此，中国特色社会主义现代化建设提出"创新、协调、绿色、开放、共享"五大新发展理念及坚持实现共同富裕的发展理念，坚持统筹兼顾、综合平衡，既要增进劳动性所得，又要实现经济社会协调发展。只有构建覆盖全体劳动者实现共同富裕的分配制度，才能稳步推进实现共同富裕现代化的伟大征程。

三、中华优秀传统文化中的劳动观的传承

劳动作为人类所特有的一种有意识、有目的的社会实践活动，是观照人类社会历史的现实起点。马克思指出："任何一个民族，如果停止劳动，不用说一年，就是几个星期，也要灭亡，这是每一个小孩子都知道的。"[①]文化是一个国家、一个民族的灵魂，有文化自信的民族，才能立得住、站得稳、行得远。从古至今，热爱和尊重劳动始终流淌在中华民族每一位劳动者的血脉中。中华文明具有突出的连续性，作为世界历史上唯一绵延不绝且以国家形态发展至今的伟大文明，中华文明凝结着中华民族上下五千年的深湛智慧，不但是中华民族生生不息的精神气脉，也是我们屹立于世界民族之林

---

① 马克思恩格斯选集：第4卷[M]. 北京：人民出版社，2012：473.

的最大底气和深沉力量。中华文明能够绵延至今的重要原因就在于中华民族对勤劳美德的传承与发展。新时代中国特色社会主义劳动性所得分配的劳动观不但是对马克思主义劳动观的继承、创新与发展，也深深扎根于五千年历史积淀而生成的中华优秀传统文化之中。

"劳"的繁体为"勞"，是一个会意字，在"勞"字中，字形上方的"焱"表示灯火通明的意思；字形中的"冖"表示房屋；字形下方的"力"表示用力。在古汉语中，"勞"字的本义为努力劳动，使劳动者遭受辛苦。《说文解字》指出，古文劳从"悉"，其字形发展大致可分为三系：一从"衣"，一从"心"，一从"力"。动的繁体为"動"，会意兼形声字，《说文解字》释为："動，作也。"[①]翻译为起身做事。"劳动"作为一个词语，最早记载于《庄子·让王》中："春耕种，形足以劳动。"在这里，劳动既包含劳动者实际从事体力劳作的实践活动，也意指烦劳或劳累的含义。《诗·邶风·凯风》："棘心夭夭，母氏劬劳。"泛指一般的劳动、烦劳。引申为疲劳、劳累。劳而有功，又引申为功劳、功绩，再引申为慰劳。通过对"劳"字语义的挖掘可以发现，古人对"劳"的阐发具有两个特性：一是"劳动"具有表示劳动自然属性的辛勤、努力的含义；二是"劳动"的主体是人，劳动是一种物质性的、生产性的对象活动，这也是劳动的本质属性。

华夏文明伊始就崇尚劳动，轩辕、伏羲、神农等都是具有突出劳动技能的部落首领。及至大禹治水，辛勤劳动已与坚毅不屈的民族性格相融合。勤劳勇敢的先民们不仅善于用劳动改善自然生存环境，也在无形中形塑着中华民族的精神世界。第一，崇尚劳动是中华优秀传统文化的价值取向。劳动生产自古以来在中国封建社会的社会生产中就占据重要地位，因此，中国古代先哲们都从不同角度论述了劳动对治国理政的重要作用。《管子》有言："彼民非谷不食，谷非地不生，地非民不动，民非作力毋以致财。"这意味着劳动是财富创造的源泉。《大学》中有云，"有人此有土，有土此为

---

① 许慎. 说文解字 [M]. 上海：上海古籍出版社，2004：9.

财"，指出劳动者可以通过对土地的开发和利用获得相应的劳动报酬。墨子也十分重视劳动对于百姓生活的重要性，强调人人都要进行劳动活动，并坚决地质疑不劳而获者。第二，辛勤劳动是中华民族的奋斗底色。辛勤劳动是古人最基本的生活态度，也是古人从事劳动的基本特征。事实上，劳动作为人的最基本的实践活动，在劳动过程中，必须体现实践的要求，主观见之于客观。无论是脑力劳动还是体力劳动，都是需要付出辛苦和勤奋的。"一勤天下无难事"。从远古时代的神话传说，到口耳相传的童话寓言，都展现了我国古代劳动人民不畏艰险、百折不挠的高尚品德。中华民族作为勤于劳动、善于创造的民族。"春夏耕耘，秋冬收藏，昏晨力作，夜以继日"是古代劳动人民生活的真实写照，吃苦耐劳更被视为君子处事之本。"昼出耘田夜绩麻，村庄儿女各当家""不经一番寒彻骨，怎得梅花扑鼻香"……这些诗词谚语，不仅抒发了劳动人民对田园生活的向往，也传达出中华民族吃苦耐劳、自强不息的精神品质。第三，诚实劳动是中华民族的优秀品质。诚实劳动是劳动者个人精神成长之本。辩证唯物主义揭示了劳动实践是个体精神成长的源泉和动力。因而劳动实践是认识的源泉和基础，劳动者通过劳动实践产生意识，进而通过劳动实践创造精神认知的对象世界。与此同时，劳动实践的发展为认识提供动力，人在劳动实践中巩固和深化认识，新的劳动实践催生新的认识。人行天地间，只有在诚实劳动中不图安逸、不惧困难、爬过高山、蹚过激流，才能实现人世间的美好梦想，才能解决发展中的各种难题，才能铸就生命力的辉煌。古人云："内诚于心，外信于人。"劳动作为人类的本质活动，既把人同动物相区别，又把人与人类社会同自然界紧密结合起来，人世间的美好梦想，只有通过劳动者的辛勤劳动才能实现。无论是《中庸》中的"诚者天之道，诚之者人之道""不诚无物"对劳动者固守与忠诚的教诲，还是墨子《修身》中的"行不信者，名必耗"所阐述的无诚信者对名声的损坏，都在教导人们诚实守信的实践价值。

中国特色社会主义进入新时代，崇尚劳动、热爱劳动、辛勤劳动、诚实劳动的劳动精神成为当下鲜明的时代精神。中国共产党自成立以来，便摒弃了资本主义以劳动创造获取财富利润的狭隘观念，始终积极倡导和自觉践行中华优秀传统文化中的伟大劳动精神，生动展现了我国广大劳动者在实现共同富裕现代化进程中拼搏奋斗、争创一流、勇攀高峰的时代担当和积极作为。无论是革命战争年代"自己动手，丰衣足食"的响亮口号，还是改革开放以来邓小平对勤俭致富的大力倡导；无论是江泽民在党的十六大报告中指出的"要尊重和保护一切有益于人民和社会的劳动"[①]，还是胡锦涛提出的社会主义荣辱观，抑或中国特色社会主义进入新时代习近平总书记对劳模精神、工匠精神的大力弘扬，都希望通过辛勤努力使全体劳动者过上富足的生活。千百年来，尽管劳动的方式从"手推磨"转变化为机械化大生产，然而，"功崇惟志，业广惟勤"始终是我国劳动者不变的理想信念。回望历史，我们身边涌现出一个又一个迎着浩荡东风、劈波斩浪、勇立潮头的劳动模范，从为"复兴号"高铁装上"智慧大脑"的赵卫红到在高端柴油机开展高精密微孔加工的陈亮，再到兢兢业业扎根农村的高德敏……一代又一代热爱劳动、辛勤劳动、精于劳动的劳动者们用自己的努力造就了我国工业、农业、国防等多个领域建设的辉煌成就。只有让全体劳动者在岗位上发光发热，才能在强国建设、民族复兴的新征程上贡献属于自己的中国力量。

第三节　劳动性所得增进的现实意义

增进劳动性所得是提升人民生活品质、持续满足人民群众对美好生活向往的基本前提。伴随着经济社会的蓬勃发展与进步，我们已历史性地取得了脱贫攻坚战的全面胜利，全面建成了小康社会，这一系列伟大成就极大地激发了人民群众对美好生活的更高期待与追求。新时代以来，人民群众的需

---

① 中共中央文献研究室. 十六大以来重要文献选编：上[M]. 北京：中央文献出版社，2005：12.

求日益多元化、个性化，这要求我们加速转型，从以往单纯注重"量"的积累，转向更加注重"质"的飞跃。唯有持续不断地增加劳动性所得，才能切实满足人民群众对于更加优质教育资源、更加舒适宜居环境以及更高水平医疗服务的迫切需求。这一举措，不仅是对劳动者主体地位的充分认可与尊重，更是社会主义本质要求的生动体现，它深刻彰显了社会主义制度对劳动者权益的保障与提升。同时，这也是推动实现共同富裕现代化目标的重要路径与导向，引领我们向更加公平、正义、和谐的社会迈进。

一、社会主义本质的体现

提高劳动性所得，实现共同富裕现代化是社会主义追求和探索的方向。马克思、恩格斯是在批判资本主义制度的基础上描绘未来社会的。生产决定分配，马克思关于劳动性所得分配理论的认识始于对资本主义生产与分配之间关系的认识。马克思首先概括了产业资本、商业资本与借贷资本运动的资本流动公式：货币—商品—货币（G—W—G）。这个公式为我们清晰地阐释资本家用货币购买货物—出售商品—换回货币的全过程。在整个资本流通的过程中，尽管资本流通公式的左右两端都是货币，然而资本家最初付出的货币与经过流通后所收回的货币的量却不同，收回的货币在量上大于付出的货币。因此，马克思得出，资本流通过程的完整公式是G—W—G'。G'=G+ΔG，即原付货币额加上一个增值额。但在资本主义社会生产中，商品的价值只能发生形态变化，而不会自行增值。那么，价值增值一定发生在商品的使用价值上。质言之，货币所有者必须在劳动力市场上购买一种特殊的商品，才能通过对它的使用创造比其自身价值更大的价值，即创造出剩余价值。可见，在资本主义的生产过程中，资本家的目的并非生产使用价值，而是生产剩余价值。在资本主义社会，资本家们付给劳动者工资，劳动者每劳动一天就会得到一天的劳动报酬，每劳动一个月就会得到一个月的劳动报酬。这就造成了一种假象，劳动者所获取的工资是"劳动的价值或价格"，而并非劳动力的价值或价格，劳动者们在资本主义社会所创造的全部劳动都得到了应有的报酬。其实不然，在资本主义生产活动中，劳动者出卖的并不是劳动，而是劳动力。因为劳动力潜藏于劳动者身体中的劳动能力，作为一种可供出卖的商品，劳动力在没有出卖之前就已经存在了。而劳动是劳动者对劳动力的使用，劳动的实现必须以劳动力与生产资料相结合为前提。因此，资本家付给劳动者的工资是劳动力价值或价格的转化形式。正如马克思所指出的："工资不是它表面上呈现的那种东西，不是劳动的价值或价格，而只是劳动力的价值或价格的隐蔽形式。"[①]马克思对资产阶级劳动生产过程与分配过程的详细论述揭示了资本主义分配方式的实践过程必然导致逐渐扩大的贫富差异。面对资本主义社会无法解决的两极分化问题，马克思指出，未来社会的"社会生产力的发展将如此迅速，……生产将以所有的人富裕为目的"[②]，"通过社会化生产，不仅可能保证一切社会成员有富足和一天比一天充裕的物质生活，而且还可能保证他们的体力和智力获得充分的自由的发展和运用"[③]。同时，"无产阶级的运动是绝大多数人的，为绝大多数人谋利益的独立的运动"[④]。社会主义现代化条件下的富裕既是涵盖不同民族、不同地域、不同人群的共同富裕，也反映了人民对多领域、多方面有机协调的美好生活的需求，是物质生活与精神生活相互渗透、总体均衡的全面富裕。因此，它不仅能实现生产力的发展，还能确保"生产力归人民所有"，从而使阶级和剥削失去其存在的基础而逐步消亡，使共同富裕现代化成为现实。

提高劳动性所得水平，实现共同富裕是社会主义制度优越性的本质体现。社会主义作为一种全新的社会制度，其内涵会随着时代的发展而变化，但是无论在什么样的时代条件下，都不能离开共同富裕这一根本属性。改革

① 马克思恩格斯选集：第3卷[M]. 北京：人民出版社，2012：370.
② 马克思恩格斯文集：第8卷[M]. 北京：人民出版社，2009：200.
③ 马克思恩格斯文集：第9卷[M]. 北京：人民出版社，2009：299.
④ 马克思恩格斯文集：第2卷[M]. 北京：人民出版社，2009：42.

开放初期，针对计划经济时期长期忽视社会生产力发展、忽视人民物质生活提升，单纯把公有制和意识形态作为社会主义本质要求的误区和改革开放初期关于"姓资还是姓社""姓公还是姓私"的讨论，邓小平明确指出："社会主义的本质，是解放生产力，发展生产力，消灭剥削，消除两极分化，最终达到共同富裕。"①这五句话构成一个有机的整体，是"一整块钢"，少了其中任何一句话、任何一个方面，都不构成社会主义的完整本质。从生产力和生产关系的统一关系中来把握共同富裕，深刻厘清了社会主义的本质与特征、本质与原则等重大关系。将"消灭剥削，消除两极分化"纳入社会主义的本质特征升华了长期以来人们从生产力与生产关系的辩证关系出发确定共同富裕的基本原则。邓小平关于社会主义本质的概括并未提出所有制结构以及分配制度的一般要求，这是因为长期受到"左"的思想的影响，人们的思想还未得到充分解放，还把对社会主义的认识禁锢在单一公有制和按劳分配的框架中。为了让广大人民充分认识到中国特色社会主义的本质要求，邓小平扩大了社会主义的外延，以生产力与生产关系作为出发点，把人们对社会主义的认识转向不断满足对日益增长的物质文化需求的探索中。事实上，判断社会主义是否科学的根本标准一是生产力、二是人民利益。解放生产力、实现经济高质量发展是社会主义社会的根本基础与标志。相比西方式现代化秉持"资本至上"的发展原则造成的国家经济命脉被资本控制、百姓财富被资本家洗劫一空的困境，社会主义制度能够最大限度地激发社会生产力的活力与创造力。

可见，社会主义的本质就是增进劳动性所得，实现共同富裕。第一，社会主义的本质是实现共同富裕，而非共同贫穷，即发展生产力是社会主义社会发展的第一要务。同样，马克思、恩格斯在与资本主义社会的斗争中也始终强调提高生产力的必要性。然而，在社会实践中，人们往往只关注生产关系和上层建筑的理论内涵，认为这二者才是社会主义与资本主义相区别的

---

① 邓小平文选：第3卷[M]．北京：人民出版社，1993：373．

根本，进而大多忽略了对生产力决定性作用的关注。第二，社会主义本质强调了解放和发展生产力的根本作用。在社会主义社会中，由于生产关系的一系列相互关联的环节还存在束缚生产力发展的问题，那么解放生产力就依然是中国共产党的重要使命。与此同时，对发展生产力的强调也有鉴于对社会主义本质的片面了解所造成的沉重的历史教训。第三，社会主义本质是动态与过程的统一过程。社会主义虽然是一个相当长的历史进程，然而它并不是一成不变、僵化的，随着社会主义事业的发展，我们的认识也会深化，我们对社会主义本质的认识也必然有深化发展的空间，现行的概括也可以进一步丰富、完善和发展，根据时代的发展赋予社会主义本质新的时代内涵。"解放""发展""消灭""消除"和"达到"这五个动词较好地体现了社会主义在动态进行社会主义建设中实现人民对实现共同富裕现代化的美好愿望。党的十八大以来，习近平总书记基于中国社会主义现代化建设的实践经验，进一步提出"共同富裕是社会主义的本质要求，是人民群众的共同期盼，我们推动经济社会发展，归根结底是要实现全体人民共同富裕"[①]。对社会主义本质理论的持续深化彰显了中国共产党人为增进劳动性所得与消除贫富差距问题的政治决心和态度，也充分表明了共同富裕和中国式现代化在推动社会主义伟大实践中实现了理论逻辑的辩证统一。

二、共同富裕现代化的目标要求

人民立场和社会主义性质决定了共同富裕是中国式现代化的重要目标和本质特征。中国式现代化的首要特征，就是在中国共产党领导下的社会主义现代化，这也是实现中国式现代化的根本保障。中国共产党作为马克思主义执政党，在推进社会主义现代化进程中，始终坚持以人民为中心的发展思想，把满足人民对美好生活的新期待作为出发点。在推进现代化的过程中，

---

① 习近平：关于《中共中央关于制定国民经济和社会发展第十四个五年规划和二〇三五年远景目标的建议》的说明［N］. 人民日报，2020-11-04（02）.

我们党自觉主动地缩小地区差距、城乡差距、收入差距，关注社会公平正义问题，促进全体人民共享社会主义现代化建设的成果同时，实现共同富裕也是社会主义社会的本质要求，共同富裕与社会主义社会相生相伴。走中国共产党领导的社会主义现代化道路，就决定了共同富裕是中国式现代化的根本出发点和本质特征。全体人民共同富裕与中国式现代化相互促进、密不可分。一方面，着力推进共同富裕，不断提升全体人民的物质生活、精神生活水平，实现环境宜居宜业、社会和谐和睦、公共服务普及普惠，客观上要求通过发展中国式现代化，不断创造和积累社会财富，进一步做大做好"蛋糕"，夯实物质基础。另一方面，推进共同富裕意味着巩固和发展社会主义基本经济制度，实现生产资料由全体人民共有，现代化国家由全体人民共建，改革发展成果由全体人民共享，从而增强全体人民的获得感，进一步解放和发展社会生产力，增强发展动力，不断创造和积累劳动性所得，有利于加快社会主义现代化步伐。共同富裕是中国式现代化区别于西方发展模式的价值底色。西方发达国家的现代化模式以工业化为主要推动力，以经济体制市场化和全球化为主要特征。生产资料私有制的"基因"决定了它们的资本立场，在生产环节中，劳动者往往只是被当作资本增值的客体和手段，忽视了广大劳动者的全面发展。在分配环节和价值观念上，它们遵循"资本利益至上"的原则，片面强调效率至上，缺乏自发从最广大民众利益福祉出发调节贫富差距的内在动力，导致财富从广大民众流向少数资本家，两极分化日益严重。近年来，尽管西方国家为缓和阶级矛盾建立了相对完善的福利保障制度，为居民提供制度性储蓄、改善税收系统，并为劳动者和弱势群体提供最大限度的福利保护，但经济危机、社会冲突、债务危机仍然层出不穷。"占领华尔街"国际运动、法国爆发的"黑夜站立"运动和美国的"民主之春"运动等，都凸显了资本主义私有制下基本矛盾所导致的贫富差距、收入差距等问题。正如亨廷顿引用的博兹曼（Adda B. Bozeman）所言，政治制度只是"文明表面转瞬即逝的权宜手段"①。在西方自由民主的意识形态中，西方的政治制度往往导致资本失去约束、经济不平等加剧、社会阶级日趋固化。与之相反，以共同富裕为特征的中国式现代化追求的是物质文明与精神文明相互协调、人类与自然和谐共生的现代化道路，致力于全体社会劳动者都能平等享有经济社会发展成果。中国式现代化道路所彰显的人类文明新形态基于人类文明演进规律与发展方向，既促进了人的全面发展和社会全面进步，又有效防止了两极分化和阶层固化。它打破了"西方中心论"，终结了"历史终结论"，克服了资本主义现代化的固有弊端，致力于将人民对美好生活的向往变成现实，为广大发展中国家在现代化发展中统筹效率与公平、发展与安全、物质文明与精神文明等提供了全新选择。这不仅凸显了中国式现代化的独特性质，也深化了人类现代化的内涵，丰富了人类文明新形态的价值意蕴。

党的十八大以来，以习近平同志为主要代表的中国共产党人持续深入探索共同富裕的本质内涵，将全体人民共同富裕摆在更加重要的战略位置。一是以效率更高、产业结构更合理、产品和服务质量更优的高质发展为基础促进共同富裕。着力改善经济发展中出现的由粗放式增长引起的产能不足、库存积压、杠杆增加等问题。二是将共同富裕的内涵阐释为普遍的富裕、全面的富裕、渐进的富裕。党的二十大报告提出："中国式现代化是全体人民共同富裕的现代化。"②共同富裕是覆盖全体人民的富裕，"共同富裕路上，一个也不能掉队"③。从局部到整体，再到精确到每一个人的庄严承诺，体现了中国共产党对实现共同富裕的信念与决心，彰显了人民至上的价值追求。与此同时，富裕不单单包括物质财物的富足，还有精神层面的富裕。由此，富裕的全面性，也要求每位社会主义社会的劳动者在物质财富极大丰富

---

① ［美］塞缪尔·亨廷顿. 文明的冲突与世界制度的重建［M］. 周琪，等，译. 北京: 新华出版社，2010: 22.

② 习近平. 高举中国特色社会主义伟大旗帜 为全面建设社会主义现代化国家而团结奋斗——在中国共产党第二十次全国代表大会上的报告［N］. 人民日报，2022-10-26（01）.

③ 习近平谈治国理政: 第3卷［M］. 北京: 外文出版社，2020: 66.

的同时向人的全面发展升级。三是始终把满足人民对美好生活的向往作为共同富裕的价值追求。马克思认为，共产主义社会的"生产将以所有的人富裕为目的"[①]。中国共产党从成立伊始便始终把人民摆在首要位置，党的一切行动也都是从人民立场出发，并坚持把经济发展的成果让每一位劳动者共同享有。共同富裕既是富裕的共享，也是共享的富裕。这意味着实现共同富裕是发展与共享的有机统一，是效率与公平的有机统一。实现全体人民共同富裕作为长期的远景目标，具有长期性和艰巨性。

扎实推进共同富裕，要求在推动经济高质量发展的同时，构建合理有序的劳动性所得分配格局。现阶段，构建合理、有序的劳动性所得分配格局，平衡、规范收入分配秩序与财富积累机制，是实现共同富裕现代化强国目标的重要体现。一方面，合理有序的劳动性所得分配格局与实现共同富裕具有目标的一致性。分配是生产方式的直接体现，劳动性所得分配在本质上具有经济属性。提高劳动者所得水平，是实现共同富裕现代化的经济基础，也是解决发展不平衡不充分问题的关键举措。当前，要实现共同富裕的远景目标，必须妥善处理好"效率"与"公平"之间的辩证关系。改革开放以来，在中国共产党的领导下，在全体劳动者的共同努力下，我国经济社会发展取得了历史性成就，发生了历史性变革。即便在疫情肆虐、世界经济持续低迷的背景下，我国经济依然保持了稳健增长。然而，我国当前仍面临着贫富差距较大的现实问题。因此，我们必须坚定不移地提高生产力，既要提升经济发展的结构与效益，实现"质"的飞跃，也要扩大经济发展的规模与速度，实现"量"的增长，从而为增进劳动性所得奠定坚实基础。同时，提高劳动者所得水平与百姓福祉紧密相连，在一定程度上反映了全社会的共同愿景，具有显著的社会性。因此，提高劳动性所得水平是实现共同富裕现代化的社会基础，更是共享发展理念最直接的体现。合理的劳动性所得分配结构，能够充分调动劳动者的主观能动性，激发人民群众通过奋斗实现共同富裕现代

---

① 马克思恩格斯文集：第8卷 [M]. 北京：人民出版社，2009：200.

化的热情，形成共建共富的强大动力。另一方面，从劳动性所得分配的内部结构来看，我国公有制经济以按劳分配为主体。在公有制经济制度下，劳动者共同占有生产资料，因此具有平等的劳动关系。市场经济下的按劳分配与计划经济时期的分配方式存在显著差异。尽管国家机关还保留着一定程度的国家计划调控的劳动性所得分配模式，但大多数国有企业已根据每位劳动者提供的劳动量对个人消费品进行分配，实现了酬劳一致。公有制实现形式的多样性不仅激发了劳动者的生产积极性，还有助于提高劳动生产率，促进公平与效率的统一。而在社会主义市场经济下，按劳动要素分配则是市场经济层面的分配机制——要素所有权通过市场价格得以实现，各要素在劳动力市场中平等参与经营并获得收益。劳动力要素的贡献大小通过劳动者所获得的工资来体现。值得注意的是，由于我国以公有制为主体，非公有制经济下的劳动者与资本主义制度下的劳动者在工作性质上存在根本区别。因此，按劳分配与按劳动要素分配相结合，在劳动性所得分配制度中优势互补、互相促进、相得益彰，共同推动共同富裕现代化的实现。

三、劳动者主人翁地位的肯定

劳动创造幸福，实干成就伟业。尊重劳动、倡导劳动、保护劳动，是社会主义制度先进性、优越性的显著标志，集中反映了亿万劳动者的历史主动意识，彰显了推动实现共同富裕现代化的根本力量。中国是人民当家作主的社会主义国家，劳动者是国家和社会的主人。新中国成立以来，我们党高度重视广大劳动者在党和国家事业中的重要地位，始终重视发挥劳动模范和先进劳动者在劳动生产中的重要作用。习近平总书记指出："我国工人阶级和广大劳动群众一定要以国家主人翁姿态，积极投身经济社会发展的火热实践，为共同创造我们的幸福生活和美好未来作出新的贡献。"①

---

① 习近平. 在庆祝"五一"国际劳动节暨表彰全国劳动模范和先进工作者大会上的讲话[M]. 北京: 人民出版社, 2015: 3.

为了增进劳动性所得，实现全体劳动者的共同富裕，中国共产党不断改革分配制度。计划经济时期，为了使广大劳动者"劳有所得"，我国初步建立了按劳分配制度。在城镇推行工资制度，在农村将土地和生产资料收归国有。与旧中国分配制度对劳动者的剥削相比，"按劳分配"在一定程度上保障了全体劳动者的基本生活需要，提升了劳动者的主体地位。改革开放以后，党中央先是在思想上实现了正本清源，纠正"文革"期间"以阶级斗争为纲"的错误思想，并重新确立了"解放思想、实事求是"的思想路线，为提高劳动者主体地位奠定了政治基础。在分配制度方面，重新确立按劳分配的基本原则，承认了工资、工分、奖金、津贴等多种实现形式，得到了经济界、理论界和广大人民群众的拥护。紧接着，党中央调整国民经济发展策略，作出把工作中心转移到经济建设上来和实行改革开放的伟大决策，为收入分配制度的建立夯实了物质基础。由于"政社合一"的人民公社的经营管理过于集中，分配上存在着很大的平均主义倾向，党中央提出改革的重点在广袤的农村，随着家庭联产承包责任制普遍推行和农业生产效率提高，广大农民利用剩余劳动力和资金发展多种经营，涌现出一大批专业户、重点户。中国农村开始向着专业化、商品化、社会化生产方向转变。随着市场化改革的不断深入，资本的扩张使得劳动资本关系发生转变，劳动者权益难以得到充分保护，表现为劳动力就业较为困难，面临着突出的失业问题，这使得劳动者难以分享改革开放带来的成果。为了缓解这种状况，党中央首先厘清当时许多人在商品经济、价值规律等重大问题上的模糊认识，明确提出我国社会主义经济是"公有制基础上的有计划的商品经济"，突破了把全民所有同国家机构直接经营混为一谈的传统观念，提出"所有权同经营权可以适当分开"。这不仅是我们党在计划和市场关系问题上的全新认识，也有助于提高劳动者报酬，树立劳动者主人翁地位。为了进一步提高劳动者的收入，促进实现共同富裕，1987年召开的党的十三大进一步明确增进劳动性所得的分配制度。而后，党的十五大、十六大进一步明确保护劳动者的收益分配制度。与此同时，党中央在加快转变经济发展方式的过程中，在不断提升劳动者人力资本水平的基础上，不断发挥市场配置劳动力资源的基础性作用，更有效地提升劳动性所得水平，更充分地发挥收入水平的激励作用，从而提升了广大劳动者的收益水平。1992年，在确立社会主义市场经济体制目标后，劳动者自我选择就业岗位的能力大大提升，劳动者可以自我选择收入较高并能发挥自身作用的岗位，也逐步获得了在不同区域间的自由流动权。

涓涓细流汇成浩瀚大海，亿万人民共绘恢宏史诗。"共同富裕具有鲜明的时代特征和中国特色，是全体人民通过辛勤劳动和相互帮助，普遍达到生活富裕富足、精神自信自强、环境宜居宜业、社会和谐和睦、公共服务普及普惠，实现人的全面发展和社会全面进步，共享改革发展成果和幸福美好生活。"[1]实现共同富裕不是一蹴而就的，而是一项高度耦合、系统集成的系统工程，不仅包含政治、经济、文化、生态等多个领域，而且也离不开这些领域的紧密配合、相互协作。人类是劳动创造的，社会是劳动创造的。中国作为一个拥有14多亿人口的泱泱大国，想要将全体劳动者的意愿表达好、实现好并非易事。只有充分依靠劳动者的辛勤劳动，才能实现共同富裕现代化的强国目标。近年来，为了不断提升劳动者的主人翁地位，从中央到地方，各级政府均制定各种政策性文件来保障劳动者权益，如人民代表大会制度保障了劳动者的决策权和监督权，职工代表大会制度保障了劳动者的民主管理权，职工董事、职工监事、集体协商制度保障了劳动者的民主协商权。可见，中国特色社会主义制度使劳动者主人翁地位的实现成为必然。更重要的是，当前按劳分配为主体、多种分配方式并存的分配制度从多方位、多角度全面保障劳动性所得的增进，这不仅是对劳动者主人翁地位的充分肯定，也有助于推进实现共同富裕现代化的伟大征程。

---

[1]　中共中央、国务院关于支持浙江高质量发展建设共同富裕示范区的意见[N]. 人民日报，2021-06-11（01）.

第三章

新中国成立以来
劳动性所得的历史考察

把马克思主义分配理论与中国具体实际相结合、实现马克思分配理论的中国化，进而增进劳动性所得，是中国共产党人的一贯主张。新中国成立以来，马克思分配理论的中国化推动中国分配制度实践步入了崭新的历史阶段，在中国共产党的领导下，我们取得了一个又一个新的理论成果：从新民主主义分配制度的确立，到按劳分配制度的形成，再到中国特色社会主义分配制度的形成，凸显了不同历史时期形成的毛泽东分配思想、中国特色社会主义分配理论、习近平总书记关于收入分配的重要论述等马克思主义分配理论中国化的创新性成果，也凸显了共同富裕现代化进程中劳动性所得增进的突出贡献。站在新的历史起点，系统总结和梳理共同富裕现代化进程中劳动性所得变革的历史脉络，有助于深入理解中国特色社会主义分配制度的理论逻辑。

第一节　社会主义革命和建设时期劳动性所得的理论及实践

新中国成立后，中央人民政府为了巩固新生的人民政权，在领导全国人民相继完成抗美援朝、剿匪肃清、镇压反革命运动后，明确提出实现全体人民共同富裕的发展方向。毛泽东明确指出："现在我们实行这么一种制度，这么一种计划，是可以一年一年走向更富更强的，一年一年可以看到更富更强些。而这个富，是共同的富，这个强，是共同的强，大家都有份。"[①]为此，中国共产党通过对所有制的全面改造和调整，切断了生产资料私有制对社会生产总过程的控制，代之形成了以生产资料公有制为基础的社会主义生产关系，并将社会主义生产关系迅速覆盖生产、交换、分配及消费的全过程。我国劳动性所得也实现了从新中国成立初期多种分配方式并存的分配方式到具有平均主义色彩的单一按劳分配的转变。

一、从多种分配方式到按劳分配的变迁历程

1949年中华人民共和国的成立，标志着自1840年以来中华民族陷入半殖民地半封建社会悲惨屈辱历史的结束，中华民族从此走上了独立、民主、富强的道路。在完成民主革命遗留的任务和恢复国民经济的任务后，如何提高民生福祉，实现人民增收，成为中国共产党执政以来面临的重大社会问题。

新中国成立初期的国情与马克思所设想的社会主义社会并不相同，因而对于"按劳分配"的实际应用也存在区别。要坚持和贯彻按劳分配原则，就要正确认识和把握按劳分配的本质内涵。在马克思主义的按劳分配理论中，

[①]　毛泽东文集：第6卷［M］．北京：人民出版社，1999：495．

"劳"具有双层含义，既代表劳动者付出劳动的"数量"，也表示劳动者付出劳动的"质量"。"劳"具有统一的标准和尺度，适用于社会主义社会的劳动者，充分体现了按劳分配的公平与正义。即劳动者"以一种形式给予社会的劳动量，又以另一种形式领回来"[①]。由此，在按劳分配的分配方式中，"劳动"是劳动者参与社会产品分配的唯一原则，只有通过劳动才能获得相应的社会产品。

在这一时期，我国学界围绕着劳动性所得分配进行了多次讨论，主要包括按劳分配的存在原因、条件，以及按劳分配的质的规定性的问题。讨论集中在以下三点：一是在实现国家工业化进程中，如何看待积累和消费的关系，以及如何确定二者的比例，这是影响劳动性所得分配的宏观决定因素，由此引发了关于工人和农民的劳动报酬是否存在差距的争论。薛暮桥、苏星认为，这种差异在目前大体上是适当的，基本上是合理的。[②]而部分学者则认为工农收入差异有些偏大，农民生活没有怎么改变。[③]二是为了巩固土地改革的成果，解决农村出现的日益严重的土地兼并问题，提高广大贫困农民的收入水平，将农民组织起来走合作化道路，进而转变为集体所有制的"人民公社"。针对这一问题，出现了不同看法。三是初步探讨了实现按劳分配原则的必要性及其条件。艾思奇认为，"虽然没有生产资料的私有，但个人劳动力在实际上仍承认为私有。由于这样的私有权利，人们才可能按照自己的劳动向社会要求相应的报酬"[④]。对按劳分配的探讨有助于人们正确理解和发展马克思主义按劳分配理论。

一般来说，中国共产党对按劳分配的原则的理解基本上是正确的。党提出按劳分配就是"各尽所能、按劳分配、多劳多得、不劳动者不得食"[⑤]。

---

① 马克思. 哥达纲领批判 [M]. 北京：人民出版社，1992：11.
② 转引自汤国钧. 我国关于"按劳分配"的讨论 [J]. 经济研究，1958（07）：72-76.
③ 胡晓风，韩淑颖. 中国社会主义经济问题讨论纲要 [M]. 吉林：吉林人民出版社，1983：486.
④ 艾思奇. 努力研究社会主义社会的矛盾规律 [J]. 哲学研究，1958（07）：6.
⑤ 建国以来重要文献选编：第14册 [M]. 北京：中央文献出版社，1997：385.

在关于国营工业企业和人民公社中如何贯彻按劳分配问题上，中国共产党就作了较为具体的规定。关于国营工业企业如何贯彻按劳分配原则的问题。党中央在《国营工业企业工作条例（草案）》中就明确规定，"工人、技术工人、一般职员的劳动报酬的多少，应当按照本人技术业务的熟练程度和劳动的数量质量来决定，不应当按照其他标准。"[①]与此同时，强调集体计奖的单位，奖金不应当平均分配，也不应当按工资登记分配，应当按照个人实现得奖条件的情况分配。按劳分配中具体分配给劳动者的多少也不是随意规定的，而是中央人民政府及地方各级政府根据劳动者的学历、经历、职务、年龄等来衡量，在划定统一标准后，交由各地区、各企事业单位执行。新中国成立初期，国家对按劳分配原则的贯彻，有利于促进社会主义经济事业的发展和社会主义制度的巩固，也拓宽了马克思主义分配理论的基本内涵，有助于加深对分配理论的理解和认识。

毛泽东在继承和坚持马克思按劳分配理论的同时，创新性地开拓与发展了马克思按劳分配理论。第一，毛泽东正确地阐释了国家、集体与个人三者之间的利益关系，把按劳分配和思想政治工作相结合。生产改革和所有制改造的完成，使城乡基本满足了实行按劳分配方式的基本条件，新的分配改革实践由此展开。由于按劳分配的工资制度刚刚建立，制定的工资政策存在不完善的方面。在《论十大关系》中，毛泽东详细论述了在社会主义社会中，如何正确处理国家、集体与个人之间的利益关系问题。在他看来，在生产资料公有制的基础上，应当将国家与集体的利益置于个人利益的前边，国家要统筹兼顾、适当安排三者之间的利益。第二，毛泽东提出要处理好积累与消费的关系。面对新中国成立初期百废待兴的基本国情，他意识到仅靠现代化建设的积累是不行的，在社会生产力水平一定的情况下，如果用于积累的部分过多，那么用于消费的部分就会变少。因此，社会主义的分配是要满足人民需要的，应积极构建能够调动人民群众积极性、创造性的分配制度。第

---

① 　建国以来重要文献选编：第14册［M］．北京：中央文献出版社，1997：660.

三，毛泽东坚决反对两极分化与人民公社中平均主义的分配方式。毛泽东曾多次强调反对平均主义，他认为平均主义是对按劳分配的背离，会严重挫伤劳动者的积极性。针对人民公社集体经济中平均主义较为突出的问题，党及时采取了一些措施指出和纠正人民公社下的平均主义错误。1962年召开的党的八届十中全会通过的《农村人民公社工作条例修正草案》正式确立了"三级所有，队为基础"的体制，将基本核算单位由生产大队下放至生产队，这在一定程度上克服了队与队之间的平均主义。总而言之，毛泽东的按劳分配思想是根据我国社会主义革命和建设的实际提出来的，不仅具有较强的针对性和实践意义，而且也丰富了马克思主义分配理论的宝库。同时，我们也要认识到，由于受到当时国际国内环境的制约，以及苏联模式和"左"倾思想的影响，使他对"按劳分配""价值规律"在社会主义经济建设中的作用认识并不彻底也不深入，毛泽东的按劳分配思想在理论和实践之间存在着一定的偏差。

二、从多种分配方式到按劳分配的实践历程

新中国成立以后，随着国民经济的迅速恢复和各项建设的展开，中国共产党人在完成了对农业、手工业和资本主义工商业的社会主义改造后，我国实现了从生产资料私有制向社会主义公有制的转变，初步建立起社会主义的基本制度。与此相适应，多种分配方式并存的分配制度也逐渐转变为单一的"按劳分配"。

（一）多种分配方式并存的劳动性所得分配制度：1949—1956年

新中国成立后，中国共产党没收了官僚资本，完成了土地改革，废除了帝国主义在中国的特权，为全体人民实现共同富裕现代化扫清了障碍。然而，由于历史遗留原因，我国存在着多种经济成分，从而也存在着多种分配方式。这一时期存在着国营、集体、公私合营、私营和国家垄断资本主义等

五种经济成分。尽管随着资本主义工商业改革进程的加快，我国国有经济逐步上升到主体地位，但多种经济成分并存的基本经济格局仍未得到根本改变。

1.农村劳动性所得的实践过程

农业是人猿揖别后人类从事的首个产业，农村是农业生产和农村人口聚集的主要区域。中国是世界上农业文明最悠久的国家。在漫长的古代和近代历史演进中，在中国的社会结构中，农民在人口规模中占据主体，农村在区域范围中占据主体，农业在产业体系中占据主体。因此，关注农业、农村的劳动性所得是贯穿共同富裕现代化进程的重大使命。

这一时期，我国农村分配改革经历了初级社和高级社两个阶段。我国农村最初的集体化形式是"互助组"。生产要素所有制的性质与新中国成立前相同，仍然是农户各负其责，自行决策。1952年土地改革的基本完成，使一无所有的农民获得了土地，改变了传统农民的经济地位，国家对农业给予的多方面支持也使农业得到了迅速发展。但是，由于历史的原因，当时的农村处于极端贫困状态，农业生产不仅受到极端自然条件的侵扰，也缺乏基本的生产资料和生产工具。农村的普通农户从事农业生产活动存在障碍。为了改善农民单独从事农业生产的困境，党中央召开全国农业互助合作会议，旨在帮助农民克服一家一户个体经营的困难，避免产生两极分化。然而，互助组在实际生产中的规模偏小，且具有不稳定的特征，因而对于解决贫困农户缺乏资金和农具等作用有限。于是，在互助组的基础上，不少地区开始鼓励农户发展合作社。即入户的农户的土地仍归属个人所有，但实行统一经营，经营的成果一部分按各户入社的数量和质量进行分工，另一部分则按社员付出的劳动进行分配。尽管这种形式并未从本质上改变土地私有制的性质，但却颠覆了传统家庭经营方式，是一种新型的分配方式。到高级社阶段，生产资料已经完全实现公有，按资分配部分也相应取消，集体中的个人报酬，仅以劳动者提供的劳动贡献为依据。此时，全部生产经营活动由高级社实行统一调配。为了准确衡量每位农民在实际生产中提供的劳动数量和质量，公社确定了"工分制"的分配方式。这一阶段，由生产队承担集体经营核算的责任，普通农户根据工分的多少获取相应的劳动报酬。

2.城镇劳动性所得的实践过程

与农村劳动性所得分配改革相同。城镇职工工资制度经历了一个从混乱到逐步统一的过程。新中国成立初期的城镇存在的国营经济、个体经济、合作社经济、资本主义经济以及国家资本主义经济等多种经济成分对应着各自的分配方式。既包括针对革命干部、革命军人和部分国营单位员工实行的供给制，也包括以"工资分"作为工资计量单位的工资制。新、老分配关系共存，使得各部门、各地区、各行业之间的分配方式存在着很大的差异。由于多种形式的分配方式既不利于公平正义，也不符合我国社会主义国家建设的基本方向。因此，建立一个统一、合理、科学的工资制度，逐步代替以往混乱、不合理的工资制度，是当时管好企业、恢复发展生产必须采取的一个重要步骤。为此，1950年中央人民政府召开了新中国成立后的第一次全国性的工资预备会议，根据会议精神，各大行政区在1951年首先统一了以"工资分"作为工资计量单位。1952年前后，开始了第一次全国性工资改革，改革措施主要包括：取消新中国成立初期复杂混乱的工资计算单位，统一采用"工资分"制度；统一生产工人的工资等级制度，灵活决定职工工资水平；国家机关、事业单位人员的供给制统一由工资制取代。这次工资改革，使工资制度服从于重工业有限发展的初步框架得到确立。1956年，党中央又召开了全国工资会议，对工资方案进行了综合平衡和修改完善。在此基础上，国务院于1956年7月发布了《关于工资改革的决定》《关于工资改革实施方案程序的通知》《关于工资改革中若干具体问题的通知》，力图改变过去混乱的分配方式，要求实行货币工资作为劳动者获取收益的方式；通过技术等级标准考核，确定工人实行八级工资制；国有企业普通职工实行职务工资制，技术人员除发放基本工资外，额外补发技术津贴。这不仅极大地调动了广大城镇劳动者的生产积极性，也使劳动性所得稳步上升，劳动者物质生活水平明显提高。纵观我国当时全民所有制企业的工资制度，尽管是以按劳分配为尺度进行分配，然而国家在制定工资等级、工资标准、工资水平时，在管理体制上过于死板，未能贯彻按劳分配原则，最终导致了严重的平均主义分配倾向。

（二）计划经济时期的劳动性所得分配制度：1957—1978年

1956年底，随着社会主义改造的基本完成，生产要素市场基本消亡，城乡就业和劳动力被纳入国家计划管理，产品市场也在国家的计划管理之下，从而形成了以指令性计划为主、指导性计划为辅的计划管理体制。在计划经济管理体制下，我国劳动性所得实行单一的按劳分配。然而，受到当时"左"倾错误的影响，"大跃进"运动和"文化大革命"都在不同程度上破坏了按劳分配的分配方式。社会主义按劳分配原则被歪曲为滋长"资本主义"的经济基础而被全盘否定了；职工工资基本处于"冻结"状态。这不仅破坏了我国经济社会发展的正常运行秩序，也降低了劳动性所得，使劳动者从事社会主义事业的热情受到极大的挫伤。

1. 农村劳动性所得的实践过程

如前所述，新中国成立初期我国农村最初的集体化形式是"互助组"。土地改革后，集体化形式上升为"初级社"，而后到"高级社"。1958年，"大跃进"运动开始后，高级社迅速向"政社合一"的人民公社过渡。在生产资料公有制的经济制度下，人民公社中的劳动者成为劳动生产资料名义上的主人，农户作为单个劳动者统一参与生产队的劳动，而后由生产队通过工分统一的方式平均分配集体产品，农民根据工分取得劳动报酬。1958年，中共中央在《关于人民公社若干问题的决议》中规定，人民公社下的农民实行工资制与供给制相结合的分配方式。但在分配实践中，人民公社的分配形式一直采用劳动日工分制，由于人民公社从高级社转变的进程过快，规模过大，且所有制形式单一，不仅使得整体管理混乱，也挫伤了广大农民的劳动积极性。对此，政府逐步缩小了核算单位，建立了"三级所有，队为基础"的制度。不仅如此，为了与国家工业化战略相适应，国家设定偏低的价格政策以压低农产品价格，把大量农村剩余产品无偿转移到城市工业部门，从而使农民劳动性所得长时间处于极低的水平。这样一来，工农业产品的剪刀差尽管为重工业的发展提供了经济积累，但却在一定程度上阻碍了劳动性所得的提高。分配体制中存在的严重平均主义，使农业生产徘徊不前。同时，工农业产品的价格剪刀差为重工业的发展提供经济剩余，取得超常的积累来源，而农业却逐渐丧失了自身积累。整个计划经济时期，中国的农业严重滞后于工业的发展，农民与城镇职工截然不同的政策福利待遇加深了城乡收入分化，成为一个格外突出的分配问题，并严重地压抑了广大农民的生产积极性，从而阻碍了我国社会生产力的发展。

2. 城镇劳动性所得的实践过程

1952年前后开始的我国第一次全国性工资改革，统一了生产工人、技术人员和国家机关、事业单位人员的工资等级标准，但因这次改革是由各大区分别进行的，仍缺乏一定的统一性和规范性。从1958年的"大跃进"运动到"文化大革命"之前的这一阶段，我国城镇劳动性所得分配制度经历了曲折而复杂的变化过程。"大跃进"运动片面强调"一大二公"，并提出了"提前进入共产主义"的口号。这种思潮反映在城镇劳动者工资工作上，主要是限制以至取消按劳分配，反对物质利益原则，提倡供给制和半供给制。由于取消了计件工资制度，广大劳动者工资收入急剧下降。为此，党的八届六中全会开始纠正"左"的偏差，恢复和确认了按劳分配的原则，调整部分地区突出不合理的工资区类别和少数边远省区的生活费补贴，并简化了干部职员的工资标准。"文化大革命"时期，把按劳分配说成是"资产阶级法权"，是"资产阶级的物质刺激"，使得按劳分配转变为按阶级路线的分配方式。从而，以反对"奖金挂帅""物质刺激"为由，否定了行之有效的分配政策和工资形式，发展生产力主要靠阶级斗争，靠"政治挂帅"，靠人们的思想觉悟。不仅破坏了正常的劳动者晋级增资制度，也导致职工工资水平下降。

三、按劳分配的劳动性所得状况评析

从新中国成立到改革开放前的近30年间，我国主要实行单一的按劳分配制度。按劳分配在城镇与农村实行不同的分配模式：我国城镇企业和机关事业单位主要表现为等级工资制，而在农村主要以工分制为主。应当说，计划经济体制下的按劳分配方式使社会生产资料与生活资料交由国家统一计划安排，较好地贯彻了马克思最初对按劳分配的构想。一方面，按劳分配按照统一的标准进行社会产品的分配，排除了劳动客观条件带来的劳动份额的差异。计划经济体制下的按劳分配不需要将劳动者所创造的社会必要劳动时间转化为价值，而是将不同劳动部门所创造的劳动直接转化为社会劳动。与此同时，按劳分配制度下对劳动者劳动时间的确立也不同于资产阶级社会中由商品价值所决定的社会必要劳动时间，而是消除了生产资料质量差异后的社会平均劳动时间。对社会平均劳动时间的妥善利用，可以有效消除不同行业之间或行业内部不同企业之间由于生产条件不同所带来的生产成果的差异，从而保障按劳分配能够根据国家规定的统一标准来分配劳动份额，确保劳动者的主体地位。另一方面，按劳分配排除了由劳动主观条件给劳动份额所带来的不良影响。在市场经济条件下，除了生产资料差异所带来的商品价值不同之外，劳动者主观条件的差异也是影响劳动产品价值量的重要因素。不同行业的劳动者由于劳动技能不同且从事的劳动复杂程度各异，在同一劳动时间内所创造的劳动产品的价值也是不同的。而按劳分配承认劳动者劳动能力的天赋权利，因此，在计划经济时期，劳动者劳动能力的培养以国家和社会投入为前提，各个劳动者所取得的劳动产品的差异不能作为按劳分配的对象。

然而，就新中国成立初期的基本国情而言，新中国是在旧中国半殖民地半封建社会的基础之上成立的社会主义国家。落后的社会生产条件不仅与马克思、恩格斯所设想的在机器大工业生产充分发展基础上产生的社会主义相差甚远，也在多个方面落后于苏联等社会主义国家。尽管新中国成立以来，中国共产党对按劳分配原则的坚持从本质上来说是对马克思分配理论的传承，然而在实际分配形式上则体现为计划分配、平均主义。主要表现在以下几个方面：一是计划经济体制下的按劳分配中的"劳"与马克思主义按劳分配理论中的"劳"并不相同。马克思、恩格斯的按劳分配理论中对劳动的衡量主要是劳动者在社会生产中所付出的社会必要劳动，并通过劳动者付出劳动的数量与质量对劳动者的整体劳动进行考察。由于社会生产力水平落后，出现生产与消费、供给和需求，以及集体劳动的私人性和社会性之间的矛盾。二是计划经济体制下的分配方式并未基于劳动者的能力与劳动者的实际贡献量进行分配。马克思视域下设计的按劳分配可以调动劳动者的劳动积极性，加快社会生产力的高速运转。然而，计划经济体制不仅是组织规模过大，也缺乏有效激励而发生"监管者偷懒"，进而难以衡量劳动者对集体劳动的个人贡献，结果造成了"多劳不多得，少劳不少得"，由此，劳动者们只好吃开了"大锅饭"。这样的分配方式否定了社会主义经济中存在的劳动者之间、企业之间的能力差异，严重挫伤了劳动者的积极性和企业活力，降低了经济运行效率。同时，由于国家实行低工资政策，致使劳动者的工资无法准确衡量劳动者所创造的劳动力价值。三是由于我国工资制度设计主要借鉴了苏联的工资形式，因而在实际分配中也存在城乡之间的差异。城镇劳动者的工资发放由国家统一制定分配方针和政策，并规定劳动者的工资形式、调整时间和调资比例。而在人数众多的农村却简单地以劳动者从事农业劳动的时间来确定劳动者劳动的多少，并未充分综合考虑劳动者个体工作状况与从事劳动的难易程度。四是生产力存在差别。马克思按劳分配理论的提出是以经济社会高度发达为基础的，而新中国成立初期我国生产力落后，国家整体经济水平低，各地区的经济发展水平参差不齐、经济形态各异。马克思视域下的按劳分配是以产品经济形态为前提的，而社会主义初级阶段与马克思所设想的共产主义第一阶段的经济状况并不相同，即商品经济并未得到充分发展，我国经济水平从整体上而言仍然以自然经济为主。五是所有制不同。

马克思按劳分配理论适用于单一公有制经济，而我国在1956年完成社会主义改造后仍然存在全民、集体、私营、个体等多种所有制形式。由此，我国不可能跨越式实现商品经济的充分发展。

社会主义革命和建设时期的按劳分配是在计划与行政管理下的分配制度。这一分配方式在社会主义建设实际中并未完全遵循依据劳动者从事劳动的数量与质量的原则进行分配。同时，计划经济体制下的按劳分配与国家整体发展战略与国家总体经济状况并不相符，这使得国家可供劳动者支配的生产资料是有限的，质量也是不等的。这种稀缺的、质量不等的生产资料，不但无法保证劳动者能够各尽所能实现充分就业，而且劳动者在住房、子女上学、医疗保障、交通等方面的支出也并不包括在按劳分配范围内。上述方面的支出主要采取福利分配方式，并且这部分仅限于在城镇国有经济系统内工作的劳动者才能得以满足。因此，就我国计划经济时期劳动者的整体分配情况而言，并没有做到实质性的按劳分配，而只是以满足劳动者日常消费为主的小范围的分配。

第二节　改革开放和社会主义现代化建设时期劳动性所得的理论及实践

1978年12月，党的十一届三中全会召开，深刻总结我国计划经济时期存在的实际问题，作出实行改革开放的伟大决策，也兴起了对按劳分配的热烈讨论，使按劳分配的名誉得以恢复。在思想解放浪潮的鼓励下，长期以来占统治地位的"左"倾错误被修正，社会主义个人消费品只能"按劳"而不能"按政治、按资格"来分配的原则被确立。1978年底，邓小平在《解放思想，实事求是，团结一致向前看》中提出，在劳动收入方面，允许一部分人以更高的劳动生产率、更多的劳动量取得更高的收入、更快富裕起来。在鼓励个人积累私人财富的背景下，我国劳动性所得分配制度经历了从"以按劳分配为主体，其他分配方式为补充"到"按劳分配和按生产要素分配结合起来"，再到促进"收入分配更合理，更有秩序"的伟大变革。

一、多种所有制形式与多种分配方式的形成

20世纪70年代末期，具有平均主义倾向的劳动性所得分配思想观念在中国的盛行，不仅导致了我国经济社会发展进程缓慢，也使社会成员长期普遍贫困。因此，从按劳分配问题开始拨乱反正，打破平均主义"大锅饭"，发挥劳动性所得分配制度提升经济效率的功能，不仅是摆脱贫困的迫切需要，更是中国共产党面临的重要时代任务。

改革开放使我国从单一计划经济转变为有计划的商品经济，从而引发了关于按劳分配与社会主义市场经济能否共存的争论。由此，1977年、1978年、1983年，国家计委经济研究所、社科院经济研究所等几个单位在经济界发起了关于按劳分配的五次讨论会，在理论上冲破了否定歪曲按劳分配的怪谈。这一阶段理论界对按劳分配的理论进展主要包括以下几个方面：一是批判"文化大革命"时期否定按劳分配的错误思想，拨乱反正，回归马克思主义收入分配理论。为此，于光远等学者驳斥"按劳分配是产生新生资产阶级分子的经济基础和条件"的错误思想，并指出按劳分配不但不产生资本主义和资产阶级，而是消灭资本主义和资产阶级的必由之路。[①]吴敬琏等学者更是指出，"'四人帮'根本否定一切物质利益，表现了旧中国大地主和官僚资产阶级经济理论的特色"[②]。对"四人帮"强加给按劳分配的种种错误言论的批驳与澄清，不仅纠正了"文革"期间劳动性所得分配理论的迷失，也使劳动性所得分配理论进入了新的理论创新时期。二是关于按劳分配实现形式的讨论。关于按劳分配的实现形式，理论界主要沿着"劳动与报酬的关系

---

① 于光远.政治经济学社会主义部分探索：二[M].北京：人民出版社，1981：108-121.

② 吴敬琏.论"四人帮"经济思想的封建性[M].山西：山西出版社，1989：77-78.

问题"按劳分配与收入差距问题""如何看待公平效率问题"等问题进行深入探讨。三是重申按劳分配的社会主义本质特征,并推动按劳分配理论研究随着改革中所有制结构的多元化和社会主义商品经济的理论、实践共同发展。中国共产党丰富了按劳分配的科学内涵,提出"以按劳分配为主体,其他分配方式为补充"的论断,并开展"先富与共富"的讨论。通过理论界对按劳分配的多次讨论,对高度集中计划经济体制下形成的"产品经济型"按劳分配的理论突破蓄势待发,最终形成了国家劳动性所得分配制度的基本思路和指导方针。但在当时,经济学界在改革目标模式应当选择计划经济取向还是市场经济取向这个问题上发生了激烈的争论,甚至提出姓"资"还是姓"社"的问题,将计划和市场的关系问题与社会主义基本制度联系在一起。为此,学术界将按劳分配与社会主义商品经济结合起来研究,在"按劳分配商品与商品经济的兼容性""按劳分配为主体的多种分配方式""两级按劳分配"以及"社会主义条件下劳动力是否是商品"等方面进行了多次理论探讨。

邓小平从社会主义初级阶段的基本国情出发,积极探索适合我国生产力发展的分配理论。第一,坚持按劳分配的基本原则。改革开放之前,邓小平曾多次阐述按劳分配理论,并在对按劳分配理论的认识和阐述中不断完善共同富裕的构想。在邓小平看来,"按劳分配的性质是社会主义的,不是资本主义的"[①]。他实施按劳分配的理论依据在于"社会主义必须大力发展生产力,逐步消灭贫穷,不断提高人民的生活水平……到了第二阶段,即共产主义高级阶段,经济高度发展了,物资极大丰富了,才能做到各尽所能,按需分配。"[②]同时,按劳分配是社会主义劳动者收入分配的主要原则和实现社会主义公平分配的根本途径,但不是唯一原则与途径,因此,他支持"按劳分配为主体、多种分配方式并存"。邓小平还认为我国是经济发展不平衡的国家,经济发展只能走一条"不平衡—均衡—新不平衡—新的平衡"的道路,即波浪式前进、螺旋式上升的道路。因此,不同地区、不同人群在短时

---

① 邓小平文选:第2卷[M].北京:人民出版社,1994:101.

② 邓小平文选:第3卷[M].北京:人民出版社,1993:10.

间段获得的经济收入会产生一定差距，但是我们只要坚持与壮大社会主义公有制经济，绝大部分劳动者所付出的劳动与所获得的经济收入是相称的。第二，明确提出按劳分配是实现共同富裕的根本保证。在《目前的形势和任务》中，邓小平进一步指出："我们提倡按劳分配，对有特别贡献的个人和单位给予精神奖励和物质奖励；也提倡一部分人和一部分地方由于多劳多得，先富裕起来。这是坚定不移的。"①当然，"共同富裕决不等于也不可能是完全平均，决不等于也不可能是所有社会成员在同一时间以同等速度富裕起来"②。要实现共同富裕，必须从国家不同地区的实际出发，正确处理不同地区和人民的发展关系，首要"让一部分人、一部分地区先富起来，以带动和帮助落后的地区"③。不平衡是事物发展的普遍规律。由于历史的原因和各地区资源禀赋分布不均匀的实际情况，我国当时总体生产能力发展水平较低，全国各地区的经济发展极不平衡，这使得每位劳动者为社会提供的劳动数量和质量有着天然的差别。因而，我们不能像计划经济时期那样违反市场经济规律，用单一计划经济的办法、人为地规定各地区的富裕程度和水平，将各地区拉平。这样一来，又会抑制劳动者参与生产的积极性，阻碍生产力的发展，最终无法达到共同富裕现代化的目标。因此，在"先富带动"政策的支持下，先富起来的劳动者可以通过投资办厂、贸易流通、定点帮扶等方式为落后地区和没有走上致富道路的劳动者们提供经济发展的空间、机会和手段。这一"先富带后富，从而达到共同富裕"的实践思路有力地解放了思想，调动了各方面的积极性，也使按劳分配的劳动性所得分配思想达到了新的境界。第三，提出以"按劳分配为主体、多种分配形式为补充"的分配原则。从"三大改造"完成到改革开放之前的很长一段时间里，按劳分配始终是我国唯一的分配方式和原则，并且不管是从理论层面还是从实践层面都排斥除按劳分配以外的各种形式的分配方式。邓小平从我国社会主义

---

① 邓小平文选：第2卷 [M]. 北京：人民出版社，1994：258.

② 中共中央文献研究室. 十二大以来重要文献选编：中 [M]. 北京：人民出版社，1986：578.

③ 邓小平文选：第3卷 [M]. 北京：人民出版社，1993：155.

初级阶段的基本国情出发，清晰地认识到"社会主义和市场经济之间不存在根本矛盾。问题是用什么方法才能更有力地发展社会生产力"①。由此，1987年党的十三大报告第一次提出："社会主义初级阶段的分配方式不可能是单一的。我们必须坚持的原则是，以按劳分配为主体，其他分配方式为补充。"②党的十四大报告进一步指出："在分配制度上，以按劳分配为主体，其他分配方式为补充，兼顾效率与公平。"③承认资本、土地、管理等多种生产要素参与分配的合法与合理性，既是对马克思按劳分配理论新的突破，也是对适应我国国情的分配制度的新的探索，从而不仅彻底突破了计划经济时期按劳分配原则的"唯一论"，也更好地调动了包括劳动要素在内的多种要素的积极性，促进我国经济社会的高质量发展。

从1992年党的十四大到2002年党的十六大这十年间，以江泽民同志为主要代表的中国共产党人在于收入分配问题方面创造地运用、丰富和发展了邓小平理论中关于分配的理论。第一，把按劳分配和按生产要素分配结合起来，突破了单一的按劳分配模式。一个社会的分配制度是与这个社会的所有制结构相伴相生的。党的十四大将建立社会主义市场经济体制确立为我国经济体制改革的目标模式。由此，以公有制为主体、多种所有制经济共同发展作为一项基本经济制度被确定下来。这种制度要求我国分配制度必然实行按劳分配为主体、多种分配方式并存的分配方式。只有允许不同生产要素所有者在经济活动中凭借所有权参与劳动分配，才能充分调动国家、集体和劳动者个人的积极性，提高市场化配置效率。第二，坚持效率优先、兼顾公平的原则，丰富了社会主义分配制度的内涵。在我国有关分配理论的实践中，曾经提出了效率优先、兼顾公平的分配原则，但由于说法比较模糊，并未充分界定如何兼顾二者之间的关系。由此，江泽民在党的十六大报告中第一次明确提出"坚持效率优先、兼顾公平"的分配原则。事实证明，中国特色社会

---

① 邓小平思想年谱(1975—1997)[M].北京:中央文献出版社,1998:342.

② 中共中央文献研究室.十三大以来重要文献选编:上[M].北京:人民出版社,1991:32.

③ 江泽民文选:第1卷[M].北京:人民出版社,2006:227.

主义的分配方式完全可以实现效率与公平的相互平衡。一方面，公有制为主体的分配方式能够保证劳动者在获得劳动机会以及劳动收入等方面权利的平等；另一方面，社会主义市场机制的引入又能合理配置多种生产要素，并通过影响劳动者的经济利益从而实现对资源的有效配置。

二、多种所有制形式下劳动性所得的实践考察

党的十一届三中全会确立了"解放思想、实事求是"的思想路线，不仅实现了从"以阶级斗争为纲"到以发展生产力为中心的转变，也实现了从封闭固守到开放兼容的转变。改革开放以后，党中央针对中国具体国情，在改革我国经济体制的同时，也实现了分配制度的不断变革。

我国的改革首先是从农村突破的，始于安徽凤阳小岗村的家庭联产承包责任制和乡镇企业的异军突起，从而大大解放了我国农村的社会生产力，加快了农村经济市场化转型的过程。1979年以来，中央政府在纠正农业生产分配过程中的平均主义倾向的同时，开始推行以包产到户、联产计酬为主要特征的生产责任制。生产责任制从包工制开始，进而发展为包工到组或包工到户，最终发展为包产到户、联产计酬。"包产到户、联产计酬"的生产分配形式主要体现为，由生产队统一将农业生产任务承包给农户，并采用工分制对劳动成果进行分配，超产部分由农户自留作为奖励，亏产部分由农户承担赔偿责任。具体而言，农户将各自的实际产量上交集体后，由集体将所有农户的上交产量加总，并依据承包合同将上交产量折算成工分，把按比例提取"集体提留"后的剩余部分计算得出各农户的工分，以此作为对其收入分配的依据。1983年1月，中共中央印发的《当前农村经济政策的若干问题》明确指出，要对人民公社体制进行改革，一是实行生产责任制，二是实行政社分开。至此，人民公社彻底解体，以土地承包经营为核心的家庭联产承包责任制在我国正式确立。家庭联产承包责任制在农村的实行是我国分配制度的重大变革，在这一制度下，农民的收入不再由国家统一计划完成，而是根据

农民的实际劳动水平来确定。当劳动者投入高质量的劳动时，就会产生更多的劳动果实，从而劳动者能够获得更多的劳动报酬。农民可以用获得的劳动报酬继续新一轮的生产经营活动，使农业生产呈现良性循环。

随着家庭联产承包责任制的不断完善，农村地区开始出现以股份合作制为代表的各种新型生产经营形式。生产经营形式的多样化，在不断拓宽农民收入来源的基础上，使劳动、资本、管理等生产要素逐渐成为农村地区收入分配的主要依据，从而产生了按交易额分配、按股分红、土地租金等家庭联产承包责任制的按生产要素分配方式。随着农地产权流转制度的日趋完善，土地租金成为农户按生产要素分配的另一种形式，即作为承包方的农户将其所承包的部分或全部土地转租给其他农户从事农业生产经营，由承租方向承包方缴纳一定数额的租金。另外，围绕统筹城乡发展，国家将"多予、少取、放活"作为新时期"三农"工作的重要方针，推出了旨在减少农民负担与增加农民收入的税费改革，并于2002年推广到全国20多个省级行政区。2006年，在前一阶段税费改革的基础上，国家通过废止《中华人民共和国农业税条例》，取消农业税，结束了中国延续千年的交"公粮"传统。

在邓小平同志于1982年提出的建设有中国特色的社会主义思想指导下，在农村经济体制改革取得重大进步的推动下，1984年，党的十二届三中全会通过了《中共中央关于经济体制改革的决定》，提出要加快以城市为重点的全面经济体制改革。针对个人收入分配理论长期存在的一种错误观点，即社会主义就是要平均，如果社会成员之间的收入水平出现了较大差别就是两极分化，改革的焦点在于纠正国营企业、事业单位收入分配领域长期存在的平均主义"大锅饭"问题，进而重新确立并贯彻按劳分配的原则。第一，国家从1977年开始分期分批调整工资，以提高劳动者生活水平。改革开放初期，为了解决多年积累下来的历史遗留问题，更好地体现按劳分配原则，国务院决定对工作多年、工资水平偏低的职工调整工资。应当看到的是，20世纪80年代初的城市工资调整，主要把劳动者的工资水平同整个企业的经济效益结合起来，从而较大幅度提升企业职工的工资收入水平，也让劳动者在企业的生产实践中拥有更多获得感与参与感。第二，重新推行计件工资制。新中国成立初期，基于对苏联经验的学习，我国企业曾大力推行计件工资制度，同时还伴有荣誉和实物奖励。然而，在"大跃进"和"文化大革命"时期，由于受到"左"的思想的影响，计件工资基本取消。1978年，国务院在全国经贸会议上重新提出"发展经济保障供给"的路线方针，并在《关于试行〈国营企业计件工资暂行办法（草案）〉的通知》中对实行计件工资制进行了明确规定。一些企业还灵活地推行了超额计件工资制，或者给高工资级别的计件工人以固定补差，也取得了较好的效果。第三，改革机关、事业单位工资制度。改革开放前，我国机关、事业单位工资仍沿用1956年确立的以等级工资制为主要内容的工资制度。然而在实际分配中，等级工资制出现了职级不符、劳酬不符等问题，严重影响了机关、事业单位劳动者的工作积极性。第四，改革企业工资管理体制。有关城镇集体所有制企业个人收入分配的基本方针、政策主要集中体现在1983年颁布的《国务院关于城镇集体所有制经济若干政策问题的暂行规定》中，企业在工资分配上主要有以下几种。一是基本工资加奖金。它是企业工资总量的一种决定模式。在当时，城镇集体所有制企业中由区县以上部门管理的企业几乎参照执行了国有企业职工工资标准。二是计税工资。它是在计征所得税前，允许企业在成本、费用中列支的工资、奖金，适用于没有统一工资标准的企业。三是工资总额与经济效益挂钩。私营企业内部的工资收入分配分为职工工资分配和投资者收入分配两部分。私营企业职工的工资水平与工资分配形式，根据国家的政策、法规，由投资者与雇佣方协商，以劳动合同的形式确定的工资形式主要分为计件工资与计时工资加奖金两种。而投资者的收入主要包括生产经营的劳动报酬、经营风险的收入，以及私营企业主投入生产资料等资金的利息。国家对私营企业工资收入分配的管理主要是通过国家对私营企业整个生产经营活动的间接管理实现的。例如，工商行政管理部门对企业的经营范围及执行国家物价政策等情况的监督；税务部门对私营部门除依法征收流转税外，按一定的比例税率征收企业所得税。

进入21世纪，由于工资支付保障制度无法满足现实劳动关系管理要求，加之劳动者维权意识增强，劳动争议案件不断增多等矛盾逐渐出现。国家持续健全完善最低工资标准调整机制，全面推行国有企业负责人年薪制，探索股权激励制度，并且建立科学合理的机关、事业单位工资收入分配制度和增长机制，不断完善我国劳动性所得分配制度。随着国有企业改制工作的逐步开展，国家收入分配制度也随之进行变革。1993年，劳动部将建立"市场决定、企业自主分配、政府监督调控"的工资制度作为国有企业工资制改革的目标。劳动工资管理体制的改革不但要符合建立社会主义市场经济体制的总要求，也要结合劳动计划与工资的现实情况，这就需要初步搭建适应社会主义市场经济体制的工资制度框架。为此，第一，国家建立最低工资制度，保护劳动者个人及家庭成员的基本生活和劳动者的合法权益；第二，探索企业经营者年薪制，建立了劳动性所得分配的激励机制；第三，初步建立企业工资收入分配宏观调控政策体系与集体协商制度，促进劳动关系自我调节，保障劳动关系的和谐稳定。

三、多种所有制形式下劳动性所得的评析

党的十一届三中全会以来，党中央立足中国社会主义初级阶段的基本国情，拨乱反正，洞察经济社会发展的新变化和新需要，在继承马克思主义按劳分配理论的基础上，实事求是、与时俱进，创新、发展了中国特色社会主义分配理论。从最早的按劳分配大讨论开始，而后按劳分配、按技术熟练程度分配等逐渐成为现实，自此因劳动数量和劳动质量差别而导致的收入差距被广泛接受。把按劳分配与按生产要素分配结合起来，坚持效率优先、兼顾公平，有利于优化资源配置，坚持社会稳定。这也是马克思主义按劳分配的新突破，是对我国分配理论和实践的新概括和新发展。对于深入探讨按劳分配在社会主义市场经济条件下的实现，具有重大的理论意义和现实意义。

回顾改革开放和社会主义现代化建设时期30余年的分配制度改革历程，

中国式收入分配改革几乎是在"摸着石头过河"。在改革开放初期，既没有系统的改革方案设计，也没有成熟的收入分配理论，更没有前期系统论证收入分配工程的路线图和实践表。30余年的分配制度改革实现了对马克思主义按劳分配的历史性突破。第一，平均主义的分配模式已荡然无存。改革开放以来收入分配改革的首要成功之处，就是打破了"大锅饭"的分配模式，承认个体间的资源禀赋差异，允许少数人先富起来，默认收入差距水平的快速扩大。通过鼓励辛勤劳动，使先进技术、前沿管理和企业家才能也参与到收入分配中来，由此极大地激发了各种生产要素的积极性，激发了企业和居民的生产活力，让社会主义市场经济的活力得以完全释放，也开启了我国长达30余年的高速经济增长。被国际社会广泛认可的"人类有史以来最为强劲的增长奇迹"在很大程度上就是收入分配制度的这个成功要素所带来的。第二，计划经济的收入分配体制已不复存在，对社会主义市场经济条件下的分配理论实现了新的突破。随着社会主义市场经济的确立，单一按劳分配制度已无法满足国家经济社会发展的内在需要。因而，分配制度改革使按劳分配的主体具有了双重性。即除了国家机关、事业单位以外，将企业也纳入按劳分配的框架内容。第三，收入分配制度的微观基础基本形成。经过30余年的收入分配改革，以个体或家庭为基础的分配体系基本建立，企业和居民的经济行为都按照市场法则来运行。通过市场化的定价模式、采用市场化的调控方式，改变经济发展过程中的技术结构，使之与我国社会中劳动力禀赋丰富的基本背景相一致，从而提高劳动力要素在生产过程中的回报，增加就业机会以提高劳动报酬在初次分配中的比重，并提高居民收入在国民收入中的比重。在企业内部，以市场为定价基础的工资分配制度，让职工看得明白、算得清楚、拿得服气，从而能最充分、最直接地调动他们的工作积极性。特别是改革开放以来，劳动者和居民收入水平普遍有大幅度提高，发挥了收入分配体制改革在调动劳动者积极性、主动性、创造性方面的作用。

然而，受改革进程相对滞后、体制机制尚不健全，以及规范调控不到位等因素的影响，改革开放和社会主义现代化建设时期收入分配领域仍然存在着收入差距持续扩大等分配不公平问题，仍需通过进一步深化收入分配制度改革予以不断完善。具体而言，在城镇居民收入分配领域，国有企业依据职工岗位与劳动差别普遍推行的岗位技能工资制，通过将职工劳动潜能与劳动效果相结合并与实际工资挂钩，建立劳酬结合的工资激励机制，在一定程度上扩大了劳动者之间的工资收入差距，有利于激发职工劳动积极性与提高工作能力。然而，在岗位技能工资制的实际操作过程中，仍然受到传统职务等级工资制的影响，具体表现为特殊技能需要岗位、承担重要职责岗位与普通岗位之间的工资差距过小、补贴和职务工资的发放仍存在"论资排辈"等现象。同时，非公有制经济中因分配不公引发的企业员工工资水平偏低与劳资收入差距过大等问题，亟须建立公平合理的收入分配制度与更好发挥政府的调节职能予以着力改善。

总的来说，改革开放和社会主义现代化建设时期的分配制度坚持市场机制导向，劳资平等协商，企业自主分配，政府指导调节，真正落实按劳分配的基本原则。与此同时，在权责分明、产权明晰和收入保护的制度安排下，劳动者通过辛勤劳动而积累财富的积极性被极大释放，由此适应市场、激励有效的工资决定机制和增长机制也完全建立，为实现共同富裕现代化夯实了基础。

第三节　新时代劳动性所得的理论及实践

党的十八大以来，"经过长期努力，中国特色社会主义进入了新时代，这是我国发展新的历史方位"[①]。基于中国特色社会主义新的历史方位和时代要求，以习近平同志为核心的党中央对劳动性所得分配问题的认识进一步

[①]　中共中央党史和文献研究院.十九大以来重要文献选编：上[M].北京：中央文献出版社，2019：7.

升华，达到新的理论境界。一是提出以人民为中心的共享发展理念，不断实现发展为了人民、发展依靠人民、发展成果由人民共享，让社会主义现代化建设的成果惠及全体人民。二是更加强调人的全面发展与共同富裕，通过发挥劳动性所得分配的激励作用，最广泛地调动各方面的积极性，有效配置生产要素，通过全体劳动者的努力把"蛋糕"做大，并通过合理的制度安排正确处理好增长和分配的关系，把"蛋糕"切好、分好。三是明确提出新时代劳动性所得分配改革政策的重点和目标，使全体人民朝着共同富裕现代化的目标扎实迈进。

一、特别重视劳动的分配理论的产生

党的十八大以来，基于国情世情的变化，习近平总书记庄严宣布："中国特色社会主义进入新时代，我国社会主要矛盾已经转化为人民日益增长的美好生活需要和不平衡不充分的发展之间的矛盾。"[①]从新时代中国特色社会主义的基本国情来看，"美好生活"不仅仅是满足人民对物质生活的需要，还有对人的全面发展的向往。由此，新时代的中国应该为每一位劳动者在经济、政治、社会、文化、生态等方面提供有效且公平的制度保障，为实现共同富裕现代化的阶段性目标创造优良的条件。

分配理论在马克思主义政治经济学体系中始终居于重要位置。这是因为，生产、消费、交换与分配是几个相互并列的环节，因而不能孤立地对分配问题单独分析。事实上，分配关系主要受制于一定历史时期的生产关系。因此，中国特色社会主义进入新时代，习近平新时代中国特色社会主义思想升华了新中国成立以来中国共产党人对社会主义分配制度的认识，通过深刻总结改革开放以来我国在分配理论方面取得的重要成果，并在结合新时代中国具体国情与马克思主义分配理论的基础上，对收入分配理论进行了全新思

[①] 中共中央党史和文献研究院. 十九大以来重要文献选编：上[M]. 北京：中央文献出版社，2019：8.

考，主要体现在以下几个方面。

一是把分配制度纳入社会主义基本经济制度的范畴。马克思在《资本论》第三卷中指出，生产关系"即人们在他们的社会生活过程中、在他们的社会生活的生产中所处的各种关系"，而"分配关系本质上和这些生产关系是同一的，是生产关系的反面"[①]。资本主义社会的分配关系坚持按要素分配原则，就是资本家凭借资本获得劳动者的剩余价值；土地所有者凭借土地获得地租；劳动者凭借劳动力获得工资。而在社会主义社会中，由于生产资料归全体劳动人民所有，那么，作为其表现形式的分配关系不再依据生产要素所有权进行分配，而是根据每位劳动者为社会提供的劳动力价值实行按劳分配。同样，由于我国目前还处于社会主义初级阶段，想要实现社会财富的极大丰富，当然要通过引入非公有制经济形式来激发劳动者的积极性，因此，多种所有制形式也决定了多种分配方式。当然，我们的分配方式与资本主义的分配方式仍然具有本质上的差别，社会主义公有制经济使劳动者共同占有生产资料，与资本主义社会资本无偿占有劳动者的剩余劳动不同。因此，新时代中国共产党人把分配制度纳入社会主义基本经济制度的范畴，不但充分体现了社会主义制度的整体优势，也与构建与社会生产力发展的社会主义基本经济制度相适应，是马克思主义关于分配制度的理论在中国特色社会主义新时代的创造性应用。

二是始终强调坚持以人民为中心的发展思想。为什么人，是检验一个政党、一个政权的试金石。中国共产党自成立伊始就坚持把为中国人民谋幸福、为中华民族谋复兴作为初心、使命，摆在重要位置。历史和实践也充分证明，人民是党和国家事业兴旺发达的不竭的动力源泉。因而，以习近平同志为核心的党中央始终坚持"人民至上"的发展思想，并且把这一思想在分配制度中进一步上升为"共享"理念，并将"共享"理念作为新发展理念的重要组成部分。这主要包括四个方面的内容。其一，共享是全民共享。"全

---

① 马克思. 资本论：第3卷[M]. 北京：人民出版社，2004：994.

民"表现为覆盖的全面性，新时代中国特色社会主义劳动性所得分配包含的主体是社会各个群体，他们相互间互惠互利、普遍收益，而不是少数人享有，更不是建立在多数人利益受损之上的少数人的共享。因此，"促进社会公平正义，就要从最广大人民根本利益出发，多从社会发展水平、从社会大局、从全体人民的角度看待和处理这个问题"①。其二，共享是全面共享。这是就共享的内容而言的。因此，新时代劳动性所得分配理论不仅要关注企业的分配问题与劳动者的消费问题，也要关注人民生活水平、福利公平、地区均等等问题，全面保障人民在政治、经济、文化、社会、生态等方面的合法权益。其三，共享是共建共享。人民是社会财富的创造者和所有者，因此，劳动性所得分配作为社会生产的重要一环，其分配的对象正是全体劳动者共同创造的物质财富和公共产品。从而为促进共建共享增强制度激励、提供制度保障。其四，共享是渐进共享。新时代劳动性所得分配理论认为，实现人民共享不能一蹴而就，共享发展必然要经历一个从低级到高级、从不均衡到均衡的过程。我们要清晰地认识到，我国仍将长期处于社会主义初级阶段，因此，劳动性所得分配的人民共享是一个渐进的、不断追求共同富裕的过程。可以看到，"共享"发展理念强调的是"人"的全面发展和对劳动者合法权益的保障，不但集中体现了生产与分配逻辑的有机统一，指明了我国收入分配制度改革的基本方向，也超越了资本逻辑的弊端，明确了我国劳动性所得分配制度改革的价值目标，真正体现了"人民至上"的发展思想。因此，"共享发展"理念是新时代完善劳动性所得分配制度所必须遵循的基本原则。

二、增进劳动性所得的政策变迁

党的十八大以来，为了增进劳动性所得，党中央、国务院出台了一系列

---

① 习近平谈治国理政：第1卷[M]. 北京：外文出版社，2018：96.

政策。这些政策的实施，有效激发了各类群体的劳动积极性，使广大劳动者能够共享社会经济的发展成果，人民群众的收入水平不断提高。

第一，改革国有企业高管薪酬制度。国有企业负责人年薪制确立于21世纪初期，国有企业负责人薪酬水平的提升，有力地调动了国有企业负责人的劳动热情与工作效率。但部分行业企业负责人薪酬水平增长较快，且远高于普通职工的问题日益突出。因此，党的十八大以来，随着我国分配制度改革的不断推进，对国有企业高管年薪制偏高的呼声日益增大，成为群众议论的热点、焦点问题。由此，2014年11月，中共中央、国务院印发《关于深化中央管理企业负责人薪酬制度改革的意见》（中发〔2014〕12号），全面部署国企特别是国企负责人薪酬制度改革，建立符合国企发展的中央管理企业管理人员的薪酬制度。对偏高、过高收入进行调整。同时，各省级行政区与中央对应也积极推进地方国有负责人薪酬制度改革，规范国有企业收入分配秩序，实行薪酬水平适当、结构合理、管理规范、监督有效的工资制度，促进企业持续健康发展，推进形成合理有序的收入分配格局。

第二，改革国有企业工资决定机制。国有企业工资决定机制遵循出资者决定企业工资总额、企业在工资总额范围内自主分配的原则。进入新时代，党和国家对国有企业劳动者收入分配提出了更高的工作要求，因而，国有企业劳动者的收入分配改革也进入了持续深化期。为了与国家整体分配制度相适应，2015年8月，中共中央、国务院印发《关于深化国有企业改革的指导意见》，明确提出要建立健全和劳动生产率挂钩的工资决定和正常增长机制。按照党和国家关于企业收入分配的总体安排，国务院国资委在推动工资总额预算管理覆盖全部中央企业的同时，从2014年开始，先后选择了22家中央企业开展工资总额预算备案制和周期制试点工作，探索从功能定位出发推进工资总额分类管理，落实董事会工资总额职权的有效途径。与此同时，各地的国资委也大胆实践，上下联动，逐步构建起了与所监管企业实际相结合的工资总额预算管理制度体系。

第三，促进重点人群提高劳动性所得水平。党的十八大以来，随着我国经济发展逐渐步入新常态，我国面临着动能转换、结构调整等目标任务。在这种背景下，党中央不但要保障经济社会健康稳定发展，而且要千方百计提高劳动者收入。由此，党中央针对我国增收困难群体，出台了相关配套落实政策，如科研人员薪酬激励系列政策、提高技能人才薪酬水平政策、混合所有制企业员工持股相关政策等，一系列政策的出台不仅得到了广大劳动者的热烈拥护，也为增进劳动性所得提供了重要制度保障。

三、增进劳动性所得的新成就

收入分配是民生之源，是改善民生、实现发展成果由人民共享的最直接的方式。因此，从这一角度出发，劳动性所得分配本质上是与社会主义生产关系相适应的人与人的利益关系的调整。党的十八大以来，中国共产党在带领中国人民实现共同富裕现代化的历史实践中，以"生产力—生产关系—上层建筑"的辩证统一为逻辑，不断改革劳动性所得分配制度，我国劳动性所得分配制度的变革不仅有效促进了经济的高质量发展，也为推进马克思主义劳动性所得分配理论的创新发展发挥了显著作用。

第一，贫困人口大幅减少，创造世界减贫史上的"中国奇迹"。贫困是人猿揖别后，人类社会所面临的共同难题。迄今为止，贫困问题仍然是困扰经济社会发展的"阿喀琉斯之踵"。"仓廪实而知礼节"，人类在与贫困的不断斗争中，由萌芽走向文明，由分裂走向联合。正因如此，如何减少贫困人口数量、减轻贫困程度、最终消除贫困，是全世界人民共同关注并亟待解决的重大问题。联合国于2000年的首脑会议提出将世界极端贫困人口减半的"联合国千年发展目标"（MDGs），在2015年通过的《2030年可持续发展议程》（A/RES/70/1）中又提出了"消除贫困""消除饥饿"两个关键目标。同样，消除贫困，改善民生，实现共同富裕，自古以来就是中华民族的夙愿。从《诗经·大雅·民劳》中的"民亦劳止，汔可小康"的美好愿望，到《礼记·礼运》中"老有所终，壮有所用，幼有所长，鳏寡孤独废疾者皆有所养"的大同世界的美好憧憬，均表达了中华民族对消除贫困、实现共同富裕的向往。为了实现这一奋斗目标，党的十八大以来，中国共产党高度重视减贫扶贫工作，并将其视为劳动性所得分配制度改革的指导思想。习近平总书记多次强调："消除贫困、改善民生、逐步实现共同富裕，是社会主义的本质要求，是我们党的重要使命。"[①]精准扶贫、脱贫攻坚是中华人民千百年来的奋斗目标，更是全面建成小康社会要迈过的最后一道关口。新时代对脱贫工作的坚持回应了人民对美好生活的向往。"精准扶贫"在于"扶真贫""镇扶贫"，因此，必须落实精准扶贫的四项机制——"精准识别、精准帮扶、精准管理和精准考核"。这也贯彻了党中央对于扶贫事业"扶持谁""谁来扶""怎么扶"三个关键节点的落实。为了彻底消除绝对贫困，习近平总书记既挂帅又出征，全面打响脱贫攻坚战。在习近平总书记精准扶贫重要理念的指引下，我国逐步形成了中国特色反贫困理论。当前，我国绝对贫困问题得到了历史性解决。"全国八百三十二个贫困县全部摘帽，近一亿农村贫困人口实现脱贫，九百六十多万贫困人口实现易地搬迁，历史性地解决了绝对贫困问题，为全球减贫事业作出了重大贡献。"[②]

第二，打破平均主义，建立适应社会市场经济的分配制度。新中国成立初期扭曲的宏观经济环境与重工业优先发展战略使我国形成了以国有化和人民公社化为特征的微观经营机制，从而造成了平均主义泛行的劳动性所得分配制度。在计划经济体制下的劳动性所得分配体制下，产权—分配的内在机制在于，国家既是国有资产法律意义上，实际占有及其控制权意义上的产权拥有者和分配主体，也是资产收入或剩余的处置者和唯一的占有者。因此，国家通过计划调拨、计划价格、统购统销等计划机制把农业自然资源，特别是农民所创造的一部分农产品价值或农业剩余强制性转移到其他地区或转化为城市居民的收入。与此同时，公有制的内在逻辑实际上否定了任何个人意

[①]　习近平谈治国理政：第2卷[M]. 北京：外文出版社，2017：83.

[②]　习近平. 高举中国特色社会主义伟大旗帜　为全面建设社会主义现代化国家而团结奋斗——在中国共产党第二十次全国代表大会上的报告[N]. 人民日报，2022-10-26（01）.

义上的要素产权与收益关系，劳动者的劳动就成为其获得收入形式上的唯一源泉。事实上，在市场缺位的经济体制与劳动性所得分配体制下，劳动者的收益并非市场上所实现的价值，而是根据计划评价由政府配给的部分，因此，劳动者的收益与其努力程度或客观工作成绩并无直接关系。这种产权制度下的劳动性所得分配结果，无论是在微观企业或是在宏观的国民经济体系中，都必然会造成事实上的平均主义格局。毛泽东对"按劳分配"原则的认识看似符合马克思在《哥达纲领批判》中关于社会主义社会中"按劳分配"的提法。在社会主义公有制社会中，社会生产资料归属全体劳动者所有，因此，"全体公民在同整个社会的生产资料的关系上处于同等的地位，这就是说，全体公民都有利用公共的生产资料、公共的土地、公共的工厂等进行劳动的同等的权利"①。可以看到，"按劳分配"排除了劳动者凭借生产资料所有权无偿占有他人剩余劳动产品的可能。然而，在中国当时的社会生产实践中，在产权—分配的内在逻辑中体现的是"劳"与"酬"的脱节，甚至出现了严重的背离。由此，在改革开放初期，在社会主义收入分配领域，打破计划经济体制时期的平均主义"大锅饭"，发挥劳动性所得分配制度提升经济社会发展效能的作用、实现覆盖全体人民的共同富裕是中国共产党面临的重大现实任务，也是劳动性所得分配制度改革的重要目标。党的十八大以来，以习近平同志为核心的党中央将劳动性所得分配制度作为促进共同富裕的基础性制度，不仅丰富了劳动性所得分配制度的理论内涵，也从理论层面上厘清了劳动性所得分配与共同富裕之间的内在关系。党的十九届四中全会通过的《中共中央关于坚持和完善中国特色社会主义制度　推进国家治理体系和治理能力现代化若干重大问题的决定》明确将"按劳分配为主体、多种分配方式并存"的分配制度上升为基本经济制度。进而，习近平总书记在党的二十大报告中明确提出："分配制度是促进共同富裕的基础性制度。"②

---

① 列宁全集（第20卷）[M]. 北京：人民出版社，1958：139.

② 习近平. 高举中国特色社会主义伟大旗帜　为全面建设社会主义现代化国家而团结奋斗——在中国共产党第二十次全国代表大会上的报告 [N]. 人民日报，2022-10-26（01）.

这一重要论断是习近平新时代中国特色社会主义思想关于劳动性所得分配的重要论述和最新成果，充分彰显了中国特色社会主义分配制度对于适应社会主义市场经济发展、推动共同富裕的重要保障作用。新时代中国特色社会主义劳动性所得分配理论突显了社会主义市场经济体制下生产—分配的辩证统一。只有在中国特色社会主义基本经济制度的框架下，才能实现效率与公平的有机统一，因此，只有提高生产效率将"蛋糕"做大才能在分配环节有更多"蛋糕"可分。可见，新时代中国特色社会主义劳动性所得分配理论是马克思主义分配理论在中国特色社会主义新时代的生动实践，展现出以实现全体人民共同富裕为核心的中国式现代化的鲜明特征。

第三，提高劳动性所得水平，使全体人民朝着共同富裕目标不断迈进。习近平总书记指出："收入分配是民生之源，是改善民生、实现发展成果由人民共享最重要最直接的方式。"[1]改革开放以来，党中央始终把提高劳动者收入水平摆在十分重要的位置，在经济高质量发展的基础上，努力推动劳动者收入增长和经济增长同步、劳动报酬提高和劳动生产率提高同步目标的实现。党的十八大以来，在中国共产党的坚强领导下，我国劳动者的收入水平获得极大提高。新中国成立初期，我国城乡居民劳动性所得很低，1949年城乡人均收入分别为95元和44元，绝大部分劳动者入不敷出。到1977年，城乡居民的人均实际收入分别提高到259元和88元。1949—1977年的近30年间，城乡居民实际收入年均增长率分别为3.6%和2.5%，同期人均实际GDP增长3.3%。[2]改革开放以来，伴随着我国经济体制改革的不断深化，我国经济社会飞速发展，劳动报酬总量不断提高。劳动报酬总量从1992年的15959.6亿元增加到2016年的386976.2亿元，总增长超过24倍。[3]与此同时，我国城乡居民收入也经历了持续强劲的增长，到2018年城乡人均实际收入分别为3963

① 中共中央宣传部. 习近平总书记系列重要讲话读本[M]. 北京：学习出版社，人民出版社，2014：114.

② 宋晓梧. 新中国社会保障和民生发展70年[M]. 北京：人民出版社，2019：106-107.

③ 胡莹，郑礼肖. 改革开放以来我国劳动报酬的变动分析——基于以人民为中心发展思想的视角[J]. 经济学家，2019（07）：7.

元和1474元，1978—2018年的40年间，城乡居民收入的年均实际增长速度分别达到7.4%和7.3%，年人均GDP增速为8.5%，其增速远超过1949—1977年的平均增长速度。平均看来，在新中国成立后的70年间，我国城乡居民实际收入增长趋势是非常显著的，1949—2018年的实际年均增长率分别达到5.6%和5.2%，而实际人均GDP增长率为6.4%（见表3.1）。从名义值来看，1949年城乡居民人均名义年收入分别为95元和44元，1977年分别为390元和132元，1978年分别为343元和143元，2018年分别为39251元和14617元。城乡居民名义年人均增长率分别为9.1%和8.8%，而名义人均GDP增长率为10%。[①]

表3.1 城乡居民70年名义和实际年平均收入增长率（单位：%）

	名义增长率			实际增长率		
	1949—1977	1978—2018	1949—2018	1949—1977	1978—2018	1949—2018
城镇	5.1	12.6	9.1	3.6	7.4	5.6
农村	4.0	12.5	8.8	2.5	7.3	5.2
人均 GDP	4.9	13.7	10.0	3.3	8.5	6.4

数据来源：1949—1977年数据来自《新中国六十年统计资料汇编》；1978—2018年数据来自《中国统计年鉴》（1979—2019）

[①] 宋晓梧. 新中国社会保障和民生发展70年 [M]. 北京：人民出版社，2019：107.

第四章

劳动性所得的现状分析

新中国成立以来，中国共产党在带领中国人民实现共同富裕现代化的历史实践中，不断革新劳动性所得分配制度，为劳动者增收提供了多种渠道。然而，不可否认的是，社会成员在生产要素所有量、能力禀赋和劳动条件上的差异，逐渐在分配领域引发了个体和群体收入水平的差距。公有制经济中，劳动性所得增长不仅落后于企业利润增长，也落后于企业生产率增长；在非公有制经济中，资本侵蚀劳动不仅造成劳动性所得与劳动贡献逆向偏离，也造成了劳资收益GDP占比失衡。在市场机制和非市场因素的总和作用下，收入差距日趋扩大，贫富分化问题愈发突出。因而，厘清当前劳动性所得现状及分配差距现状，是着力破解劳动性所得偏低、缩小分配差距，进而推进共同富裕现代化的重要着力点。

第一节　公有制经济劳动性所得状态

所有制结构是生产关系的核心，不但决定着劳动者在社会生产活动中的地位及相互关系，也与社会生产的目的和发展方向息息相关。科学社会主义的实践表明，我国在经济体制上实行社会主义市场经济。社会主义市场经济同马克思所设想的按劳分配之间本质相同，都是以社会主义公有制为分配的前提，并且根据劳动者从事劳动的数量及质量为标准进行生产资料的分配。当前，我国公有制经济中也存在的劳动性所得偏低问题是一个引人深思的现象。尽管在马克思主义理论框架内，公有制经济应当以共同占有和管理的形式实现劳动者的劳动价值，但实际情况却表现为劳动者收入偏低，凸显了劳动者在这些企业中获得合理报酬的难题。这一事实不仅关乎劳动者公平待遇，也涉及经济体制公正性和可持续性，挑战了社会主义市场经济体制中关于按劳分配的理念，需要深入思考和解决在公有制经济中劳动性所得偏低的深层次问题，以更好地实现劳动价值的公正回报。

一、国有企业劳动性所得状态

在中国经济社会发展的历史长河中，国有企业作为国民经济的支柱，其劳动性所得的演变历程不仅映射出经济体制转型的深刻印记，也深刻影响着社会结构与劳动者福祉。可以说，从计划经济到市场经济，从中央集权到地方分权，国有企业（尤其是中央企业和地方国企）在劳动性所得分配上的变化，既是一部经济变革史，也是一部社会进步史。

就中央企业的劳动性所得而言，从新中国成立初期到改革开放之前，中央企业在计划经济体制下扮演着举足轻重的角色，承载着国家经济发展的核心任务。在这一时期，国家对生产要素的全面调控确保了劳动价值的稳定，劳动性所得份额维持在较高水平，充分体现了社会主义制度对工人权益的深切关怀。劳动者在央企中的辛勤付出得到了丰厚回报，劳动热情高涨，为国家的工业化进程贡献了巨大力量。然而，随着改革开放的深入推进，市场经济逐渐崛起，成为经济社会发展的新引擎。这一变革对中央企业产生了深远影响，使其不得不面对激烈的市场竞争。在市场化改革的浪潮中，央企的经济结构发生深刻变革，劳动性所得份额开始下滑，这既体现了市场经济下生产要素配置的灵活性，也揭示了计划经济体制下劳动性所得分配机制的局限性。进入21世纪，中央企业改革持续深化，劳动性所得呈现复杂态势。一些央企凭借自身的强大实力，成功进军高科技和高附加值产业，通过技术创新和产业升级提高劳动生产率，进而提高劳动性所得，员工生活品质显著提升。然而，也有部分央企在市场竞争中败退，不得不采取降薪、裁员等无奈举措，导致劳动性所得大幅下降，触及社会结构、阶级关系及国家治理体系的深层次调整。

地方国有企业的劳动性所得状况同样经历了复杂而多元的变化。从20世纪初国企的崭露头角到改革开放后的市场化浪潮，地方国企始终承担着沉重的劳动力和资源配置任务。在计划经济时期，得益于国家政策的扶持和市场的相对封闭，地方国企在资源密集型和传统制造业等领域占据重要地位，劳动性所得水涨船高，成为劳动者心中的"铁饭碗"。然而，进入21世纪，随着市场竞争的加剧和经济全球化的冲击，一些地方国企逐渐失去垄断地位。或因改革滞后导致产业结构不合理、效益下滑，或因外部竞争压力而削弱劳动者谈判能力，劳动性所得出现明显下降，劳动者的获得感和满足感随之降低。近年来，我国政府高度重视人民群众的获得感和幸福感，出台了一系列宏观调控政策以提升劳动性所得、促进社会公平。在这些政策的推动下，地方国企的劳动性所得出现回升迹象。但我们必须清醒认识到，地区发展不平衡导致不同省份、城市间的经济水平和产业结构存在显著差异。沿海发达地区凭借地理位置和开放市场环境优势，在经济全球化中更易获得市场份额，劳动性所得保持较高水平；而经济相对落后地区则因资源匮乏、市场狭小等因素，劳动性所得普遍偏低。这种地区差异不仅反映了社会主义市场经济中资源配置和收入分配的不均衡现象，也凸显了我国在推进经济均衡发展、缩小地区差距方面所面临的挑战。

（一）国有企业工资水平不断提高，增速有所放缓

20世纪50至80年代初期，国有企业在计划经济体制下处于主导地位，国家对生产要素进行直接调控，劳动价值相对稳定，劳动收入份额较高，符合社会主义制度对工人权益的强调。改革开放以来，市场经济逐步取代计划经济，市场化改革对企业经济结构产生深刻影响，国企业面临市场竞争压力，劳动收入份额开始下降。进入21世纪，国有企业改革不断深化，劳动收入呈现复杂状态，一些央企因高科技附加值产业而提高了劳动收入；反之，还有一些抵不住市场竞争而采取降薪、裁员和职工分流等手段的央企，导致劳动收入降低。

党的十八大以来，我国国有企业劳动者总体收入呈现上升趋势。其中，国有企业薪酬水平高于非国有企业，中央企业比非国有企业高40%左右，比地方国企高20%左右。自2015年以来，中央企业、地方国有企业以及非国有企业人均薪酬中位数的相对位次关系保持不变，呈现出中央企业高于地方国企，地方国企高于非国有企业。其中，2015年中央企业人均薪酬中位数是非国有企业的1.38倍，2021年增长到1.48倍，薪酬差距波动扩大。与地方国企相比，2015年中央企业的薪酬是地方国企的1.17倍，2021年增长到1.27倍，薪酬差距也呈扩大趋势。从2015年到2021年，中央企业、地方国企、非国有企业人均薪酬年平均增长率分别为9.5%、8.0%、8.2%（见表4.1），增速不高于同期城镇非私营单位劳动者平均工资（9.5%）、不低于同期私营单位劳动者平均工资（8.0%）。中央企业薪酬呈现"高水平高增长"态势。[①]

---

① 刘军，刘军胜. 中国薪酬发展报告（2023）［M］. 北京：社会科学文献出版社，2023：133.

表4.1　2015—2021年三类企业薪酬水平（人均薪酬中位数）及相对关系

年份	地方国企（元）	中央企业（元）	非国有企业（元）	地方国企/非地方国企	中央企业/非国有企业	中央企业/地方国企
2015	106707	125213	90585	1.18	1.38	1.17
2016	112982	139101	99065	1.14	1.40	1.23
2017	125261	145631	107916	1.16	1.35	1.16
2018	135624	160347	119716	1.13	1.34	1.18
2019	147341	176349	127786	1.15	1.38	1.20
2020	145302	182165	126207	1.15	1.44	1.25
2021	169201	215661	145604	1.16	1.48	1.27
年均增长率（%）	8.0	9.5	8.2	——	——	——

资料来源：刘军，刘军胜.中国薪酬发展报告（2023）［M］.北京：社会科学文献出版社，2023.

　　企业之间薪酬水平差距持续缩小，2019年中央企业之间工资差距明显收窄。2015年地方国企职工人均薪酬中位数的基尼系数为0.360，非国有企业为0.289，均处于比较合理的区间。2021年中央企业的基尼系数显著降低，7年间总降幅达到0.098，2021年仅为0.256，表明分配较为平均（见表4.2）。自2019年起，中央企业人均薪酬中位数的基尼系数与非国有企业相差不大，地方国企人均薪酬中位数的基尼系数也处于7年间的较低水平。

表4.2　2015—2021年薪酬水平的差距演化（人均薪酬中位数的基尼系数）

年份	地方国企	中央企业	非国有企业
2015	0.360	0.354	0.289
2016	0.332	0.284	0.281
2017	0.314	0.303	0.284
2018	0.304	0.296	0.279
2019	0.297	0.277	0.277
2020	0.302	0.277	0.279

续表

年份	地方国企	中央企业	非国有企业
2021	0.287	0.256	0.263
总降幅	0.073	0.098	0.026

资料来源：刘军，刘军胜. 中国薪酬发展报告（2023）［M］. 北京：社会科学文献出版社，2023.

从2016年至2022年，我国规模以上国有企业就业人员的平均工资更是实现了从71707元到115149元的显著增长，累计增幅高达60.58%，年均增速也达到了8.21%。[①]这一数据不仅令人振奋，更充分展示了国有企业改革发展的丰硕成果和劳动者收入水平的持续提升。然而，在整体增长的同时，我们也应看到国有企业就业人员平均工资增速自2017年起呈现出的波动下降态势（见图4.1）。这一态势与我国近年来稳增长、调结构的经济社会发展大背景紧密相连，反映了在经济转型升级过程中，国有企业也在积极调整自身发展策略，努力实现质量与效益的双重提升。

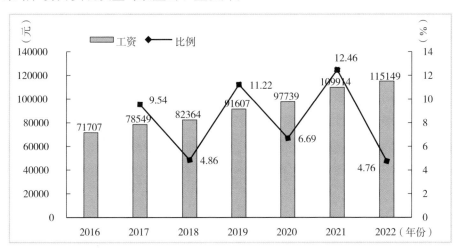

图4.1　国有企业就业人员平均工资及其同比增速（2016—2022年）

数据来源：刘军，王霞. 中国薪酬发展报告（2024）［M］. 北京：社会科学文献出版社，2024.

---

① 刘军，王霞. 中国薪酬发展报告（2024）［M］. 北京：社会科学文献出版社，2024：36.

　　与此同时，我国规模以上国有企业的就业人员平均工资水平在大多数年份里均保持了高于城镇私营和非私营单位就业人员的平均工资水平，仅在2018年出现了例外。特别是在2022年，国有企业就业人员的平均工资与城镇私营单位就业人员的平均工资差额达到了49912元，与城镇非私营单位就业人员的平均工资差额也有1120元，这显示出国有企业在薪酬方面的相对优势（见图4.2）。从增速角度来看，2017年至2022年，无论是国有企业就业人员，还是城镇私营单位和城镇非私营单位的就业人员，其平均工资的增速都呈现出下降的趋势（见图4.3）。这可能与整体经济形势、产业结构调整以及劳动力市场供需关系等多种因素有关。然而，值得注意的是，国有企业就业人员平均工资增速的下降幅度相对较大，累计下降了4.78个百分点，这一降幅高于城镇私营单位和非私营单位就业人员的相应水平。这一变化可能反映了国有企业在面对经济压力和市场变化时，其薪酬调整策略相对更为灵活和迅速。

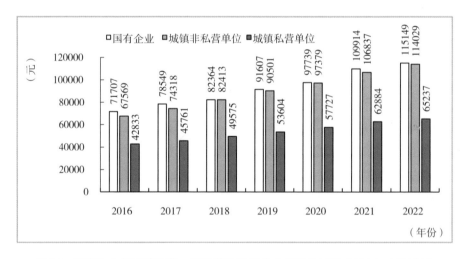

图4.2　国有企业与城镇私营、非私营单位就业人员平均工资（2016—2022年）

数据来源：刘军，王霞. 中国薪酬发展报告（2024）［M］. 北京：社会科学文献出版社，2024.

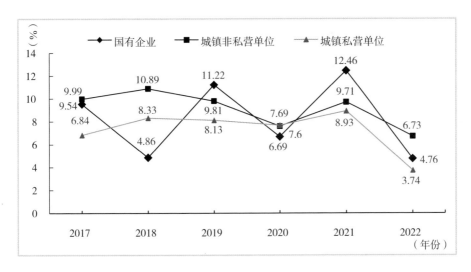

图4.3　国有企业与城镇私营、非私营单位就业人员平均工资同比增速（2017—2022年）

数据来源：刘军，王霞. 中国薪酬发展报告（2024）［M］. 北京：社会科学文献出版社，2024.

　　从工资差距的角度来看，2016年至2022年，国有企业与城镇非私营单位就业人员的平均工资差距呈现出了明显的下降态势（见图4.4）。在这几年间，国有企业就业人员的平均工资与非私营单位就业人员的平均工资之间的倍数关系，从最初的1.06倍逐渐缩小至1.01倍。这一变化表明，随着时间的推移，国有企业与非私营单位之间的薪酬水平趋于接近，差距在逐渐缩小。与此同时，国有企业与城镇私营单位就业人员的平均工资差距则整体呈现出略微增长的趋势，从2016年的1.67倍，到2022年增长至1.77倍。这说明，相对于城镇私营单位，国有企业的薪酬优势在一定程度上得到了保持甚至有所扩大。

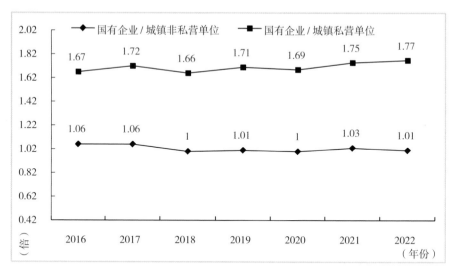

图4.4 国有企业与城镇私营单位、非私营单位就业人员平均工资差距（2016—2022年）

数据来源：刘军，王霞. 中国薪酬发展报告（2024）［M］. 北京：社会科学文献出版社，2024.

（二）国有企业工资增速落后于企业利润增速

劳动者薪酬与企业利润挂钩是我国公有制企业中的分配方式，1984年印发的《中共中央关于经济体制改革的决定》提出，"企业职工的工资和奖金同企业经济效益的提高更好地挂起钩来"[1]。我国在大中型国营企业中开始试行劳动者工资总额同经济效益挂钩浮动的办法。这一模式的实行不仅为国有企业劳动者带来直接的收益激励，即所谓的"多劳多得、少劳少得"，也有助于形成职工对企业的精神归属感，在一定程度上提高劳动者的劳动积极性与创造性。由此，衡量国有企业劳动性所得增长与企业利润增长的关系可以直观地判断劳动者的收益状况。当前，国有企业所获得的利润一部分来源于企业通过政府所获得的特许经营权，以及对信息、资源等优先占有权而获得的垄断利润，还有一部分来源于通过社会主义市场经济开展商业竞争所

---

① 中共中央文献研究室. 十二大以来重要文献选编：中［M］. 北京：人民出版社，1986：577.

获得的经营性收益。无论是"垄断性"收益还是"市场性"收益，都属于国有资本的增值部分，具有公共收益的性质。根据国家统计局的数据，本书列举了从2003年到2022年国有企业利润总额与国有企业职工工资状况（见表4.3）。从总体上看，我国国有企业劳动者平均工资连年上涨，从2003年的14028元上涨到2022年的123623元。年平均增长率达12.1%。而国有企业利润由于受销售价格、产品销量、成本、费用、投资收益、税收政策和经济环境等因素的相互作用与共同影响，总体看来呈现一定程度的波动。从2003年到2007年，我国国有企业利润总额不断上涨。2008年，受低温雨雪冰冻灾害、汶川特大地震等重大自然灾害以及国际金融危机的影响，我国国有企业利润急速下降。党的十八大以来，我国国有企业利润总额整体呈上升趋势，但2015年、2020年与2022年国有企业利润总额呈现负增长。其中，2015年国内需求不足导致生产和销售明显减速，工业品价格明显下降加剧效益下滑，采矿和原材料行业利润下降明显以及成本居高不下使得流动资本紧张，这些因素共同制约着企业的生产经营，使我国国有企业利润明显下降。2020年至2022年受疫情影响，航空、汽车、旅游等行业生产经营遭遇重创。与此同时，疫情期间，中央企业承担了医疗防护物资生产任务，并投入大量资源进行基础保障，这些都增加了企业的运营成本，影响了效益的提升。可以看到，党的十八大以来，我国国有企业职工平均工资增长率要高出国有企业利润。但从总体上来看，我国国有企业职工工资与企业利润相比仍相差较大，这也在一定程度上体现了国有企业职工工资偏低的情况。

表4.3 2003—2022年国有企业职工平均工资增长与国有企业利润增长比较

年份	国有企业利润总额（亿元）	国有企业工人平均工资（元）	国有企业利润同比增长率（%）	国有企业工人平均工资同比增长率（%）
2003	3836.20	14028	45.7	17.2
2004	5453.10	16005	42.1	14.1
2005	6519.75	19069	19.6	19.1
2006	8485.46	21668	30.2	13.6

年份	国有企业利润总额（亿元）	国有企业工人平均工资（元）	国有企业利润同比增长率（%）	国有企业工人平均工资同比增长率（%）
2007	10795.19	25548	27.2	17.9
2008	6961.80	29826	−35.5	16.7
2009	13392.2	33617	9.8	12.7
2010	14737.65	42593	58.7	26.7
2011	22556.8	43483	12.8	2.1
2012	21959.6	48357	−5.8	11.2
2013	24050.5	52657	5.9	8.9
2014	24765.4	57296	3.4	8.81
2015	23027.5	65296	−6.7	13.96
2020	34222.7	108132	−4.5	9.34
2021	45164.8	115583	30.1	6.89
2022	43148.2	123623	−5.1	6.96

数据来源：国有企业利润数据来自《中国统计年鉴》（2003—2023）；国有企业工人平均工资数据来自《中国劳动统计年鉴》（2003—2023）

（三）劳动性所得增长落后于劳动生产率增长

劳动生产率是衡量一个国家或社会在一定时期内劳动人口产出总值和总劳动成本之间的比率。简单来说，它衡量了劳动力的效率与产出水平。因此，劳动生产率是反映新时代经济高质量发展的核心指标之一。在理想的状态下，劳动者的工资会随着劳动生产率的提高而同步增长。马克思在《资本论》中指出，"工人的平均熟练程度，科学的发展水平和它在工艺上应用的程度，生产过程的社会结合，生产资料的规模和效能，以及自然条件"[1]都是影响劳动生产率的因素的抽象。国有企业劳动生产率与工人工资增长之间

---

① 马克思. 资本论：第1卷 [M]. 北京：人民出版社，1975：53.

相互影响、相互促进。劳动生产率的提高意味着单位劳动投入创造了更多的经济产出。经济产出越多，工人的工资可能越多。工资收入的增长可以替代企业的实施因素，从而形成企业创新技术的"逆向促进机制"。由此，衡量国有企业劳动性所得增长与企业劳动生产率的增长关系可以直观地判断劳动性所得状况。计算国家统计局和历年统计公报数据可得，从2003年到2022年，国有及国有控股工业企业的劳动生产率持续增长，从2003年的8.7万元增加至76.3万元，年均增长率达到12.1%（见表4.4）。党的十八大以来，移动互联网、大数据、人工智能、云计算等信息技术的发展不仅大幅提升了劳动者生产的熟练度和精确度，也提高了产业技术创新水平，加快了国有企业产业的蓬勃发展。例如，国药集团机器人流程自动化应用在财务、销售、采购等业务场景，实现了工作流程的简化及智能化，提高了生产水平和工作效率。尽管国有企业职工平均工资增长速率稍慢于国有企业全员劳动生产率，但国有企业全员劳动生产率与国有企业工资的比值在2022年已经达到了6.15倍。可见，当前我国劳动者的工资仍处于较低水平。

表4.4　2003—2022年国有及国有控股企业全员劳动生产率与工人平均工资增长的比较

年份	国有企业就业人数（万人）	全员劳动生产率（万元）	全员劳动生产率同比增长率（%）	国有企业工人平均工资同比增长率（%）
2003	2162.9	8.7	32.6	17.2
2004	1973.2	11.8	35.0	14.1
2005	1874.8	14.5	23.3	19.1
2006	1804.0	18.1	24.6	13.6
2007	1742.3	22.9	27.0	17.9
2008	1794.1	24.3	6.0	16.7
2009	1803.4	25.9	6.3	12.7
2010	1836.3	28.9	11.6	31.3
2011	2901.9	33.9	17.3	2.1
2012	3030.1	38.8	14.5	11.2

年份	国有企业就业人数（万人）	全员劳动生产率（万元）	全员劳动生产率同比增长率（%）	国有企业工人平均工资同比增长率（%）
2013	2547.9	43.9	13.1	8.9
2014	2495.6	41.3	-5.9	8.81
2015	2391.3	44.6	8.0	13.96
2016	2351.5	46.6	4.5	11.09
2017	2254.2	48.5	4.1	11.82
2018	1660.1	53.7	10.7	10.31
2019	1663.4	58.7	9.3	10.53
2020	1753.3	63.6	8.3	9.34
2021	1823.1	69.4	9.1	6.89
2022	1812.6	76.3	9.9	6.96

数据来源：综合《中国统计年鉴》（2004—2023）和历年统计公报数据计算所得

（四）国企高管与普通职工收益比例不合理

国有企业高管全面推行年薪制，是国有企业为适应社会主义市场经济体制的内在要求而作出的薪酬分配变革。社会主义市场经济竞争越来越激烈，企业经营管理的难度越来越大。要在激烈的市场竞争中谋求生存发展，必须充分发挥企业经营管理者的作用，更好地激发企业的市场化发展内生动力。年薪制作为充分体现激励与约束相统一、与经营业绩紧密挂钩、与承担风险和责任匹配的市场化薪酬分配机制，有利于充分发挥薪酬对调动企业负责人积极性的重要作用，有利于规范企业治理、强化企业负责人责任，有利于推动建立完善现代的企业制度，增强企业活力。1992年颁布的《劳动部关于进行岗位技能工资制试点工作的通知》，标志着国企高管收入分配方式实现了重大转折——传统的职务等级工资制度被彻底废除，岗位技能工资成为国企管理者的新的工资制度。国务院国资委成立后，根据出资人职责定位，国资委对中央企业负责人薪酬制度改革和管理方面又作了新的要求与规定，我国国有企业负责人年薪制由此开始实施。

2004—2006年是我国国企高管第一个业绩的考核期，企业负责人薪酬与经营业绩紧密挂钩，初步形成了"业绩升薪酬升、业绩降薪酬降"的激励机制。实行年度薪金制之后，中央企业负责人薪酬水平的确定、薪酬的增长及变动有了明确的规则和依据，改变了以往企业负责人薪酬与其承担的责任和经营绩效严重脱节、高低悬殊等不合理的现象。经国务院国资委核定，2004—2006年，中央企业负责人三年的平均年薪分别为40.7万元、47.5万元以及53.1万元（见表4.5）。[①]

表4.5　2004—2006年度中央企业负责人薪酬情况一览表

年度	2004 年	2005 年	2006 年
平均年度薪酬（万元）	40.7	47.5	53.1
其中：绩效薪金（万元）	25.9	30.2	34.3
其中：延期支付（万元）	10.4	12.1	13.7
当年实际支付薪酬（万元）	30.3	35.4	39.4

资料来源：宋云中.基于公司治理模式的中国国企高管薪酬机制研究［M］.北京：中国经济出版社，2017.

2007年是国企负责人第二任期的第一年，2008年中央企业受严重自然灾害、重大政策性减利、国际金融危机等因素影响，企业效益首次出现大幅下降。与此相适应，经国务院国资委审核及试点企业董事会确定，国有企业负责人薪酬平均水平较2007年下降。这是国务院国资委成立以来首次出现国有企业负责人平均年度薪酬水平下降。如表4.6所示，从2006年到2015年的10年内，上市国企高管与员工的薪酬差距始终处于较高的水平，并呈现逐步扩大的趋势。其中，国企高管的平均薪酬年均增长率为10.3%，国企职工的平均薪酬年均增长率为8.5%，总体上低于国企高管增长水平。

表4.6 2006—2015年上市国企高管与员工平均薪酬对比

年份	类型	均值（元）	倍数关系
2006	高管	286060.86	4.85
	员工	59018.72	
2007	高管	377233.96	5.33
	员工	70743.88	
2008	高管	405338.96	5.16
	员工	78507.71	
2009	高管	466702.09	5.71
	员工	81677.53	
2010	高管	191087.92	5.62
	员工	87916.13	
2011	高管	635288.45	6.21
	员工	101869.43	
2012	高管	622599.88	5.99
	员工	103876.89	
2013	高管	635941.98	5.84
	员工	108827.16	
2014	高管	713804.51	5.93
	员工	120361.30	
2015	高管	757577.63	5.69
	员工	133016.24	

资料来源：范婧. 国有企业高管薪酬制度设计研究——基于分类分层的双视角［D］北京：首都经济贸易大学，2017.

　　2023年12月29日，国务院国有资产监督委员会披露了中央企业负责人2022年度薪酬信息，96家央企分别公布了相关负责人年薪收入情况。其中，中国海洋石油集团有限公司党组书记、董事长汪东进的应付年薪最高，达到96.08万元；中国石油化工集团有限公司党组书记、董事长马永生排名第二，其应付年薪为95.34万元；中国石油天然气集团有限公司党组书记、董事长戴厚良位列第三，其应付年薪为95.29万元。从整体数额来看，尽管已经显著低于21世纪初期国企高管收入，但与国企普通职工之间的收入差距仍然较大。①

二、集体企业劳动性所得状态

集体企业是中国特色社会主义经济体系中的重要组成部分，承载着国家和集体劳动者的双重利益，其劳动性所得的演变历程，无疑成为社会主义与市场经济深度融合、相互作用的生动注脚，深刻体现了改革开放进程中保持社会主义本质的复杂性和挑战性。

计划经济时期，集体企业以其独特的所有制形式，彰显了劳动人民当家作主的社会主义原则。生产资料归全体劳动人民所有，劳动者不仅参与企业的日常经营，更在收入分配中拥有直接而显著的参与权。这一时期，集体企业的劳动性所得份额相对较高，体现了社会主义制度下对劳动者权益的充分保障。然而，计划经济体制的固有局限性和集体化模式的单一性，也逐渐暴露出来。分配制度的刚性特征，使得集体企业在资源配置和生产效率上难以灵活应对市场变化，劳动力市场供需关系无法得到充分反映，从而在一定程度上抑制了劳动性所得的进一步增长。

随着改革开放的深入推进，市场经济体制逐步确立，集体企业开始面临前所未有的挑战。一方面，计划经济时期遗留的体制问题和管理困境，使得部分集体企业陷入经营危机，甚至不得不面临拆分和私有化的命运。这一过

---

① 国务院国有资产监督管理委员会. 中央企业负责人2022年度薪酬信息披露［EB/OL］.（2023-12-29）［2024-11-01］. http://www. sasac. gov. cn/n2588020/n2588072/n2591106/n2591108/c29687153/content. html.

程中，劳动者的劳动性所得往往首先受到影响，出现下降或不稳定的情况。另一方面，民营企业和外资企业的迅速崛起，以其灵活的经营机制和高效的资源配置能力，迅速抢占市场份额，对集体企业构成了严峻的竞争压力。部分集体企业的劳动者因此失去了原有的工作岗位或不得不接受降低薪酬的现实，生活陷入困境。

进入新时代，随着新型城镇化的加速推进和创新驱动发展战略的深入实施，集体企业迎来了新的发展机遇。通过技术升级和产业升级，集体企业逐渐摆脱了传统经营模式的束缚，重新找回了市场竞争的活力。在这一过程中，集体企业不仅提升了自身的盈利能力和市场竞争力，更为劳动者提供了更加丰厚的薪酬和更加完善的福利待遇。劳动者在集体企业中的地位和价值得到了新的认可，劳动性所得也随之实现了稳步增长。

从总体上看，集体企业劳动者的收入水平在过去几年中呈现出稳步增长的态势。这得益于国家经济的持续健康发展，以及政府对集体企业的政策扶持与引导。随着国家对小微企业、集体经济的重视程度不断提升，一系列减税降费、金融支持、技术创新激励等政策的出台，为集体企业的发展注入了新的活力，也间接推动了劳动者收入的提升。根据国家统计局的数据，过去五年内，集体企业劳动者的年平均工资增长率保持在8%左右，略高于全国城镇非私营单位就业人员的平均工资增长率。然而，集体企业的平均工资水平与民营企业、外资企业相比，仍存在一定的差距。以2022年为例，全国城镇集体单位就业人员平均工资约为6万元，而同期民营企业、外资企业的平均工资则分别达到了7.5万元和8万元。

然而，这种增长并非均匀分布，在不同地区、不同行业、不同规模的集体企业中，劳动者的收入水平存在显著差异。东部地区、一线城市以及高新技术产业的集体企业，由于地理位置优越、市场需求旺盛、技术含量高，其劳动者的收入水平往往高于中西部地区、传统产业或小规模企业。这种差异既反映了地区经济发展不平衡的现状，也体现了产业结构升级对劳动者收入的影响。此外，集体企业内部收入分配机制的不完善也是影响劳动者收入水平的一个重要因素。部分集体企业存在管理粗放、激励机制不健全的问题，导致劳动者收入与其贡献不匹配，影响了劳动者的积极性和创造力。同时，随着市场竞争的加剧和成本压力的上升，一些集体企业在控制成本的过程中，可能会压缩劳动者的福利待遇，从而进一步加剧了收入分配的不均衡。

第二节　非公有制经济劳动性所得状态

在我国现阶段的所有制结构中，除了公有制经济外，还存在着个体经济、私营经济、外资经济等非公有制经济形式。非公有制经济中从事社会生产的劳动者主要遵循按劳动要素参与生产资料分配的原则。比如，在私营经济或外资经济中被雇佣的职工，他们在出卖劳动力后所获得的工资、薪金、佣金、奖金、消费、生活补贴、假期和疾病补助等构成了劳动性所得。我国非公有制经济劳动性所得偏低是一个显著现象，尽管非公有制经济承担着促进就业、推动经济增长的重要责任，但劳动性所得却往往无法与其劳动贡献相匹配。这不仅是对劳动价值的一种亵渎，更是对社会主义分配制度的一种冲击，反映了市场机制下个体劳动价值得不到充分体现及其背后的资本逻辑。在追求利润最大化的市场竞争中，非公有制经济个体劳动往往成为利益分配中的相对弱势群体。由此，本节我们着重分析非公有制经济下从事社会主义劳动的劳动者的收益状况。

一、民营企业劳动性所得偏低

马克思在《资本论》第一卷中曾详细论述了工资，即工资是按照劳动者的劳动时间所计算的报酬。由此，长久以来，人们认为工资等同于劳动时间的价格。当前，在中国特色社会主义市场经济体制下，无论是国有企业的劳动者还是民营企业的劳动者，在收入分配上都实行工资制，但国有企业的劳动者遵循按劳分配的原则，而民营企业的劳动者则遵循按劳动要素分配的原则，二者体现出截然不同的本质含义。在非公有制经济中劳动者所获得工资或劳动价格的实质是劳动力商品价值。企业经营者付给劳动者的货币等同于劳动者付出的劳动力的价值，而后企业经营者通过使用劳动者的劳动力，将劳动者所创造的价值占为其个人所有。最终，在扣除付给劳动者的工资后，企业经营者获得剩余价值。国有企业的工资则是国有企业职工共同创造的劳动成果扣除公共基金后的收入分配。

我国民营企业伴随着市场经济深化和改革开放的推进而迅速发展，随着我国社会主义市场经济的不断完善，公有制经济和非公有制经济在分配制度本质上的差异逐渐表现出来。由于民营经济薪酬水平受市场供需直接影响，呈现对高素质劳动力的需求和低技能劳动力的相对边缘化，一些在高科技和新兴产业工作的民营企业劳动者会获得更高的薪资回报，但受市场竞争激烈和定价压力的影响，一些劳动密集型产业中的民营企业在成本控制上较为敏感，工资支出较低。也因为民营企业更容易受市场竞争不确定性和市场供需波动的影响，导致其雇佣和支付能力更加不稳定，个体劳动工资的波动性更大。从民营企业工资整体水平上来看，根据国家统计局公布的数据，当前私营单位劳动者工资整体低于非私营单位劳动者工资。以城镇非私营单位与城镇私营单位劳动者平均工资为例，近年来，我国城镇非私营单位与城镇私营单位劳动者平均工资的绝对差距，即平均工资之差呈扩大态势（见表4.7），从2013年的18777元扩大到2021年的43953元，增幅达134.08%。城镇非私营单位与城镇私营单位就业人员平均工资的相对差距，即平均工资之比，总体呈现扩大趋势，从2013年的1.574扩大到2021年的1.699。就从业人员的平均工资增速看，城镇非私营单位就业人员的平均工资增速总体呈上升趋势，2021年增速为9.7%，2014年增速为9.47%，上升1.42个百分点；而城镇私营单位劳动者的平均工资增速总体呈下降趋势，2021年增速为8.9%，2014年增速为11.26%，下降2.36个百分点。

表4.7 2013—2021年城镇非私营单位与城镇私营单位劳动者平均工资

年份	非私营单位就业人员		私营单位就业人员		非私营单位与私营单位对比	
	平均工资（元）	平均工资增速（%）	平均工资（元）	平均工资增速（%）	平均工资之差（元）	平均工资之比
2013	51483	——	32706	——	18777	1.574
2014	56360	9.47	56360	11.26	19970	1.549
2015	62029	10.06	62029	8.79	22440	1.567
2016	67569	8.93	42833	8.19	24736	1.577
2017	74318	9.99	45761	6.84	28557	1.624
2018	82413	10.89	49575	8.33	32838	1.662
2019	90501	9.8	53604	8.1	36897	1.688
2020	97379	7.6	57727	7.7	39652	1.687
2021	106837	9.7	62884	8.9	43953	1.699

数据来源：综合《中国统计年鉴》（2014—2022）相关数据计算所得

具体到行业层面，同一行业国有企业劳动者的工资水平一般要高于民营企业（见表4.8）。从相对差均值看，城镇非私营单位与城镇私营单位劳动者平均工资差距最大的行业是电力、热力、燃气及水生产和供应业，平均差距为2.175，即2016—2021年该行业城镇非私营单位劳动者平均工资是私营单位劳动者平均工资的2.175倍。次之是文化、体育和娱乐业，平均差值为2.084，即2016—2021年该行业城镇非私营单位劳动者平均工资是城镇私营单位劳动者平均工资的2.084倍。平均工资差距最小的是农林牧渔业，平均差距为1.122，即2016—2021年该行业城镇非私营单位劳动者平均工资是城镇私营单位劳动者平均工资的1.122倍。从相对差距变动来看，2016—2021年城镇非私营单位与城镇私营单位劳动者平均工资相对差距下降的行业分别是电力、热力、燃气及水生产和供应业，住宿和餐饮业，信息传输、软件和信息技术服务业，金融业，租赁和商务服务业，居民服务、修理和其他服务业。

其中，下降幅度最大的是金融业，相对差距下降32.18%。这是党的十八大以来金融领域市场化改革成效的充分体现。2016—2021年，城镇非私营单位与城镇私营单位劳动者平均工资相对差距上升幅度最大的行业是教育行业，2016年教育行业城镇非私营单位与城镇私营单位劳动者平均工资相对差距为1.648，2021年扩大到1.895，扩大了28.58%。

表4.8　2016—2021年分行业城镇非私营单位与私营单位就业人员平均工资相对差距

行业	2016年	2017年	2018年	2019年	2020年	2021年	相对差距均值	相对差距变动（%）
农林牧渔业	1.074	1.065	1.003	1.042	1.246	1.299	1.122	20.95
采矿业	1.529	1.685	1.847	1.833	1.772	1.731	1.733	13.21
制造业	1.412	1.433	1.463	1.478	1.430	1.446	1.444	2.41
电力、热力、燃气及水生产和供应业	2.172	2.177	2.264	2.171	2.151	2.115	2.175	−2.62
建筑业	1.162	1.184	1.189	1.211	1.221	1.254	1.204	7.92
批发和零售业	1.643	1.681	1.783	1.828	1.821	1.855	1.769	12.90
交通运输、仓储和邮政业	1.725	1.750	1.751	1.797	1.756	1.760	1.757	2.03
住宿和餐饮业	1.250	1.240	1.218	1.187	1.156	1.146	1.199	−8.32
信息传输、软件和信息技术服务业	1.926	1.891	1.935	1.891	1.753	1.758	1.859	−8.72
教育	1.648	1.680	1.798	1.924	2.198	2.119	1.895	28.58
卫生和社会工作	1.712	1.700	1.766	1.906	1.903	1.872	1.890	9.35
文化、体育和娱乐业	1.952	2.010	2.081	2.185	2.185	2.089	2.084	7.02

数据来源：综合《中国统计年鉴》（2022）相关数据计算所得

二、资本侵蚀劳动现象严重

资本侵蚀劳动实质是在企业收入分配中，资本所有者公开或隐蔽地将劳动性所得部分转化为企业利润的行为。应当承认，过低的劳动力成本优势既是中国经济高速增长的国际标签，同时也是造成当前中国社会收入差距较为严重的一把"双刃剑"，资本侵蚀劳动的收入分配格局不仅容易引发更多的社会冲突，而且不利于中国经济社会的可持续发展。

在非公有制经济中，劳动力所有者因提供劳动而获得劳动报酬，是劳动要素参与生产活动创造的价值在市场分配环节获得的收入，也是国民收入在劳动力生产要素方面分配情况的直接体现。党的十九届四中全会提出，生产要素由市场评价贡献、按贡献决定报酬。因此，非公有制经济下的分配归根结底是要素所有者参与分配。尽管不同劳动主体为社会从事的社会分工不同，有的劳动者通过生产商品为社会提供贡献、有的劳动者通过从事公共服务为社会提供贡献，但不管形式如何，劳动者为社会提供的劳动总是表现为劳动价值形态。因此，通过生产要素按贡献参与分配的程度可以较好地判断劳动者收入情况。当劳动要素与资本要素所得与其贡献大小相当，劳资收入分配就处于合理水平，劳动者所获得的劳动性所得也处于较高水平。在这里，我们通过收入贡献比来衡量劳动要素收益与资本要素收益是否相称。在中国特色社会主义市场经济体制下，劳动者通过为社会提供劳动要素来作出贡献，并获得与之相对应的货币收入，即 $\beta = R/G$。R 表示劳动者或资本获得的收益；G 表示劳动者或资本为社会提供的贡献量，主要包括劳动者所付出的劳动价值和劳动数量；β 表示劳动或资本的收入贡献比。在社会生产实践中，国家为满足社会公共需要会通过税收从劳动和资本的贡献中按照规定的标准和程序扣除一部分，因此，劳动与资本收益一定小于其为社会实际提供的贡献量，即 $\beta<1$。在这里，我们假定一个企业中只存在 a、b 两个分配主体，那么这两个主体从事的贡献量分别为 G_a、G_b，二者所形成的总贡献

G_t 为 G_a 与 G_b 的总和；他们所获得的收益分别为 R_a、R_b，二者之和是企业分配的总收益 R_t。当 $R_a/G_a=1$，或者 $R_b/G_b=1$ 时，我们就称二者遵循收入与贡献的相称一致原则。同样，推广到市场经济下的民营企业的分配中，当 R_a/R_t 的比值与 R_b/G_b 的比值相同，或 R_a/R_t 与 R_b/G_b 为1时，这两个生产要素遵循收入与贡献的相称一致原则。然而，在社会实践中，这个比例通常会偏离。一般情况为：

$$\gamma = \frac{R_a/T_t}{G_a/G_t} \quad (0 \leqslant \gamma < \infty) \tag{4.1}$$

我们用 γ 来反映社会分配的公平程度，当 γ 等于1时则表明当前社会的分配水平居于合理的水平，而 γ 与1相偏离时则表示当前社会分配存在不公平的现象，且 γ 偏离1的程度越大就代表不公平现象越严重。21世纪初期，由于我国城乡存在二元结构，各产业创造价值的能力不同，各行业劳动收入与贡献存在逆向偏离现象。批发零售和餐饮住宿业、制造业、建筑业的 γ 均有不同程度的偏离，这种偏离是资本侵蚀劳动从而引起收益在不同行业之间转移形成的。

我们用 R_1、R_k 分别表示劳动要素收益和资本要素收益、G_1、G_k 分别表示劳动要素收益和资本要素贡献，当劳动性所得处于合理水平时，即 $R_1/G_1=1$，或者 $R_k/G_k=1$ 时，劳资收入水平即为合理水平。若资本侵蚀劳动所得现象严重时，R_1/G_1 的比值就会减小。在这里，我们用"ROE"表示资本侵蚀劳动的程度，$ROE = 1-R_1/G_1$。借鉴基尼系数对收入不平等程度的划分标准，当 $0 < ROE < 0.2$ 时，劳资分配处于合理水平；当 $0.2 \leqslant ROE < 0.3$ 时，劳资分配处于较为合理的水平；当 $0.3 \leqslant ROE < 0.4$ 时，劳资分配处于相对合理的水平；当 $0.4 \leqslant ROE < 0.5$ 时，劳资分配处于比较不合理的水平；当 $ROE \geqslant 0.5$ 时，劳资分配极不合理。据测算，2006—2021年我国民营企业劳动收入份额处于 $0.24 \sim 0.42$ 之间，资本收入份额处于 $0.58 \sim 0.76$ 之间，可见，我国民营企业劳动收入份额明显偏低（见表4.9）。

表4.9 2006—2021年民营企业劳资收入分配公平的测度结果

年度	劳动收入份额	劳动贡献	ROE	年度	劳动收入份额	劳动贡献	ROE
2006	0.2700	0.4379	0.3834	2014	0.3860	0.7171	0.4617
2007	0.2488	0.4397	0.4341	2015	0.4067	0.7319	0.4443
2008	0.3185	0.4808	0.3376	2016	0.4045	0.7590	0.4670
2009	0.3142	0.5359	0.4137	2017	0.3920	0.7363	0.4675
2010	0.3098	0.6038	0.4870	2018	0.3949	0.7218	0.4529
2011	0.3406	0.6367	0.4650	2019	0.4139	0.7583	0.4542
2012	0.3586	0.6762	0.4697	2020	0.4024	0.7645	0.4736
2013	0.3693	0.6993	0.4719	2021	0.3935	0.7291	0.4603

数据来源：胡建平，干胜道，王文兵.中国劳资收入分配公平的测度研究［J］.财会月刊，2023，44（14）：116-122.

三、劳资收益GDP占比失衡

劳动报酬是非公有制经济中劳动者收入的主要来源。初次分配是分配制度的基础性环节，初次分配环节不公将导致我国收入差距不断拉大。我们可以通过劳动报酬总额占GDP的比重来衡量初次分配的公平程度。劳动报酬占比高则可以充分体现按劳分配在多种分配方式中的主体地位，从而有助于推进社会分配中的公平正义。法国经济学家托马斯·皮凯蒂在《21世纪资本论》中通过对西方社会300多年来收入分配的长期变动趋势的研究，提出不加制约的资本主义导了致财富不平等的加剧。通过对英国和法国从18世纪末到21世纪初期的资本收入比重进行统计发现，发达国家雇员劳动报酬在GDP中所占份额较大。英国和法国的资本收入比重大体都是35%～40%，20世纪中期下降到20%～25%，到20世纪末21世纪初期再度回升到25%～30%（见图4.5、图4.6）。

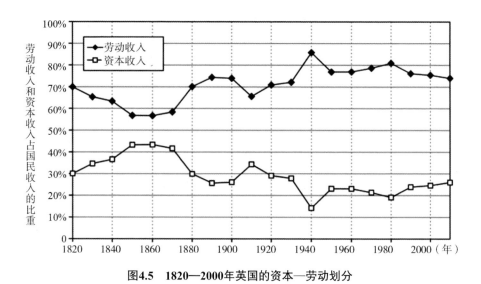

图4.5　1820—2000年英国的资本—劳动划分

资料来源：［法］托马斯·皮凯蒂.21世纪资本论［M］.巴曙松，陈剑，余江，周大昕，李清彬，汤铎铎译，北京：中信出版社：2014：204.

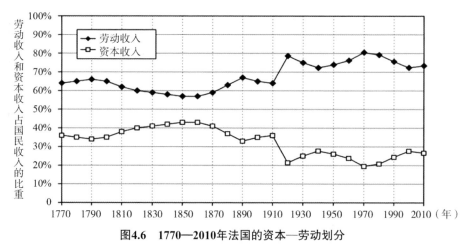

图4.6　1770—2010年法国的资本—劳动划分

资料来源：［法］托马斯·皮凯蒂.21世纪资本论［M］.巴曙松，陈剑，余江，周大昕，李清彬，汤铎铎译，北京：中信出版社：2014：205.

　　与西方发达国家劳动—资本收入GDP占比相反，我国劳动工资总额占GDP始终处于较低水平，而资本总额在GDP中所占比重偏高。进入21世纪，我国劳动者报酬占国内生产总值的比重呈V形变化（见图4.7），国民收入分配结构中劳动报酬份额长期偏低并持续下降的局面近年来出现了扭转，劳动者报酬份额有所回升。从居民初次分配收入构成来看，劳动报酬占国民收入的80%左右，是居民收入最主要的来源。从2000—2021年，我国劳动报酬从52242.9亿元增长到1149237亿元，年均增长15.6%。其中，2000年—2008年，劳动者报酬在初次分配中占比呈现下降趋势。劳动者报酬占比从2000年的52.66%提高到2002年的53.60%后逐年下降。这一阶段劳动报酬份额显著下降的原因在于劳动者报酬增长速度高于经济增速。与此同时，劳动者报酬的增长也慢于劳动生产率的提高。以不变价测算，2000—2008年，劳动者报酬实际增速慢于全员劳动生产率的增速1.36个百分点。2009—2015年，劳动者报酬占比快速提升，随着劳动者报酬的快速增长，劳动报酬占GDP的比重也不断提高。从2016年开始，劳动者报酬占比趋于稳定。2016—2021年，我国劳动者报酬从386563.6亿元快速增长至475562.8亿元。

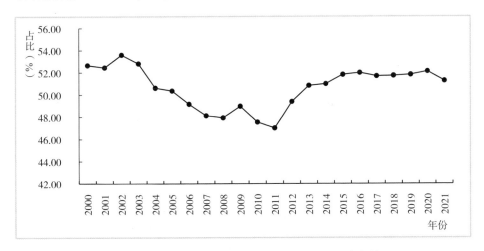

图4.7　2000—2021年我国劳动者报酬占GDP比重变化情况

数据来源：综合《中国统计年鉴》（2001—2022）和中国资金流量表整理计算所得

就资本报酬占比情况而言，2000年以来我国资本报酬占国内生产总值的比重变化与劳动者报酬占国内生产总值的比重变化情况相反（见图4.8）。

2000—2008年，我国资本报酬快速增长，从2000年的34912.2亿元增长到2008年的122640.3亿元，占GDP的比重从35.19%上升至39.05%。从2009年开始，资本报酬份额有所回落，占GDP的比重也逐渐下降。2016年资本报酬占GDP的比重为35.64%，比2008年减少了3.41个百分点。2016年以后，资本报酬占GDP比重略有回升。然而，从整体来看，我国资本报酬占GDP比重与西方发达国家相比仍有不小差距，我国资本报酬总额占GDP比重偏低，且仍有下降趋势，因此，当前非公有制经济中劳动性所得仍处于较低水平。

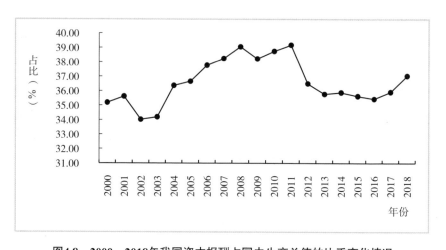

图4.8　2000—2018年我国资本报酬占国内生产总值的比重变化情况

数据来源：综合《中国统计年鉴》（2001—2019）和中国资金流量表整理计算所得

四、自雇部分劳动性所得偏低

在非公有制经济中，除了在企业中从事雇员工作的劳动者以外，还有没有雇主、个体劳动者使用私人所有的生产资料，从事社会生产劳动并为自己支付劳动报酬的劳动者。当前我国自雇部门的劳动者主要分为两类：一类是在法律允许范围内，经过依法核准登记，从事工商经营活动的自然人或家庭，也就是我们通常所说的个体工商户；另一类是在市场经济条件下，以农户家庭为主体，以社会化服务为条件进行社会化生产的开放式经营。

第一，自雇部门劳动报酬整体份额偏低。资金流量表将国民经济划分为非金融企业部门、金融企业部门、广义政府部门和住户部门，其中，非金融企业部门、金融企业部门以及广义政府部门是以公司化、组织化或产业化生产方式为特征的生产部门，具有明确的雇佣关系，属于雇员部门。将这三个部门的劳动报酬相加即可得到全国雇员劳动报酬的总和。由于住户部门包括城乡个体经营户和从事家庭经营的农户，住户部门所得的劳动报酬就是劳动者通过个体劳动获得的劳动报酬，我们把住户部门的收益划为自雇就业者的劳动性所得。根据这样的分配方式，本书计算得出了从2015年到2021年我国雇员部门劳动报酬占GDP的份额。从表4.10可以看到，2017年我国雇员部门报酬份额为36.8%，2021年我国雇员部门报酬份额为38.3%；而自雇部门从2015年的17.4%下降至2021年的13.2%。说明自雇部门劳动报酬份额水平低是一个不争的事实。

表4.10 2015—2021年我国雇员部门和自雇部门的劳动报酬占GDP份额 （单位：%）

年份	合计	雇员部门	自雇部门
2015	52.6	35.2	17.4
2016	51.9	34.8	17.1
2017	51.2	36.8	14.4
2018	52.7	38.9	13.8
2019	52.0	38.2	13.8
2020	52.2	38.7	13.5
2021	51.5	38.3	13.2

数据来源：综合《中国统计年鉴》（2016—2022）相关数据计算所得

从不同部门增加值中劳动报酬所占份额的分布的整体情况来看，政府部门劳动者报酬所占份额最高，住户部门次之，非金融企业部门要高于金融机构部门（见表4.11）。2021年，非金融企业部门增加值中的劳动占比为43.3%，金融机构部门增加值中劳动报酬占比26.7%，政府部门增加值中劳动报酬占比88.5%，住户部门增加值中劳动报酬占比68.7%。从变化情况来看，2014—2021年，非金融企业部门劳动者报酬年均增长9.9%，金融机构部门劳动者报酬年均增长9.0%，政府部门劳动者报酬年均增长13.2%，住户部门劳动者报酬年均增长5.1%。可见城乡个体经营户和农户的整体劳动性所得增加仍然偏低。

表4.11　2013—2021年我国分部门劳动者报酬占各部门增加值比重　（单位：%）

年份	非金融企业部门	金融机构部门	政府部门	住户部门
2013	41.0	29.4	87.1	70.0
2014	41.4	29.3	85.9	70.0
2015	42.3	30.1	86.4	70.0
2016	42.2	31.8	86.8	70.0
2017	43.5	33.0	87.1	70.0
2018	43.4	26.6	88.6	69.0
2019	43.6	27.3	88.6	69.2
2020	44.3	25.7	88.6	69.5
2021	43.3	26.7	88.5	68.7

数据来源：综合中国资金流量表（2014—2022）相关数据计算所得

第二，农民面临增收困境。2023年，全国农村人均工资收入22053元，较2022年增长7.1%，占可支配收入的比重为56.2%。主要是由于各地推进乡村振兴与脱贫攻坚有效衔接，继续因地制宜发展各类乡村特色产业，土地流转和集中经营规模扩大，农民务工机会增多。全国农民工监测调查结果显示，2023年末，农民工数量29753万人，比2022年增长191万人，增长0.6%。农民工月平均收入水平4780元，比2022年增长3.6%。在粮食丰收、粮棉价格较好等因素带动下，2023年农村居民人均经营性收入6542元，较2022年同比增长6.0%。然而，农业比较效益偏低，经营净收入增长缓慢。农村居民经营净收入是从事家庭经营活动的农户获取劳动性所得的基础，但近年来农村居民经营净收入增速逐步下降。2012—2020年，经营净收入增长率从8.7%下降到5.5%，2021年虽有回升，但2020—2021年平均增长率仅为6.7%，比2012年下降2.0个百分点。经营净收入占比从2012年的43.6%下降到2021年的34.7%，贡献率从29.4%下降到27.2%。在农民家庭经营净收入中，来自农业的收入占65.5%。[①]尽管第一产业的经营净收入是我国农户家庭经营收入的主要来源，但随着第二产业与第三产业近年来的蓬勃发展，其作用已趋势性减弱，这与农业生产资料价格持续上涨、劳动力和土地价格刚性上涨有关，挤压农产品利润空间的情况仍然存在。

第三，个体工商户整体收入偏低。国家市场监督管理总局数据显示，截至2023年底，全国登记在册个体工商户1.24亿户，占经营主体总量67.4%，我国近3亿人从事个体工商户工作。近年来，受疫情影响，我国个体工商户营业收入减少，生产生活较为艰难。根据湖北恩施州调研检测分局就恩施市小渡船办事处、建始县业州镇、花坪镇共10个社区15条街道718家个体工商户进行的走访调查，疫情期间，个体工商户营业收入降幅达到50%以上的占54.6%，减幅在20%~50%的占32%。如建始县陈记土家腊肉馆在疫情复工后，每天的营业收入一般只有几十元，最好的一天只有200元。[②]与此同时，各行业生产要素价格的上涨，也使得部分个体工商户承受较大的经营压力。部分餐饮个体工商户表示原材料采购成本占营业额的比重从2022年初的40%上涨到年末的50%；另外，大部分个体户都是租赁私人店面，而每两年房租还会根据市场行情上涨一定幅度，这也使得个体工商户的租金压力非常大，从而影响个体工商户的整体收入情况。

① 国家发展和改革委员会就业收入分配和消费司，北京师范大学中国收入分配研究院. 中国居民收入分配年度报告（2022）[M]. 北京：社会科学文献出版社，2023：124-125.

② 恩施土家族苗族自治州政府. 个体工商户收入减少生存艰难[EB/OL]（2020-08-28）[2024-11-01]. http://www.enshi.gov.cn/sj/sjjd/202008/t20200828_639169.shtml.

第三节　我国劳动性所得的横向比较

习近平总书记指出："过去我们是低收入下的平均主义，改革开放后一部分地区、一部分人先富起来了，同时收入差距也逐步拉大，一些财富不当聚集给经济社会健康运行带来了风险挑战。"[①]近年来，随着我国经济的迅速发展，我国在多层面、多方面均取得了举世瞩目的成就。然而，在扎实推进覆盖全体人民共同富裕的进程中，劳动性所得分配差距偏大的现象是当前必须面对与解决的重要现实问题。因此，厘清区域间、城乡间、行业间劳动性所得分配差距的变化及现实状况，有利于处理好劳动性所得分配差距问题，不断缩小劳动性所得分配差距。

一、城乡间劳动性所得的变化

党的二十大报告提出，"全面建设社会主义现代化国家，最艰巨最繁重的任务仍然在农村"[②]，要求"坚持农业农村优先发展，坚持城乡融合发展，畅通城乡要素流动"[③]，为破解城乡发展不平衡、农村发展不充分等问题提供了新的思路。新中国成立以来，从城乡收益整体来看，中国的城乡劳动性所得差距始终是呈拉大趋势的。城乡劳动性所得差距的拉大与我国相对滞后城市化发展道路的选择是分不开的。从居民可支配收入四个子项的定义

---

① 习近平谈治国理政：第4卷 [M]. 北京：人民出版社，2022：209.
② 习近平. 高举中国特色社会主义伟大旗帜　为全面建设社会主义现代化国家而团结奋斗——在中国共产党第二十次全国代表大会上的报告 [N]. 人民日报，2022-10-26（01）.
③ 习近平. 高举中国特色社会主义伟大旗帜　为全面建设社会主义现代化国家而团结奋斗——在中国共产党第二十次全国代表大会上的报告 [N]. 人民日报，2022-10-26（01）.

中可以发现，工资性收入与净收入是与居民劳动直接相关的收入类型，并且能够较好体现"多劳多得""勤劳致富"的分配导向，因此，用工资性收入与经营净收入之和可以较好地刻画居民劳动性所得水平。基于此，城乡居民劳动性所得差距也就是城镇居民与农村居民工资性收入与经营净收入之和的比值，即：

$$城乡居民劳动性所得差距 = \frac{城镇居民人均工资性收入+经营净收入}{农村居民人均工资性收入+经营净收入}$$

$$(4.2)$$

当该比值为1时，说明城乡居民收入完全无差距，该比值偏离数值1的程度越大，说明城乡劳动性所得差距越大，越不利于实现共同富裕目标。

我国是农耕文明历史悠久的国家，在历史发展的过程中，我国大多生产资料都是由劳动者以手工方式生产的，因此，农业在国民经济总产值中占有重大比重。在传统村庄社会，农民除了从事农业外，也会利用农闲时间从事非农产业，也有一部分农民主要靠从事非农经济活动为生，因此农民的产业历来是混合的。新中国成立后，我国尽管完成了国民经济恢复的任务，但许多重工业产品的人均产量，远远落后工业发达国家。为了尽快赶上发达国家的发展水平，跨越经济发展阶段，以毛泽东为主要代表的中国共产党人推行资本密集型重工业优先发展战略。我国工业化战略启动以后，为了提取农业剩余，家庭副业、自留地生产经营、集市贸易等经济行为受到严格限制，"资本主义的尾巴"随时可能被割掉，因此农户家庭从事非农经济活动极为有限。人民公社时期，一些地方的人民公社、生产大队和生产队也曾组织农民从事非农产业，但在严格管制的计划经济体制下，仍然限制着劳动力的流动与非农产业的发展。这样一来，农民被严格限定只能从事效益低下、积累的剩余利润由国家集中起来用于工业化的农业。充分利用农村的劳动力、资金、土地等要素从事效益更高的产业，始终是广大农民的期盼。改革开放以来，全党的工作重点转移到社会主义现代化建设上来，始终牢牢抓住农民增收这个核心问题，不断健全强农惠农富农体系，在调动农民生产积极性、改善农民生产生活条件、促进农业农村事业快速发展等方面取得了扎实的成效。第一，不断巩固和完善农村基本经营制度。家庭联产承包责任制建立后，中央的政策取向始终是稳定农户家庭经营的主体地位，而随着农村经济社会的发展，单家独户经营的效益较低、带动农民增收能力不强的问题就开始显露出来。为了稳定农户的经营主体地位，党中央开始扩大农业经营规模，鼓励土地经营权流转。第二，不断建立健全农业支持保护体系。始终围绕着让农民获得比较稳定的收益、确保农业生产稳定发展，实施让农民获得比较稳定的收益的价格政策。第三，促进农民就地就近创业就业。党的十一届三中全会肯定家庭副业是社会主义经济的必要补充部分，任何人不得乱加干涉，这给农民发展非农产业打开了制度缺口。当前，不少农村企业生产的产品已走进大中型城市与海外市场。乡村旅游、农村电商、养老养生等新兴产业和业态呈现出井喷式的局面，成为带动农民增收的活跃因素。

就城镇居民收入分配现状而言。21世纪以来，我国城镇人均收入实际增长率稳步攀升。这一阶段，我国建立了与按劳分配与按要素贡献分配相结合的劳动性所得分配制度。改革开放后我国在劳动性所得分配理论和制度的探索中，承认按要素分配是对马克思主义分配理论在中国特色社会主义改革实践中的继承、创新与发展。在具体分配政策上，国有企业在"防止国有资产流失，促进国有资产保值增值"的原则指导下，在混改中避免国有资产流失成为关键，因此企业加大了对经营管理人员的激励力度，在实行经营者年薪制基础上，部分企业试行了股权激励办法和规范职位消费等措施。进入新时代，以习近平同志为核心的党中央提出新发展理念，并对分配领域进行深层次变革，改革了国有企业工资决定机制，进一步完善机关、事业单位工资分配制度，有力地促进了城镇人均收入水平的提高。2022年全国城镇居民人均可支配收入为49283元，名义上比2021年增长了1.9%。尽管与2021年较高的增长基数相比，名义增速和实际增速分别回落了4.3和5.2个百分点，但仍高于2020年同期的水平。此外，城镇居民人均可支配收入中位数为43512元，实现了3.7%的增长。从城镇居民的收入来源来看，目前主要分为工资性收入、经营净收入、财产净收入和转移净收入四大类。其中，工资性收入依然是拉动城镇居民收入增长的主要力量。2022年，城镇居民人均工资性收入比2021年同期增加了1097元，对城镇居民人均可支配收入增长的贡献率达到了58.6%，这一贡献率比2021年略降了0.1个百分点。同时，经营净收入也呈现增长态势，2022年城镇居民人均经营净收入比2021年同期增加了202元，对全年城镇居民增收的贡献率为10.8%（见表4.12）。

表4.12　2021—2022年城镇居民人均可支配收入分项贡献率

指标名称	2021 年		2022 年	
	金额（元）	对收入增长的贡献率（%）	金额（元）	对收入增长的贡献率（%）
人均可支配收入	47412	100.0	49282	100.0
其中：工资性收入	28481	58.7	29578	58.6
经营净收入	5382	18.8	5584	10.8
财产净收入	5052	11.9	5238	10.0
转移净收入	8497	10.6	8882	20.6

数据来源：综合《中国统计年鉴》（2022）、《中国统计年鉴》（2023）相关数据计算所得

2022年，农村居民人均可支配收入20133元，比上年名义增长6.3%（见表4.13），扣除价格因素影响，实际增长4.2%，受疫情冲击低基数影响，名义增速比2021年回落4.2个百分点，实际增速比上年回落5.5个百分点。从2021—2022年平均增速来看，2021—2022平均增速为8.7%，比2019年名义增速低0.9个百分点。农村居民人均可支配收入中位数为16902元，比上年增长11.2%，增速快于平均增速0.7个百分点。根据脱贫县农村住户监测调查，2021年脱贫县农村居民人均可支配收入14051元，比上年名义增长11.6%，扣除价格因素影响，实际增长10.8%，名义增速和实际增速比全国农村平均水平高1.1个百分点，脱贫县农村居民人均可支配收入相当于全国农村平均水平的47.2%，比上年提升0.7个百分点。就农村居民收入来源来看，当前农村居民收入来源主要分为工资性收入、经营净收入、财产净收入、转移净收入四

类。其中2021年农村居民人均工资性收入比上年同期增加984元，对全年农民增收的贡献率为54.7%，拉动收入增长5.7%。人均经营净收入比上年同期增加489元，对全年农民增收的贡献率为27.2%。

表4.13　2022年农村居民人均可支配收入来源及增长贡献率情况

指标	金额（元）	名义增长率（%）	增长贡献率（%）	收入构成（%）
人均可支配收入	20133	6.3	100.0	100.0
其中：工资性收入	8449	6.2	40.9	42.0
经营净收入	6972	6.2	33.7	34.6
财产净收入	509	8.4	3.3	2.5
转移净收入	4203	6.8	22.1	20.9

数据来源：综合《中国统计年鉴》（2023）相关数据计算所得

从经济社会发展全局而言，当前城乡居民劳动性所得差距不断扩大，农村社会发展滞后是国家发展的短板。中国现阶段城镇居民的平均收入与农村居民的平均收入相比，收入差距的绝对值呈现出不断攀升的趋势，相对值呈现出缓慢下降的趋势。但总体看来，城乡二元结构仍然非常突出，城乡劳动性所得差距较大。1978—1983年，城乡差距在不断缩小，从1978年的2.57∶1缩小到1983年的1.82∶1。其主要原因是实行农村家庭联产承包责任之后，农产品产量快速增加，而且政府提高了农产品的收购价格。1984年后，城市开始经济改革，而农村缺乏强劲的经济增长点，因此，城乡居民劳动性所得差距开始扩大。到1994年，城乡差距扩大到2.86∶1。1995年—1997年，城乡居民收入相对差距缩小，由1995年的2.71∶1缩小到1997年的2.47∶1。而后，城乡居民劳动性所得差距再次扩大，由1997年的2.51∶1扩大到2007年的3.33∶1。党的十八大以来，城乡居民人均劳动收入由2013年的19592.7元增长到2022年的33862.7元，累计名义增速为72.8%，年均名义增速为7.1%；农村居民人均劳动收入由2013年的7587.4元增长到2022年的15420.7元，累计名义增速为91.4%，年均名义增速为8.5%；就年均名义增速来看，农村居民人均劳动收入增速较城镇居民人均劳动收入增速更高，高出1.4个百分点。

2013—2022年我国城乡居民人均劳动收入及其差距变化情况见图4.9。

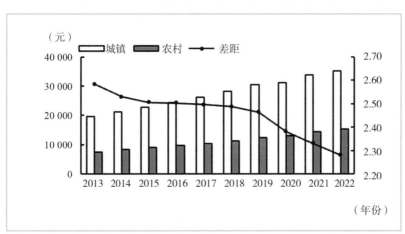

图4.9　2013—2022年我国城乡居民人均劳动收入及其差距变化情况

数据来源：综合《中国统计年鉴》（2014—2023）和中国资金流量表整理计算所得

　　2013年后，国家统计局调整了统计标准，对全国居民人均可支配收入、城镇居民人均可支配收入和农村居民人均可支配收入进行了五等分法相关统计。按照20%高收入户、20%中等偏上收入户、20%中等收入户、20%中等偏下户和20%低收入五等划分。如表4.14所示，从2013—2018年城乡居民高收入组、低收入组人均可支配收入之比和城乡居民收入差距指数可以看到，当前我国农村居民劳动性所得差距大于城镇居民劳动性所得差距。城镇居民高收入组、低收入组人均可支配收入之比在5.321～5.902之间波动，最大波动幅度为0.581；而农村居民高收入组、低收入组人均可支配收入之比在7.409～9.479之间波动，最大波动幅度为2.070。

表4.14　2013—2018年城乡居民高收入组、低收入组人均可支配收入之比与收入差距指数

年份	居民高收入组、低收入组人均可支配收入之比		居民收入差距指数	
	城镇	农村	城镇	农村
2013	5.837	7.409	1.094	1.193
2014	5.492	8.651	1.083	1.104

续表

年份	居民高收入组、低收入组人均可支配收入之比		居民收入差距指数	
	城镇	农村	城镇	农村
2015	5.321	8.431	1.071	1.110
2016	5.410	9.462	1.065	1.109
2017	5.618	9.479	1.076	1.122
2018	5.902	9.286	1.078	1.119

数据来源：综合《中国统计年鉴》（2014—2019）相关数据计算所得

二、区域间劳动性所得的变化

党的二十大报告指出，"促进区域协调发展。深入实施区域协调发展战略、区域重大战略、主体功能区战略、新型城镇化战略，优化重大生产力布局，构建优势互补、高质量发展的区域经济布局和国土空间体系"[①]。促进区域协调发展、消除区域经济发展差距、缩小地区间居民劳动性所得分配差距是实现全体人民共同富裕的现代化、全面建成社会主义现代化国家的必然要求与题中应有之义。地区间居民劳动性所得分配差距是收益分配研究的重要论题之一。地区间居民劳动性所得分配差距受区域经济发展水平的影响，与此同时，也会影响各地区的经济增长效率。我国疆域辽阔，不同地区资源承载力、环境容量、市场条件、人口状况、产业基础等差异显著，这决定了区域发展不平衡不充分的短板弱项以及地区间劳动性所得分配差距将长期存在。

新中国成立以来，针对不同历史时期特定的区域经济发展任务，我国区域发展战略重点与规划重心多次调整和演进，其区域政策逻辑始终围绕"弥合区域劳动性所得分配差距"的目标。计划经济时期，国家整体发展战略向工业领域倾斜，不仅造成了城乡间资源分配的差异，区域间的工业分配也并

---

① 习近平. 高举中国特色社会主义伟大旗帜　为全面建设社会主义现代化国家而团结奋斗——在中国共产党第二十次全国代表大会上的报告 [N]. 人民日报, 2022-10-26 (01).

不平衡。"一五"计划时期，东北、华北、华东老工业基地成为国家工业建设的重点，约79%的重点工程布局在内陆地区。改革开放以后，为了促进全国经济快速增长，国家首先在沿海一些地区实行有关发展政策和灵活措施，开辟经济特区，优先支持沿海条件较好的地区经济起飞。这一战略的实施，有力地推动了中国沿海地区经济的快速增长，并带动了全国经济的大发展，但也造成了地区间差距的进一步扩大。一方面，为了确保区域间经济的平衡发展，国家将区域条件好的沿海地区大量的人力、物力、财力用于支援内陆地区建设，违背了效率原则，削弱了沿海地区经济发展的能力，降低了国家整体发展速度；另一方面，计划经济条件下平衡发展中一些政策措施的实践并没有缩小沿海地区和内陆地区的经济差距，实际上全国区域间国民收入的差距呈扩大的趋势。在20世纪70年代末期，中国实际上是没有能力进行"大推进"式的平衡发展的。1978年底，邓小平提出的"先富带后富，从而实现共同富裕"的思想正好契合了梯度转移的区域经济不平衡发展理论，实践中区域经济的相对不平衡发展遂初露端倪。20世纪90年代后期，随着我国地区间发展差距的日益扩大，中国的区域发展战略与区域政策便转向了促进区域间协调发展。21世纪初期，党中央决定实施西部大开发、全面振兴东北地区等老工业基地、中部崛起等区域发展战略。由此，青藏铁路、西气东输、西电东送等一批重点工程相继建成。党的十八大以来，以习近平同志为核心的党中央高瞻远瞩，深入实施京津冀系统发展、长江经济带发展、粤港澳大湾区建设、长三角一体化发展、黄河流域生态保护和高质量发展等若干区域发展战略。区域重大战略的实施充分考虑到我国国土空间类型多样、差别巨大的客观实际，旨在从不同空间尺度、区域类型和功能定位出发推动战略重点区域加快发展。

随着区域经济政策与协调机制的不断健全，我国区域经济增长格局产生了明显变化，居民劳动性所得分配水平提高，中西部地区经济增长速度高于东部地区成为区域经济发展的主要特征。但中西部地区与东部地区之间在经济规模、发展水平、创新活动、对外开放等关键方面的差距并没有缩小，近年来还呈现持续扩大的趋势，这也深刻影响着四大板块居民劳动性所得水平。一方面，东部地区与西部地区之间经济发展水平的横向差距，持续加大了地区间城乡居民劳动性所得分配水平。在东部板块内，京津冀、长三角、粤港澳大湾区三大动力源创新驱动、新动能培育态势良好，市场化改革较为深入，劳动要素在区域市场内的高效流动性使劳动要素参与社会分配较为充分。西部地区包括西部的十二个省级行政区以及湖北恩施、湖南湘西、吉林延边三个自治州，自然资源丰富、市场潜力大、战略位置重要，但受限于地形、人口集中度、市场要素集中等因素，西部地区经济发展仍然相对落后，发展不平衡不充分问题依然突出。东北板块内部，各城市经济增速普遍偏低，但城市间增速出现分化态势，大连、哈尔滨等城市各类资源集中度较高，"三去一降一补"步伐较快。这使得西部地区与东北板块相对贫困人口数量多、居民劳动性所得增长机会较少，区域间城乡差距相比东部地区更大（如表4.15）。

表4.15　2014—2020年东部地区、中部地区与西部地区城乡收入差距变化

地区	年份	城镇居民收入（元）	农村居民收入（元）	城乡居民收入比
东部地区	2014	33905.4	13144.6	2.58
	2015	36691.3	24397.4	2.57
	2016	36951.0	15498.3	2.38
	2017	42989.8	16822.1	2.56
	2018	46432.6	18285.7	2.54
	2019	50145.4	19988.6	2.51
	2020	52027.1	21286.0	2.44
中部地区	2014	24733.3	10011.1	2.47
	2015	26809.6	10919.0	2.46
	2016	28879.3	11794.3	2.45
	2017	31293.8	12805.8	2.44
	2018	33803.2	13954.1	2.42
	2019	36607.5	15290.5	2.39
	2020	37658.2	16123.2	2.34

地区	年份	城镇居民收入（元）	农村居民收入（元）	城乡居民收入比
西部地区	2014	24390.6	8295.0	2.94
	2015	26473.1	9093.4	2.91
	2016	28609.7	9918.4	2.88
	2017	30986.9	10828.6	2.86
	2018	33388.6	11831.4	2.82
	2019	36040.6	13035.3	2.76
	2020	37548.1	14110.8	2.66

数据来源：综合《中国统计年鉴》（2015—2021）相关数据计算所得

当前，从我国四大区域的经济发展状况来看，东部地区的劳动性所得显著高于其他地区，彰显出其经济实力的强劲与就业市场的繁荣。2022年，城镇非私营单位就业人员的平均工资数据进一步印证了这一趋势。具体来说，东部地区的平均工资高达132802元，稳居首位；紧随其后的是西部地区，平均工资为100759元；中部地区则以90452元位列第三；而东北地区虽然平均工资为89941元，但其在增速上却展现出了惊人的反弹力。与2021年相比，四大区域的平均工资均有所增长，但增幅各异。东部地区增加了8783元，西部地区增长了5759元，中部地区提升了4919元，而东北地区则大幅增加了6366元。在平均工资增速方面，东北地区以7.6%的增速一举夺魁，较2021年的排名有了显著提升；东部地区紧随其后，增速为7.1%；西部地区和中部地区则分别以6.1%和5.8%的增速位列其后。东北地区的平均工资增速不仅跃居首位，还高出全国平均水平0.9个百分点，显示出其经济发展的强劲势头。而东部地区虽然增速略低，但仍高于全国平均水平0.4个百分点。相比之下，西部地区和中部地区的平均工资增速则分别低于全国平均水平0.6个和0.9个百分点（见表4.16）。

表4.16 2021—2022年我国分区域城镇非私营单位就业人员平均工资

地区	排名	2022 年			2021 年		
		平均工资（元）	与全国平均工资的比率	增速（%）	平均工资（元）	与全国平均工资的比率	增速（%）
总计	——	114029	——	6.7	106837	——	9.7
东部地区	1	132802	1.16	7.1	124019	1.16	10.4
中部地区	2	90452	0.79	5.8	85533	0.80	9.4
西部地区	3	100759	0.88	6.1	94964	0.89	7.9
东北地区	4	89941	0.79	7.6	83575	0.78	7.7

数据来源：综合《中国统计年鉴》（2022）和《中国统计年鉴》（2023）相关数据计算所得

三、行业间劳动性所得的变化

计划经济时期，我国劳动性所得完全由国家统一分配，因而我国分配制度并无市场参与调节。改革开放以后，随着我国经济体制从计划经济向市场经济的转变，国家经济发展主体更加多元化和充满活力。市场配置资源的作用逐步显现，资源配置效率的改善促进行业生产效率不断提高。国内市场的对外开放使得国外资本加大了对我国工业部门等第二产业的投资，由此在一定程度上拉大了第二产业与第一、第三产业之间的行业收入差距。与此同时，我国垄断行业的竞争仍不充分，国家的优惠政策使得垄断企业在市场竞争中拥有竞争优势。在行业垄断的背景下，本应被剔除的优惠政策性收益留在了行业内部，本应是全民创造并属于国有的收益，变成了这些行业和个人的高收入。垂直一体化的垄断格局也同样阻碍了新的行业进入者。目前，竞争机制的引入主要停留在"分拆"原垄断企业这个层面，对于新的行业竞争者，还没有形成规范的市场准入制度。这样一来，这些垄断行业可以保持对垄断利润的获取，行业工资仍然保持着超高水平。

改革开放之前，固定用工制度使大部分劳动者之间的收入并无太大差异，行业之间的劳动者收入差距也不突出。如图4.10所示，1978年，电力、煤气及水的生产和供应业的职工平均年收入最高，为850元；社会服务业平均年收入最低，为392元；其他行业的平均年收入大多在600～700元之间。工资高的行业更多的是垄断行业，教育回报效应没有显现，教育行业的劳动力受教育水平相对更高，但工资水平反而很低。

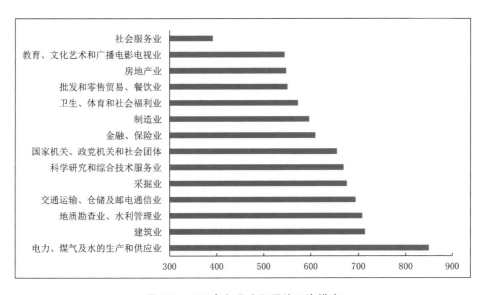

图4.10　1978年行业实际平均工资排序

数据来源：《中国劳动统计年鉴》（1979）。

改革开放的持续推进不但提升了各行业的劳动性所得，也使不同行业的收入分配出现较大的分化。从1992年开始，随着我国市场化改革的不断深入，在劳动者收入水平不断提高的前提下，行业间收入差距也在不断扩大。用行业实际工资价格指数将2002行业平均工资调整为以1978年为基期的实际值（见图4.11），我们发现，金融保险业、科学研究和综合技术服务业以及电力、煤气及水的生产和供应业在行业前列；制造业、建筑业、批发和零售贸易、餐饮业实际平均工资处于行业较低位置。一方面，市场的作用开始显现，技能水平更高的劳动者所在行业实际平均工资相对更高；另一方面，制造业和建筑业是农民工外出务工的第一选择，他们受教育水平、技能水平偏低，导致这些行业实际平均工资偏低。这一时期行业间工资差距也开始扩大，1978年，行业实际平均工资最高的电力、煤气及水的生产和供应业与实际平均工资最低的社会服务业的平均工资之比为2.16；2002年，行业实际平均工资最高的金融、保险业与实际平均工资最低的批发和零售贸易、餐饮业的平均工资之比为2.4。

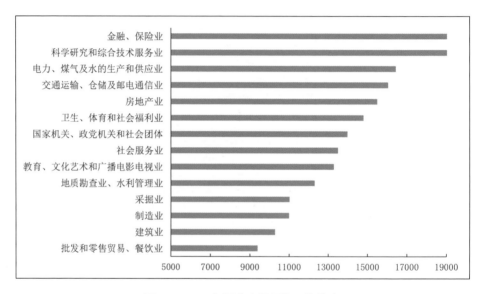

图4.11　2002年行业实际平均工资排序

数据来源：《中国劳动统计年鉴》（2003）。

如图4.12所示，用行业实际工资价格指数将2022年行业平均工资调整为以2002年为基期的实际值，我们发现，行业实际平均工资较高的前三个行业分别是信息传输、软件和信息技术服务业，金融业，科学研究和技术服务业。

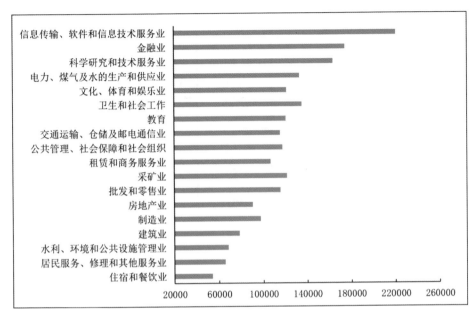

图4.12 2022年行业实际平均工资排序

数据来源：《中国劳动统计年鉴》（2023）

与此同时，典型的垄断行业如信息传输、软件和信息技术服务业、电力、煤气及水的生产和供应业等行业实际平均工资在2012年—2022年均处在较高水平，其中信息传输、软件和信息技术服务业实际平均工资增长最快，其年均增长率为10.6%，高于建筑业5.25%（见表4.17）。

表4.17 2012—2022年行业实际平均工资变动情况

行业	2012年行业实际平均工资（元）	2022年行业实际平均工资（元）	增长率（%）	年均增长率（%）
信息传输、软件和信息技术服务业	80510	220418	173.78	10.60
金融业	89743	174341	94.27	6.87
电力、煤气及水的生产和供应业	69254	132964	91.99	6.74
文化、体育和娱乐业	53558	121151	126.2	8.51

续表

行业	2012 年行业实际平均工资（元）	2022 年行业实际平均工资（元）	增长率（%）	年均增长率（%）
卫生和社会工作	52564	135222	157.25	9.91
教育	47734	120422	152.28	9.70
交通运输、仓储及邮电通信业	53391	115345	116.04	8.01
公共管理、社会保障和社会组织	46074	117440	154.89	9.81
租赁和商务服务业	53162	106500	100.33	7.20
采矿业	56946	121522	113.40	7.87
批发和零售业	46340	115408	149.05	9.55
房地产业	46764	90346	93.20	6.81
制造业	41650	97528	134.16	8.88
建筑业	46483	78295	68.44	5.35
水利、环境和公共设施管理业	32343	68256	111.04	7.75
居民服务、修理和其他服务业	35135	65478	86.36	6.42
住宿和餐饮业	31267	53995	72.69	5.62

数据来源：综合《中国统计年鉴》（2013）和《中国统计年鉴》（2023）的相关数据整理和计算所得

第五章

劳动性所得偏低的

深层原因

及潜在威胁

自人类进入分工合作时代，劳动性所得分配就成为保障社会正常运转的关键一环。合理的分配制度能够强化合作意愿，推动社会经济高质量发展。实现共同富裕的中国式现代化，不仅要形成良好的制度环境保证全民共享基本公共服务，建立健全共同富裕的制度保障，更要实现劳动性所得分配的公正和劳动性所得分配差距的合理。习近平总书记指出："我国经济发展的'蛋糕'不断做大，但分配不公问题突出，收入差距、城乡区域公共服务水平差距较大。"①在实现共同富裕现代化的进程中。我国尽管取得了经济高速增长的奇迹，人民生活水平得到了极大的提高，然而我国基尼系数已连续20年超过国际公认的0.4警戒线，劳动性所得偏低以及这一现象所反映出来的劳动性所得分配不合理是实现共同富裕过程中我们面临的重大挑战，是亟待克服的重要问题。当前我国劳动性所得分配差距的产生的成因是多元的，不但涉及劳动力市场的运行状况，也涉及劳动—资本的分配关系，更与劳动者工资制度与工资价格形成机制等方面相关。与此同时，劳动性所得偏低制约着消费驱动型增长，也不利于我国经济结构调整，更难以充分调动劳动者的工作积极性，从而影响共同富裕现代化目标的实现。深刻认识和解决新时代劳动性所得偏低的潜在威胁迫在眉睫，需要系统性全面性分析，通过制度性改革和政策性创新，确保每位劳动者都能够分享经济增长的成果。

---

① 习近平谈治国理政：第2卷[M]．北京：外文出版社，2017：200．

第一节　劳动性所得偏低的深层原因

改革开放以来，"先富带后富，从而实现共同富裕"的战略思想不但让中国的劳动人民解决了温饱问题，也让一部分勤勉的劳动者享受到时代的红利，走上了富裕的道路。然而，当前劳动性所得水平仍与劳动者的预期不符，且城乡之间、行业之间、地区之间劳动性所得差距依然较大。笔者认为，导致劳动性所得水平偏低的原因是多元的，不但关乎劳动力市场的运行状况，也关乎劳动—资本的分配关系，更与劳动者工资制度与工资价格形成机制等方面相关。

一、劳动—资本分配关系失衡

劳动与资本分配关系是贯穿中国经济增长、发展与民生福祉的一个主线问题。从我国经济社会发展层面而言，劳动与资本分配关系的和谐与否直接影响劳动与资本要素的配置效率，进而影响全员劳动生产率的提高和生产力的发展，最终影响整个经济社会的发展。劳动—资本之间的问题在西方社会也同样存在，法国经济学家托马斯·皮凯蒂在其著作《21世纪资本论》一书中通过翔实的数据，对18世纪末期到21世纪初期的英国、法国等资本主义国家的资本—劳动性所得等状况进行了详细的考察，发现资本的收入不断增长，而劳动者的收入份额却不断下降。当前，我国劳动—资本分配关系依然存在诸多矛盾。改革开放以来的人口红利使得普通劳动力在市场上供过于求，由此，劳动与资本双方在利益分配中的地位极不平等，在实际分配中，企业的内部经营者以及资本所有者占据主体地位，这使得劳动在初次分配中的占比偏低。"强资本、弱劳动"的格局使得"利润侵蚀工资"成为普遍现实。因此，透视当前劳动性所得偏低的问题，关键在于厘清劳动与资本利益分配关系。

第一，资本的稀缺性使得劳动性所得低于资本收益。资源的稀缺性是人类社会面临的永恒问题，只要人类社会存在，资源的稀缺性就会存在。因而，经济学的产生正是因为资源稀缺性的存在，资源的稀缺性不但为经济学的研究赋予了价值前提，也是所有经济学派均认可的理论前提。就资本而言，马克思主义政治经济学的分析视域为我们清晰地指出：资本主义社会下的资本家之所以可以剥削劳动者，并无偿获得劳动者所创造的剩余价值，就其本质而言是由于资本要素之于全社会的稀缺性。与土地所有者基于土地资源的稀缺性收取地租类似，资本自身所独有的稀缺性使得资本所有者可以凭借着对生产资料的私人占有即对劳动者劳动力的资源垄断，进而获得资本收益。在资本主义经济学的理论视域中，资本的稀缺性不但是新古典经济学的理论研究的基本假定，也是新古典经济学的理论研究分配关系的出发点。资本在资本主义生产中被视为具有稀缺性的一种生产要素。在资本主义社会实际生产中，对资本投入的增加会提升社会产值，即资本的全社会的边际报酬。诚然，在一个社会各因素保持不变的前提下，社会的生产增加值取决于资本要素与劳动要素的投入比例与数量。从这个意义上来看，资本的稀缺性可以理解为资本要素相对于劳动要素的稀缺性。为了提高企业的投入—回报比例，资本所有者们总是倾向于推动企业技术进步进而提高资本有机构成。党的十一届三中全会以来，随着我国突破"以阶级斗争为纲"口号的束缚，一系列制度变迁使得劳动、资本等生产要素获得解放。一方面，劳动力要素实现了自由流动。我国劳动力逐步实现市场化配置，且在城乡间可以自由流动。在市场经济体制下的劳动者报酬也逐步进行市场化改革，提高了劳动力配置效率和劳动生产率。另一方面，资本要素与劳动力要素相同，可以实现自由流动。在公有制经济中，国有企业通过扩大企业经营自主权、两权分离等举措，不断提升资本效率；非公有制经济作为公有制经济的重要补充，在优化资源配置、促进就业和维护社会稳定等方面也发挥了不可替代的作用。

然而，资本的稀缺性和独占性始终使劳动者在劳动—资本分配关系中处于劣势地位。在公有制经济中，资本的解放使得劳动和资本的利益分配模式发生了重大改变，在国有企业改制后，市场经济的运作规律依据不同要素对产出的贡献进行分配，以保持和激励劳动与资本的积极性，传统计划经济时代合作性的劳动关系在向市场经济契约型劳资关系转变的过程中，要素禀赋差异以及高投资高回报的资本驱动模式，促使普通劳动者与企业管理者之间的收入差距日渐凸显。在非公有制经济中，沿海地区以劳动密集型制造业为主的外向型经济发展模式，以及所有制形式多元化推动下的城市经济发展，对农村劳动力产生了的巨大增量需求。因此，农村向城市、中西部地区向东部地区的劳动力流动规模显著扩大，形成了引人瞩目的"民工潮"。这样一来，在劳动力的供需关系中，资本的稀缺性使得劳动者处于弱势地位，资本家将劳动者付出的大部分劳动转化为用于再生产的生产资料，从而通过压低劳动者工资来提高企业发展效率。

第二，资本对劳动的强制和占有使得劳动性所得低于资本收益。1868年，恩格斯在为《资本论》第一卷撰写书评时就指出："资本和劳动的关系，是我们全部现代社会体系所围绕旋转的轴心。"[①]在《资本论》第一卷中，马克思深刻揭示了资本主义社会中的劳动—资本分配关系是指资本对劳动的强制与占有。在马克思与恩格斯的理论视域中，劳动—资本分配关系是资本主义社会的基础。资本具有提高生产、扩大市场、促进生产力发展、带来人类物质文明和社会进步的革命性的一面；劳动既是人本质形成的起点，也是人本质发展的基础，更是整个社会文明不断发展的前提。马克思通过对流通领域劳资关系的研究发现，在G—W—G'资本运动公式中，无论是第一次的买G—W，还是第二次的卖W—G'，按照等价交换原则，流通领域不能增值，但是经过流通过程，却又产生了剩余价值，即G'>G。由此，资本主义流通领域平等交换的背后隐藏着生产关系中不平等的劳资关系。

---

① 马克思恩格斯选集：第2卷[M].北京：人民出版社，2012：70.

　　把按劳分配与按生产要素分配相结合，是借鉴发达国家先进管理经验以及在对我国国情进一步认识的基础上的概括与总结。只有通过按劳分配让公有制经济中的劳动者凭借其劳动在投入生产后获得与其劳动价值所对应的劳动性所得，让非公有制经济中劳动力要素所有者依据按生产要素分配在投入物质生产要素后获得收益，才能充分调动各产权主体的积极性，提高市场资源配置效率，进而实现我国社会主义市场经济的快速发展。因而，当前我国劳动与资本之间的分配关系建立在公有制为主体、多种所有制经济并存的所有制基础上。可见，劳资分配与马克思所处时代的资本主义生产方式有着根本的区别。与此同时，党的十八大以来，我国通过保护个人劳动权的劳动合同制度，使得集体协商工作不断推进，劳方协商主体逐步建立，全国工会规模逐渐扩大，这也与资本主义社会资方主导的格局截然不同。

　　从劳动者的工资形成机制来看，当前非公有制经济仍是以生产资料私人所有和雇佣劳动为基础的，非公有制经济劳动者的工资主要来源于三个层次。一是宏观层次的国家通过设定工资指导线，为劳动者制定最低工资制度；二是中观层次的劳动者通过集体合同和集体协商协定工资；三是微观层面企业根据个体利益最大化来决定劳动者工资的多少。然而，在实际分配过程中由于缺乏工会监督，不仅劳动报酬偏低，而且存在拖欠、克扣工资现象。许多私营企业由于资金不足，对劳动者的劳动安全防护措施不到位，致使危害劳动者身心健康的情况时有发生。与此同时，在非公有制经济劳动—资本分配实践中，资强劳弱的分配格局促使资方凭借其对生产资料的所有权将劳动者排除在企业利润之外，这样一来，劳动者无法参与企业盈余分配，这使得劳动者的剩余价值被企业所有者独占。企业家不断利用企业盈余用于扩大再生产，进而占有更多的剩余价值，致使劳动—资本收入差距进一步扩大。由此可见，劳动—资本分配关系失衡是当前劳动性所得偏低的重要原因之一。

二、劳动力市场存在多重制度性分割

按劳动要素分配存在不少基础性体制性欠缺，不仅是当前中国社会所面临的问题，也是西方资本主义国家所面临的问题。西方经济学中的双元结构论把劳动力市场划分为"一级市场"和"二级市场"。一级市场的岗位主要由内部劳动力市场决定，劳动者工资的确定、劳动力资源的配置等均由管理制度等规则来调控，因而一级市场具有就业稳定、工资高等特征；二级市场就业者多为贫困人群，所以，在二级市场工作的劳动者通常处于被歧视的地位，资本所有者通常拒绝接纳他们，因而在二级市场工作的劳动者大都难以进入一级市场从事劳动。当前，由户籍、社会关系网络和所有制性质等形成的体制障碍尚未完全消除，特别是在城乡、地区以及部门之间，这种体制性障碍更为明显。劳动力自由流动的制度成本仍然较高，劳动力要素不能实现充分有效配置。我国劳动力市场与发达国家类似，处于一种多元分割状态，不仅存在城乡之间劳动者社会地位的不平等、不同地区之间的社会不平等，还存在着以户籍制度和劳动用工制度为代表的一系列制度性分割。可见，无论是西方资本主义国家还是社会主义中国，劳动力市场的隔断都直接体现为劳动者因身份不同而受到的被歧视的状态，这使得劳动者在就业岗位上被区别对待，就业机会的差异也逐步拉大了劳动性所得差距。主要体现在以下几个方面。

第一，劳动用工存在"双轨制"现象。劳动力配置制度与中国特色社会主义市场经济体制的改革同步进行。但是，在传统劳动力配置制度向新型劳动力配置制度过渡的进程中，必然受到我国基本国情的影响。计划经济时期，农村劳动力的供给对高于农业部门平均收入的工资有无限的弹性，从而导致农业劳动力不断流入非农业部门。由此，在改革开放初期我国农村存在大量剩余劳动力的情况下，一旦劳动力限制被解除，农村剩余劳动力的配置在新的劳动力配置制度中将占有重要地位。改革开放以来，家庭联产承包责任制的施行，不仅提高了农业劳动生产率，也促使农村剩余劳动力不断增加，因而，许多农民提出了离开土地、寻求新的就业出路的要求。20世纪90年代，中国特色社会主义市场经济体制改革模式得以确立。这个时期劳动力市场发育的一个重要表现是沿海地区以劳动密集型制造业为主的外向型经济的发展，以及所有制形式多元化推动的城市经济发展，这样的发展模式对农村劳动力产生了巨大的增量需求。因此，农村向城市、中西部地区向东部地区的劳动力流动规模显著扩大。与此同时，1997年东南亚金融危机和宏观经济不景气所导致的大规模下岗失业也使得农村劳动力转移环境得到改善，城乡劳动力市场一体化程度提高。为了调整劳动力配置，国家不再延续计划经济时期的行政配置方式的方式的同时，也接受由市场调节的配置方式。纳入市场配置的劳动力的供给主体主要是农村劳动力。在劳动力的双轨二元配置的影响下，劳动力的供求因市场决定的程度不同，不同主体的劳动性所得制度和机制也是不同的。在公有制经济中，传统僵化的管理模式导致企业受到人员定岗定编的制约和工资总额的限制，而在实际的社会生产过程中，受到以更多人员满足国家发展客观需求的影响，出现了一类极具中国特色的群体——"超编人员"。为解决"超编人员"的身份问题，劳务派遣备受青睐。然而，在实际分配中，劳务派遣工、农民工与在编职工同工不同酬。相同的工作岗位、相同的工作内容，仅仅因为身份的不同，而导致劳动合同工和劳务派遣工的薪酬福利待遇存在较大差异。与此同时，劳动力市场中存在着大量在过去从事农耕的不熟练的劳动力，对于接受市场调节工资的企业而言，除了部分专业技术人员或者管理人才的供给出现不足的情况外，普通劳动力的供给一般来说是供大于求的。由此，农民工往往在劳动力市场中处于不利的地位。许多个案研究对市场型工资制度中非熟练劳动力的低工资现状进行了论述，比如1995年关于广州市外来工的工资待遇调查发现：广州市开发区的大部分外来工每周工作时间超过6天，每天工作时间超过8～12小时的占36%，超过10～12小时的占5.1%，外来工收入300元以下的占43.3%，400

元以下的占40.4%，大大低于本地工人的平均收入水平。[①]近年来，我国农民工集中就业的六大行业年平均工资收入水平普遍低于同行业城镇非私营单位劳动者年平均工资收入水平。

如表5.1所示，以制造业为例，2019年我国从事制造业工作的农民工的年平均收入为47496元，城镇非私营单位中从事制造业工作的劳动者的年平均收入为78147元，后者的年平均收入是前者的1.6倍。不仅如此，城镇非私营单位从事制造业工作的劳动者的年平均收入也比从事制造业工作的农民工的年平均收入多出5362元。从行业年平均收入增速看，只有住宿和餐饮业、建筑业农民工年平均收入增速超过了城镇非私营单位就业人员年平均工资增速，其他行业的农民工年平均工资增速均低于城镇非私营单位就业人员与城镇私营单位就业人员年平均工资增速。

表5.1　2019年农民工、城镇非私营单位就业人员与城镇私营单位就业人员年平均工资水平

行业	农民工年平均收入		城镇非私营单位就业人员年平均工资		城镇私营单位就业人员年平均工资	
	水平（元）	增速（%）	水平（元）	增速（%）	水平（元）	增速（%）
制造业	47496	6.1	78147	8.4	52858	7.3
建筑业	54804	8.5	65580	8.4	54167	6.5
批发和零售业	41664	6.4	89047	10.5	48722	7.8
交通运输、仓储和邮政业	56004	7.4	97050	9.7	54006	6.8
住宿和餐饮业	39468	4.5	50346	4.3	42424	7.0
居民服务、修理和其他服务业	40044	4.2	60232	8.8	43926	7.0

数据来源：根据《2019年农民工检测调查报告》和《中国统计年鉴》（2000年）相关数据计算所得

---

① 李江涛. 广州外来工现状与对策[J]. 开放时代，1995（02）：71.

第二，劳动力市场在竞争性行业和垄断性行业的分割越来越明显。垄断行业是国民经济的基础行业，提供关系国计民生的重要基础产品。然而，在经济社会运行中，传统垄断行业凭借行政管制、垄断地位或价格管制的原生优势获取了高额的垄断收益，从而使该行业内部的企业职工工资实现了高水平与高增长。国家发改委就业与收入分配司发布的《中国居民收入年度报告》指出，一些垄断性较强的企业集团依靠多年来企业对其资金的投入形成了雄厚基础和垄断优势，由于缺乏劳动性所得分配的激励和约束机制，这些企业将超额利润以各种形式转化为工资或工资外收入。以电力、电信、烟草、金融、保险、民航、铁路等行业为例，这些行业职工的平均工资收入与福利待遇等明显高于其他行业。同时，从农民工就业的行为来看，农民工绝大部分分布在制造业、建筑业、采矿业、批发和零售业等行业，而多数垄断企业在法律规定的"三性"岗位之外大量使用劳务派遣用工或者其他多样化的灵活用工，这些灵活用工人员的劳动性所得水平远低于同岗位的直接用工人员，节约的用工成本显著提高了企业经济效益，从而为保持或提高直接用工人员的工资创造了更大空间。2022年，全国城镇非私营单位就业劳动者平均工资为114029元，全国城镇私营单位就业劳动者平均工资为65237元，前者是后者的1.75倍。在城镇非私营单位中，平均工资最高的行业是信息传输、软件和信息技术服务业，为220418元；最低的是住宿和餐饮业，为53995元，最高与最低之比为4.1∶1。[①]

第三，劳动力市场的体制性行业分割导致就业的结构性矛盾越来越凸显。由地区、行业分布以及素质能力所导致的结构性矛盾是各国普遍存在的长期问题，就其本质而言是劳动力供给与岗位需求不匹配。经典的劳动经济学理论对城镇不同行业之间劳动力流动的差异以及流动障碍有三种主流解释。早期的"二元劳动力市场"理论将就业稳定性视为一级市场和二级市场之间的重要区别，但这一理论对劳动性流动性差异形成机制的分析并不深

① 中国统计年鉴（2023）［M］．北京：中国统计出版社，2023：135.

入。当前，我国区域经济发展不平衡、不协调问题依然突出，部分地区经济增长乏力，部分行业产能过剩严重，影响劳动力流动的障碍在一定程度上仍客观存在。与此同时，产业转型升级加快，技术进步及其应用加速，岗位的产生和消亡速度加快，而职工素质提升和转型相对缓慢，难以适应新岗位的需求，导致职工结构性失业风险增加。因此，我国就业结构性矛盾日益突出：一是高等教育水平和经济社会发展水平不适应，表现为高校毕业生就业难；二是大量劳动者劳动技能素质与现代化产业发展要求不适应，表现为低技能劳动者就业难；三是技能人才培养不足与产业升级用工需求增长不适应，主要表现为招技工难。由于不同劳动力市场工资决定机制的差异，高校毕业生供大于求的局面也无法压低机关事业单位、垄断性国企等的工资水平。同一水平线上的高校毕业生进入不同劳动力市场就业，其在工资收入和劳动权益保障方面也会出现巨大的差异。

三、工资制度和工资价格形成机制不完善

我国公有制经济中的劳动者与非公有制经济中在企业工作的劳动者获取劳动性所得的主要形式是工资。改革开放以来，我国劳动者的工资制度随着经济体制的改革不断发生变化，具体表现在以下几个方面：一是工资形成机制从计划经济时期的完全由政府主导逐步转向由市场机制调节。二是近年来我国为保障劳动者劳动性所得权利，在宏观层面上逐步对工资进行界定。一个是发布《工资支付暂行规定》，将工资界定为用人单位依据劳动合同的约定，以各种形式支付给劳动者的工资报酬。另一个是发布《关于贯彻执行〈中华人民共和国劳动法〉若干问题的意见》，将工资界定为用人单位依据国家有关规定或劳动合同的约定，以货币形式直接支付给本单位劳动者的劳动报酬。三是劳动力流动的阻碍逐渐消除，劳动力与劳动市场有融合趋势。当前，根据我国劳动者工资的形成机制，可以将劳动者的工资分为计划和市场两类。其中，在非公有制经济企业中工作的劳动者的工资形成主要通过市

场调节，而公有制经济企业以及公共部门的工资形成则以国家计划调节为主。党的十八大以来，随着经济社会的进一步发展，我国国民财富总量不断增加，2022年我国经济总量达120万亿美元，稳居世界第二。然而，在经济迅猛发展的同时，我国不同劳动群体却在劳动性所得方面存在巨大差距。中国社会科学院发布的《2016年社会蓝皮书》披露，当前中国收入最高的1%的家庭掌握了国家三分之一的财富，而收入最低的四分之一家庭只占有国家1%的财富。[①]劳动性所得差异不仅制约着劳动者的民生福祉，更违背了马克思主义所代表的无产阶级的诉求。这充分体现了当前我国劳动者工资制度和工资价格形成机制的不健全。我们从企业部门和公共部门两个方面来探究我国工资制度问题。

第一，我国企业部门工资机制的问题。我国特殊的经济体制使得国有企业和非国有企业在工资形成机制方面存在着一定的区别。

其一，我国国有企业工资机制的问题。我国国有企业薪酬分配建设历程，本质就是国有企业内部薪酬分配不断市场化的过程，也是我国经济社会改革不断深化的过程。在工资体系方面，国有企业劳动者以市场化的方式打破了平均主义"大锅饭"，建立了以贡献为核心、以企业创造的价值成果为主要受薪依据的市场化薪酬模式。这样的分配方式解决了计划经济时期"干多干少一个样、干与不干一个样"平均主义"大锅饭"困境，推动企业实行"按劳分配、多劳多得"的市场化分配模式。在工资管理方面，从工资总额控制向实行弹性工资计划转变。然而，当前国有企业劳动者劳动性所得总体偏低，究其原因主要体现在以下几个方面。一是企业缺失薪酬战略。薪酬战略是企业薪酬系统设计及管理工作的行动指南，也是一种导向或基本原则，是实现企业人力资源发展战略的保障。由于部分企业总体战略不清晰，企业对于采取发展优先、稳定发展还是谋求收缩，或是采取成本领先、差异化还是专业化战略，总体并不是很清楚，也就谈不上企业制定薪酬发展战略。有

---

① 中国社会科学院.2016年社会蓝皮书[EB/OL].（2016-01-26）[2024-11-01]. http://cass.cssn. cn/baokanchuban/xinshukuaidi/201601/t20160106_2814691.html.

的企业尽管明确了发展战略，但缺乏根据企业总体战略制定企业薪酬战略的计划。与此同时，部分国企特别是部分转制企业薪酬管理尚停留在发放工资层面，缺乏对企业薪酬战略的系统思考和把握。二是国有企业职工晋升通道单一。近年来，随着国有企业岗位管理水平的不断提高，我国国有企业逐步建立了分类分层的岗位管理体系，劳动者的工资水平与岗位管理体系相对应。大部分企业划分了管理和专业两种岗位序列，部分企业划分了经营管理、专业技术和生产操作三种岗位序列，还有的企业划分了经营管理、专业技术、市场营销和生产操作四种岗位序列。然而，在社会生产实践中，只有管理经营岗位的晋升通道是清晰的，专业技术、市场营销和生产操作三种岗位的晋升通道并未建立起来，有的国有企业中存在着生产操作岗位劳动者无法向经营管理岗位转岗的问题。职工晋升通道的单一的困境不仅破坏了职工立足岗位成才的意识，也抑制了企业的技术创新和经营发展，使得劳动者整体工资增幅偏低。三是国有企业职工绩效考核不到位。21世纪以来，在国家宏观政策的影响下，国有企业在组织劳动者绩效考核、负责人考核、全员绩效考核等方面进行了全新的探索，并取得了有益成效。但当前各企业仍然存在绩效考核标准模糊、指标设置不合理等问题。在考核内容上，对日常性业务工作考核"重数量、不重质量"。在考核标准上，细化不足和过于细化问题并存，没有关注本企业的战略和整体经营绩效，致使对普通职工的绩效考核与对管理技术人员的绩效考核基本没有做或者做得偏差较大，企业职工"干多干少一个样、干好干坏一个样"的现实状况根本没有扭转。从职业和岗位看，非国有部门中非技术工人、非熟练工人等所占的比重较大，国有部门高级蓝领员工所占比重在不断下降，从事专业技术和管理工作的白领员工所占比重快速上升。工作年限在工资决定中发挥显著作用，存在"论资排辈"因素。这样的分配方式实际上对高学历者存在工资惩罚，对低学历者存在工资议价。不仅造成了劳动力资源浪费，也偏离了市场化的工资机制。

其二，我国非国有企业工资机制的问题。我国非国有企业的工资基本上通过市场供求双方协商决定，在宏观层面上也存在政府管控的情况。政府对非国有企业工资主要从三个方面进行管控：一是在宏观层面由政府设定工资指导线，制定最低工资制度；二是在中观层面的工资集体协商制度，通过国家法律、法规以及各项规章的规定，对劳动者工资水平进行保护；三是微观层面上非国有企业与劳动者双方平等地互相选择供给与需求。当前，我国工资集体协商制度已从传统行业逐步向新兴行业辐射，行业集体协商已经从过去的建筑业、餐饮业等劳动密集型行业逐步扩大到互联网等新就业形态行业。但整体而言，我国工资集体协商制度在非国有企业维护劳动者合理收入方面所发挥的作用依然有限，劳动者仍在工资集体协商中处于弱势地位，资本对劳动者的剥削愈发严重，加班成为一些上市公司职工的常态化工作状态。这种"加班文化"已经侵犯了劳动者的合法权益。

第二，我国公共部门劳动性所得问题。我国公共部门劳动者主要包括在国家机关工作的劳动者和在事业单位工作的劳动者。新中国成立以来，随着公务员工资制度的不断改革，事业单位工作的劳动者的工资制度也随之发生变化。但整体而言，我国公共部门劳动者的劳动性所得仍然偏低。现就我国公共部门劳动性所得问题进行分析。

相对于企业劳动者工资而言，公务员工资比较复杂。国家公务员作为国家公职人员，是干部队伍的重要组成部分，是社会主义事业的中坚力量，因而，公务员工资制度是公务员管理的重要方面。合理、规范的公务员工资水平不但可以保障公务员生存、安全的基本需要，也可以调动公务员的劳动积极性和创造性。因此，我国公务员工资形成主要通过计划用工的工资形成机制以及政府在工资总额方面引入市场手段形成对公务员队伍的激励作用。当前，我国公务员工资偏低主要在于没有充分发挥公务员工资的激励机制。对于事业单位工资而言，由于我国事业单位所涉行业和部门较多，且具体情况千差万别，因此我国事业单位工资制度主要基于以下方面考虑：一是对于医疗、教育等具有自我发展能力的事业单位，在国家宏观控制的基础上，给予本单位更多的工资分配自主权；二是对于环卫、图书、市政等具有部分自我发展能力的事业单位，采取工资基金由国家部分包干的办法；三是对于社会公益性事业单位，工资基金完全由国家包起来，实行统一的工资制度。为了更好地发挥工资对事业单位职工的保障和激励作用，事业单位的工资构成分为固定部分和灵活部分。然而在分配实践中，由于我国事业单位工资发放大部分来源于政府财政收入，且事业单位与劳动力市场工资之间缺乏紧密联系，这也造成了事业单位职工的工资水平较公务员工资水平偏低。

四、劳动性所得保障制度尚不健全

作为基本实现现代化的目标要求，提高民生福祉和人民生活品质，根本出发点是以人民为中心的发展思想，体现在物质文明和精神文明两个方面。这需要通过分配制度改革进行推动。同时，人民生活品质改善的很大部分，越来越依靠包括社会保障在内的各种基本公共服务供给水平和均等化水平。可见，增进劳动性所得作为一项复杂的社会系统工程，不仅需要基本经济制度与经济运行体制的不断完善，同时也需要法律以及分配公平保障制度的有力保障。然而，现阶段围绕劳动性所得分配相关支撑性制度建设尚未健全，从而导致劳动性所得偏低。

一方面，劳动报酬争议纠纷化解机制不健全。党的十八大以来，习近平总书记开创性地回答了构建新发展格局的一系列重大理论和实践问题，明确了我国经济现代化的路径选择，为新征程上加快构建新发展格局提供了根本遵循和科学指南。在准确把握构建新发展格局的重大战略部署的过程中，拖欠工薪、拒付加班费、内部承包劳动等劳动争议频发，且呈现新特点及新变化。如何快速有效地化解劳资冲突成为实务界和理论界共同关注的问题。为了柔性地解决劳动争议，缓解仲裁和诉讼的压力，国家开始大力加强专业性劳动争议调节能力建设。我国劳动争议纠纷的解决方式主要有四种，即协商、调解、仲裁与诉讼。这四种解决途径可以帮助广大劳动者依法维权，也有利于用人单位规范企业劳动用工制度和管理制度，促进企业建立符合社会主义市场经济发展要求的劳动用工制度。当前，我国劳动争议纠纷化解机制未能充分发挥主渠道作用的主要原因在于其性质定位的模糊，主要体现在以下两个方面。一是劳动争议纠纷化解预防机制欠缺。当前我国正处于供给侧结构性改革的关键时期，经济社会发展进入了新常态，随着一系列改革的不断推进，劳资关系矛盾已进入多发期和凸显期。劳动报酬争议纠纷频发表面来看是劳动者维权意识的提升与经济社会的迅猛发展的体现，也体现出当前我国劳动争议纠纷化解预防机制的欠缺。事实上，劳动争议纠纷化解预防机制的构建对于更好维护劳动者合法权益，促进企业长远发展具有重要的意义。构建劳动争议纠纷化解预防机制是正确处理劳动争议纠纷的一道重要防线，企业想要更好地推动自身发展，就要做好劳动关系的处理工作，构建劳动争议纠纷化解预防机制能够帮助企业降低经济、社会和司法成本。二是劳动报酬争议纠纷化解成本偏高。劳动报酬争议纠纷不同于其他类型的纠纷，不但关乎劳动者切身的经济利益，又与企业的生产经营息息相关。劳动报酬争议化解事关保障劳动者合法权益，是社会治理的重要内容，关系到社会大局稳定与经济健康发展。与此同时，在劳动争议纠纷中，一方是单位，另一方是本单位的劳动者，双方已经经过相当长时间的劳动过程而对彼此之间有所了解，因此，我国将协商和调解作为化解劳动争议纠纷的首选方案，即通过平等自愿的协商过程并达成双方满意的协议来解决争议。然而在实践中，由于劳动者提出的诉求较多不合理，而用人单位自恃劳动者举证能力弱，不愿与劳动者进行平等协商，在赔偿、补偿数额方面亦很少让步。加之一些用人单位内设的工委会、调委会，主动调和矛盾的积极性不高，运用法律解决纠纷的能力较低，有些甚至还加剧了劳资双方的对立情绪。因此，只有部分劳动争议纠纷达成和解协议，大部分劳动争议纠纷最终仍进入诉讼程序。事实上，劳动争议所涉及的法律关系大多较为复杂，劳资双方很难完成独立的争议纠纷化解，往往需要聘请专业律师处理劳动争议纠纷，这也在一定程度上耗费了大量的时间成本、经济成本与司法资源。

另一方面，劳动者参与企业管理和决策机制不健全。劳动者参与企业管理和决策是一项重要的制度安排，旨在保障劳动者权益，促进劳资双方的合作共赢。劳动者是企业良好运营的核心资源，劳动者对企业管理和决策的参与是确保劳动者权益得到保障和促进企业发展的首要条件。同时，劳动者参与企业管理和决策也可以增强企业的凝聚力和创造力。劳动者参与企业管理和决策有多种形式，可以通过职工代表大会、工会、职工代表委员会等形式进行。其中，职工代表大会是一种重要的形式，通过选举产生的代表，代表职工参与企业管理决策。此外，工会也是职工参与企业管理决策的重要渠道，工会可以通过与企业管理层进行协商、谈判等方式，代表劳动者争取更好的劳动条件与劳动报酬。当前，劳动性所得偏低在于劳动者参与企业管理和决策不完善条件下的工资市场定位。我国劳动力市场的基本特点决定了我国劳动性所得偏低的现状。我国劳动力市场的萌芽始于党的十一届三中全会，我国确立了以经济建设为中心的基本路线，我国劳动制度也随之实现改革与发展，并在劳动就业与劳动管理方面有了一定的突破。改革开放的深化使得国家准许农民自筹资金、自理口粮，进入城镇务工经商，农村劳动力跨地区向城镇转移主观倾向的增强使劳动力流动呈现出大规模、持续不断的特点。劳动力的流动不仅为发达地区提供了大量的廉价劳动力，而且提高了劳动者的收入水平。然而，随着国内外经济形势的变化以及劳动力成本的不断上升，虽然总量就业压力持续存在，但局部劳动力市场供需产生逆转。因此，难以有效解决劳动力供需逆转和劳动力成本上升问题，局部地区与产业将面临严重的劳动力供给不足问题。在当前人口老龄化逐步严重以及新二元结构逐步严重的背景下，人口红利以新的形式显现，"刘易斯拐点"局部出现，劳动力市场全面过剩将向局部过剩转变。与此同时，一些企业对职工代表大会制度的认识和重视程度不高，导致职工代表的参与度不高。还有一些企业仅仅在形式上设置了职工代表，但并未赋予劳动者切实参与决策的机会。加之职工代表的选举方式和程序可能存在不公的情况，也在一定程度上造成了劳动者对职工代表身份的质疑。

第二节　劳动性所得偏低的潜在威胁

民生是人民幸福之基，也是社会和谐之本。因此，劳动性所得水平的高低关乎民生福祉，更是衡量共同富裕社会的重要指标。近年来，我国劳动性所得整体水平尽管总体上得到提升，但与劳动者预期的收入水平仍然存在差距。劳动性所得如果长期保持偏低的水平，不但会制约消费驱动型经济增长及我国经济结构的调整，而且不利于调动劳动者工作积极性，从而影响共同富裕现代化目标的实现。

一、制约消费驱动型增长

消费作为以社会产品来满足人们各种需要的过程，是国民经济系统的重要组成部分。就经济社会生产的整体过程而言，生产、分配、交换、消费这四个环节紧密联系，共同促进国家经济持续发展。"消费"是马克思、恩格斯在其经典著作中论述颇多的重要范畴，与社会发展与人的发展密切相关。马克思主义从政治经济学分析视域出发揭示了生产和消费相互依存、相互作用的辩证关系。生产直接是消费。生产是主体和客体结合的双重运动，具备生产的主体——劳动者和生产的客体——生产资料两个要素，在物质资料的生产过程中，个人发展自己的能力，也支出、消耗这种能力；生产新的产品，也有一定的原材料、燃料、机器的损耗。生产行为中生产资料被使用、消耗和重新分解，这本身就是消费生产资料的行为。消费直接是生产。"消费的生产"和"原来意义上的生产"即物质资料的生产截然不同，前者即劳动者消耗劳动，是"生产者物化"的过程，而后者是通过消费生活资料生产出人体自身的过程，是"生产者所创造的物人化"的过程。由此可见，"生产同消费合一和消费同生产合一的这种直接统一，并不排斥它们直接是两个东西"[①]。马克思关于生产和消费相互关系的论述，是从人类社会实践出发总结出来的，是适应于各种社会形态的一般经济规律，为我们充分发挥消费对经济发展的基础性作用提供了理论指导。

在我国经济生活中，消费水平与经济发展关系密切。经济增长与发展是一个综合性的概念，不仅包括经济发展的"量"的增长，还包括经济发展的"质"的提升。消费作为社会再生产的一个重要环节，是人们利用社会产品满足各种需要的过程，其主要是由生产消费和个人消费构成的。因此，消费对经济增长的基础性作用在"量"和"质"上都有体现。消费水平能够有效反映社会成员对于物质文化需要的满足程度，从而能够确定社会成员的需求量，并作用于生产，使之相互平衡。根据凯恩斯的理论以及经济学边际消费倾向效应可知，消费水平会受到收入水平的影响，收入水平的提高势必会引起消费水平的提高，但是消费水平提高的增速会低于收入水平提高的增速，同时这种增速会逐渐下降，从而导致需求的减少。这种情况是不利于经济发展的。所以，消费水平的提高必然引起消费倾向的变动，从而大量获利重新注入生产环节，并生产出更加优质的产品，进一步为消费创造条件。作为发展中国家，新中国自成立之初就面临着物质资源贫瘠的经济现状。为了实现民族复兴和国家富强，中国确立了优先发展重工业战略，并开启了大规模工业化建设。尽管工业优先发展的战略改变了我国传统工业布局的发展，也促进了国家经济的腾飞，但我国却未充分重视消费对于经济发展的作用。具体而言，从支出角度出发，GDP是投资、消费、净出口这三种需求之和，因而经济学上通常把投资、消费、出口比喻为拉动GDP增长的"三驾马车"。因此，实现经济的高速增长离不开这三者之间的相互促进与发展。然而，回顾我国经济发展的历程，从新中国成立伊始到改革开放前，工农业"剪刀差"和按劳分配的分配方式使得国家整体消费水平被计划经济发展模式所抑制。

---

① 马克思恩格斯选集：第2卷［M］．北京：人民出版社，2012：691.

改革开放以后，随着市场经济的引入，消费的作用得到了很大程度的释放，消费也逐渐成为我国经济增长的最大贡献者。从宏观上看，随着工业化、城市化进程的推进，最终消费率存在一个从高到低、再从低到高并趋于相对稳定的"慢U形"曲线变化过程。发达国家最终消费率在进入中高收入阶段后基本稳定在50%至70%之间。随着经济发展水平提高，投资趋于饱和，消费对经济增长的贡献逐渐提高，发达国家的消费贡献率在进入中高收入阶段后普遍保持在60%至80%之间。从微观层面看，随着经济社会发展和收入水平提升，我国居民消费结构、消费方式、消费理念、消费层次等均呈现从基本生存型向发展享受型逐步升级的趋势。

如图5.1所示，与发达经济体相比，我国当前居民消费占GDP比重仍然偏低，且低于世界平均水平。经过新中国成立以来七十余年的发展，我国已迈入中等收入国家行列，成为世界第二大经济体。但从国际环境来看，我国发展的外部环境急剧变化，难预料因素显著增多，推动外需持续增长的难度较大。从国内看，投资的边际收益已经下降，当前的重点是扩大有效投资、增强投资对优化供给结构的关键作用。消费应在推动经济增长更具包容性和普惠性方面发挥重要作用。消费不仅是经济增长的动力，更是其最终目的和归宿。经济增长的最终目的是满足人民日益增长的美好生活需要。人们放弃当期消费的储蓄和投资活动，其最终目的是实现未来的更多更好消费。否则，储蓄和投资活动将在很大程度上失去持续增长的动力。因此，应该更好发挥消费的基础性作用，在推动经济增长更具包容性和普惠性方面发力，开发和推出一系列物美价廉的惠民产品，有效降低民生服务价格，同时强化再分配和转移支付政策的作用，切实提高中低收入群体的消费水平。

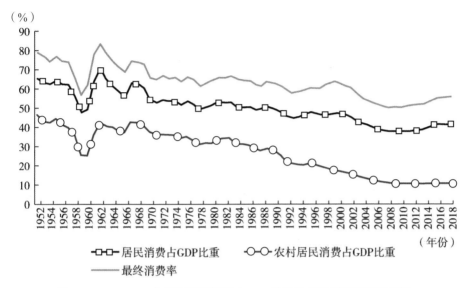

图5.1　1952—2018年我国居民消费占GDP比重和最终消费率变动情况

资料来源：依绍华. 中国居民消费结构升级研究［M］. 北京：中国社会科学出版社，2019：169.

　　消费对经济具有持久拉动力，当前由于我国劳动性所得偏低，这使得我国总体消费水平不高，消费的潜能仍然巨大。只有采取正确的消费政策，完善促进消费的体制机制，优化放心消费的商业环境，居民消费才会继续保持较好的增长。当前，我国市场环境不断向好。一方面，14亿多人口的超大规模市场优势明显，城镇化进程的推进、消费结构的升级、收入水平的提高等都为消费增长提供了广阔空间。这是必须牢牢把握的有利条件。另一方面，我们坚持把恢复和扩大消费摆在优先位置，相继出台了一系列促消费政策，传统消费稳定扩大，新型消费培育壮大，2023年12月消费者信心指数比11月回升0.6个点，文旅、健康等领域消费潜力有望进一步释放。采取更加积极有效的政策措施，我们必将激发有潜能的消费，进而激活发展潜能。

二、制约经济结构调整

产业结构是经济系统的重要结构之一，是对经济发展水平的直接反映。我国当前产业结构在很大程度上受到居民消费结构的影响，而消费结构与劳动性所得直接相关。在宏观经济中，消费对于经济发展的促进作用十分明显。消费水平的提高必然带来内需的增大，从而提高市场的流动性，协助资源的分配并促进生产，进一步通过生产来提高生活质量，并为消费创造条件，促进经济的发展。而当国家整体消费不足时，就会使商品在市场上出现供大于求的局面，这不仅不利于刺激产品和技术的发展，也不利于国家产业结构的更新换代。当前我国劳动性所得偏低在一定程度上制约了国家经济结构调整和升级转型，主要包括如下几个方面。

一是劳动性所得偏低制约我国产业结构升级。产业结构升级是我国经济实现高质量发展的支撑，经济高质量发展同样是产业升级的重要载体。居民消费结构的变动首先会引起最终产品数量和结构的变动，最终产品数量和结构的变动又会促进产品的生产，因此居民对消费的升级将会引起社会资源在不同产业间结构的变动。改革开放以来，随着劳动性所得水平的提高，原本被束缚的生产力得到释放，生产规模不断扩大，我国居民整体消费水平呈现不断升级的态势。20世纪90年代，国内大部分商品出现了供不应求的局面，而此后迅速扩张的出口贸易又为生产扩张提供了市场。这种情况在2008年金融危机以后发生了变化。如图5.2所示中国近20年三大产业结构发生了较大变化。

如图5.3、图5.4所示，我国第一产业的增加值占GDP的比重总体呈现缓慢下降的趋势，第二产业增加值占GDP的比重较为平稳，近年来有所下降。而第三产业的增加值占GDP的比重总体来看呈现不断上升的趋势。从三大产业占国内总产值比例可以得出，物质生活水平的不断提高，使得人民对于农产品等需求的占比降低。与此同时，由于以往农业领域技术进步相对滞后，使得第一产业享受科技进步带来的回报不如其他产业大。

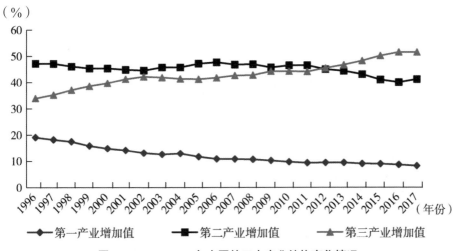

图5.2 1996—2017年中国的三大产业结构变化情况

数据来源：综合《中国统计年鉴》（1997—2018）相关数据计算所得

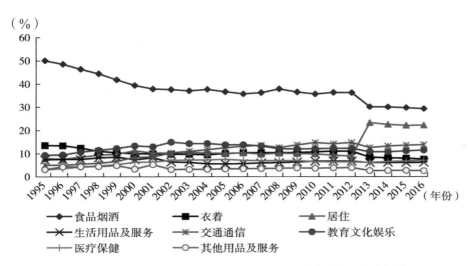

图5.3 1995—2016年中国城镇居民家庭人均现金消费支出结构变化情况

数据来源：综合《中国统计年鉴》（1996—2017）相关数据计算所得

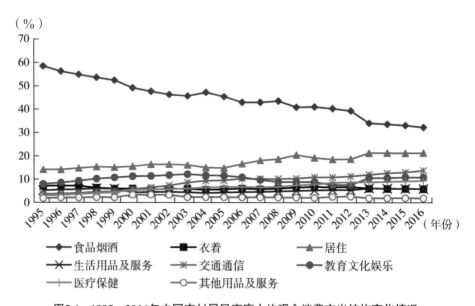

图5.4　1995—2016年中国农村居民家庭人均现金消费支出结构变化情况

数据来源：综合《中国统计年鉴》（1996—2017）相关数据计算所得

随着劳动性所得的提高，居民对消费的需求从最初的对温饱的基本需求转向对社交、娱乐、文化等更高层次消费内容的需求。在行之有效的市场机制下，劳动者需求的变化不仅会通过价格与供求的变化对社会生产活动产生影响，企业的生产规模也会随着整体的需求关系发生变化。这样一来，在社会生产资料供给和技术进步正常的情况下，国家产业结构就会发生变化，这将使得生产要素在各部门之间的配置方式与消费者的消费需求变化相适应。然而，由于近年来我国低收入者比重较大，国家整体消费水平不足，全社会的消费结构难以升级，从而严重影响产业结构升级。

二是劳动性所得较低造成的结构性失业加重了经济结构调整和转型升级的难度。改革开放以后相当长的一段时间里，我国通过不断扩大外需，充分发挥了劳动力资源丰富的优势，成为市场和资源"两头在外"的"世界工厂"，"中国制造"风靡世界。21世纪以来，互联网、大数据等新兴产业的蓬勃发展使得传统行业的劳动生产率不断下降，劳动生产率的下降严重影响了传统行业劳动者的劳动性所得状况。与此同时，2008年金融危机后，世界主要经济体复苏乏力，并出现了逆全球化趋势，致使外需增长的势头没有过去强劲。这样的发展环境势必出现失业与空位并存的局面，继而加大了国家经济结构调整和转型升级的困难。

三、不利于调动劳动者工作积极性

在马克思主义生产力理论中，生产力是指人类在生产实践中形成的改造和影响自然的能力。优质的生产力具有强大的发展动能，能够引领创造新的社会生产时代。在生产力的诸多层次的构成要素中，居于基础地位的只有两个要素：劳动者和生产资料。在生产力基础层次的两个要素中，劳动者是最积极、最活跃的因素。就历史的发展过程而言，从原始人的生产，到以氏族、部落为单位的相互结合，再到共同从事打猎、捕鱼、采集等活动，都是以劳动者为主导进行的。在近现代的社会生产条件下，为了实现经济社会的发展，一个企业内部的劳动者与经营者要结合起来，一个生产部门内部的劳动者与经营者也要结合起来，全社会范围内参与生产的劳动者与经营者更要结合起来，否则社会化的生产将难以进行。因此，劳动者可以说是社会生产中的第一要素。

人是生产力中最活跃、最具有决定意义的因素。发展生产力，需要能够创造生产力的人才，他们引领世界科技前沿、创新创造新型生产工具。人才既是生产力的发起者，也是技术应用的实践者，是形成生产力最活跃、最具决定意义的能动主体。因而，劳动者的发展成为衡量社会进步的标尺。在劳动者的构成诸要素中，除了脑力与体力外，还包括一种事实上存在着的深层次的力量，就是主观层次的精神力。我们之所以将劳动者视为发展生产力最重要、最活跃的因素，就是因为劳动者具备这种精神力。劳动者的主观世界体现为多方面、多层次、多维度的精神世界，包括思维方式、理想信念、知识能力、情感意志、道德观念等。中华优秀传统文化关于修身养性、提升思想境界的内容十分丰富。比如，《礼记·大学》中讲："古之欲明明德于天下者，先治其国；欲治其国者，先齐其家；欲齐其家者，先修其身，欲修其身者，先正其心。"以党的十八大以来的扶贫工作为例，在扶贫开发中，最重要的生产力是劳动者，广大贫困群众的积极性是脱贫攻坚成功与否的关键，"坚其志，苦其心，劳其力，事无大小，必有所成"。实践证明，在脱贫攻坚过程中，广大贫困群众的志气一旦树立起来，致富的办法和干劲就有了。

劳动者积极性是劳动者内在核心的动力源泉。劳动者积极性的培育主要包含两个方面的内容。一是物质激励。即用物质的手段使劳动者得到物质上的满足。马克思主义高度重视劳动者对基本生活需求的迫切性，认为对基本生活的需要是个体生命存在的第一个前提。同样，马斯洛的需求层次理论也将物质需求作为人的最基本的需求。人只有首先满足了衣食住行等最基本的生活需要，才能从事一切创造性活动。事实上，相对于个人优良品质以及劳动精神等精神性需要，劳动者对于衣食住行的需要属于低层次的需求，然而，往往只有低层次的需求得到满足后，才能有助于形成更高层次的精神需求。与此同时，由于劳动者在社会生产中也确实付出了相应的体力和智力方面的消耗，并且有的劳动者还有家庭人口需要养育，因此，社会理所应当为劳动者提供相应的物质激励。二是思想激励。将精神激励纳入劳动者的社会理想之中，是中华民族的优秀传统。劳动者在日常生活中除了满足最基本的生理需求外，其需求表现为意识形态层面的理想信念、价值取向等。精神需求的满足和对更高层次精神生活的追求构成现代劳动者生活的重要组成部分，也是现代社会进步发展的主要动力。因此，只有通过合理的思想激励，才能调动劳动者的主观能动性，促进经济社会的发展。

当前，我国劳动性所得整体偏低，在一定程度上对挫伤了劳动者的工作积极性，不利于经济社会的健康发展。我国劳动者的物质激励主要体现在薪酬方面。如前所述，我国劳动者整体收入水平偏低，在公有制经济中，尽管劳动者的工资水平近年来呈现不断上升的态势，然而却与劳动者预想的水平仍存在差距。第一，劳动者所得与所从事劳动的价值度不匹配。近年来，部分企业开始采用规范的岗位价值度评估以实现薪酬管理的合理性，但多数企业特别是传统行业对岗位价值的评估仍不到位，导致企业内部各岗位任职者工资该高不高、该低不低的情况发生。"不患寡而患不均"的平均主义思想在国有企业中仍然存在，这样的分配方式对劳动者的物质激励作用小，从而严重影响了劳动者的工作积极性。第二，劳动者中长期激励机制不完善。近年来，国家制定颁布了《上市公司股权激励管理办法》《关于国有控股混合所有制企业开展员工持股试点的意见》《国有科技型企业股权和分红激励暂行办法》等中长期激励政策，但这些激励政策的适用面依然较窄，国有企业建立中长期激励机制的政策空间仍然有限。当前，仅有少部分国有企业在职工收入结构中设置岗位分红、项目分红、股份激励等中长期激励收入项目。与此同时，大部分国有企业在劳动性所得考核方面也做得不尽如人意。这一情况不但严重制约了国有企业劳动者的收入状况，也影响了劳动者的工作积极性。第三，国有企业高管的收入水平远高于普通职工现象较为普遍。高级管理人员的薪酬水平不仅可以直观反映企业的经营成果，还在一定程度上体现企业的劳动用工制度和市场竞争力。但部分企业高管与一般员工的薪酬差距过大，有些行业企业负责人的薪酬增长速度甚至高于国务院国资委监管企业负责人的薪酬增长速度。

非公有制经济中的劳动性所得水平整体要低于公有制经济中的劳动性所得水平，且增长幅度也较小。受疫情影响，很多劳动者面临工资收入下降的窘境。由于私营企业效益普遍偏低，这使得不少私营企业裁员降薪现象较为普遍，年长白领的工作机会不断变少，年轻白领的工资严重缩水。与此同时，员工潜在的工资和福利水平也不断下降。企业直接降薪对于员工而言较难接受，导致大部分企业首先将劳动者工资构成中的某些部分剔除或幅度降低。比如将员工的月度奖励和季度奖励剔除，变成半年度的奖励。其次，减少涨薪和福利。在疫情的影响下，很多公司将过去每年对员工的涨薪调薪机会减少，涨薪幅度降低。比如，以前公司对于员工的调薪是先评优，然后每年涨薪两次，每次的涨薪幅度最多可以达到2000元，最低达500元，但受疫情的影响，现在每年涨薪两次的机会变成了每年涨薪一次，并且评优的人员数量也减少了一半。还有福利方面的影响，以往每年举行两次大型员工旅游活动（一次国内游，一次国外游），受到疫情的影响，直接取消了员工国外游的机会。最后，绩效、提成收入下降。很多劳动者的提成收入、绩效收入占工资收入很大的一部分，受疫情影响，企业加大了管理力度、业务推广和销售力度，但员工的绩效设置得比平时更高一点，提成的标准降得略低一点。这样明显对员工的要求更高了一些，因为绩效相比平时会更难达到，同时提成的标准也降低了，意味着收入在一定程度上也会降低。这一出发点完全是因为企业考虑到疫情对整个行业的影响，员工跳槽是有一定难度的，所以才痛下决心想方设法地降低一些员工的工资收入和其他费用，为公司开源节流。

四、影响共同富裕现代化目标实现

共同富裕是社会主义的本质特征和根本目标，实现共同富裕要求我们深化对社会主义收入分配的认识，深刻总结改革开放伟大历史实践中收入分配的重要经验。我们既强调收入分配制度和基本经济制度的统一，将分配制度列为基本经济制度的有机组成部分，也强调实现"做大蛋糕"与"分好蛋糕"的辩证统一的关系，对实现经济高质量发展与提高劳动性所得作出深刻的阐释。"一是充分调动人民群众的积极性、主动性、创造性，举全民之力推进中国特色社会主义事业，不断把'蛋糕'做大。二是把不断做大的'蛋糕'分好，让社会主义制度的优越性得到充分体现，让人民群众有更多的获得感。"①中国特色社会主义分配制度是实现共同富裕的实践指向，充分彰显了社会主义制度的最大优越性。改革开放以来，在"先富带后富"战略思

---

① 中共中央文献研究室. 习近平关于社会主义经济建设论述摘编[M]. 北京：中央文献出版社，2017：43.

想的影响下，我国分配政策也随之进行改革，不但彻底改变了单一公有制时期平均主义的分配方式，为各种生产要素的发展提供了动力源泉，也大大提高了中国经济发展的内在活力。分配制度改革与"先富带后富，最终实现共同富裕"理念极大地调动了广大劳动者的劳动积极性，引领我国经济实现快速发展，在全社会产生了极其深远的影响。经过改革开放以来四十余年的快速发展，我国不仅深化了国有企业薪酬体系，也规范了国企高管薪酬激励机制，总体上促进了我国劳动者收入水平的提高。然而，我国中等收入群体比重仍然不高，劳动报酬占GDP比重偏低，这使得我们同实现共同富裕的目标依然存在一定距离。

我国仍处于并将长期处于社会主义初级阶段，实现共同富裕不等同于同步富裕、同等富裕。要实现共同富裕现代化的阶段性目标，不但需要中国共产党带领全国各族人民接续奋斗，更需要结合当前中国实际制定符合中国发展方向的阶段性目标。党的二十大报告不仅明确了实现社会主义现代化强国的中心任务——以中国式现代化推进中华民族伟大复兴，也为扎实推进共同富裕现代化制定了清晰的时间表和路线图。第一步，到"十四五"末，全体人民共同富裕迈出坚实步伐，居民收入和实际消费水平差距逐步缩小。"十四五"时期，是在我国全面建成小康社会、实现经济社会大幅提升、经济结构持续优化、脱贫攻坚成效举世瞩目的基础上，继续开启全面建设共同富裕现代化国家新征程的新开局。随着我国全面建成小康社会，人民对美好生活的需要逐渐丰富，不但是物质丰裕、精神文明、制度完备、社会稳定的现实生活状态，更是在逻辑上、时空上贯通历史、现实和未来的动态发展过程。第二步，"从二〇二〇年到二〇三五年基本实现社会主义现代化"[1]的阶段。在这一阶段，需要努力实现人均国内生产总值达到中等发达国家水平，并在高收入阶段继续向前迈进，中等收入群体显著扩大并初步形成橄榄型分配结构，改革发展成果更多更公平惠及全体人民，促进人的全面发展。

---

① 习近平.高举中国特色社会主义伟大旗帜　为全面建设社会主义现代化国家而团结奋斗——在中国共产党第二十次全国代表大会上的报告[N].人民日报，2022-10-26（01）.

第三步，从2035年到21世纪中叶，全体人民共同富裕基本实现。从共同富裕的指标看，首先，经济社会快速发展，国力显著增强，以科技创新和内需拉动为明显特征的中国经济增长动力强劲，经济高质量发展服务国民幸福美好生活需要，社会保障政策更加完善有力，为共同富裕奠定根本的物质保障。其次，区域发展趋于均衡，差距缩小至合理区间，经济发展表现为更好的平衡性、协调性和包容性，基本实现以常住地为基础的公共服务和以人为本的城镇化。最后，人民经济生活普遍富足，彻底解决了贫困问题及返贫问题，收入总量趋于平等，基尼系数缩小在0.3以下。同时，人民精神生活普遍富足，所有人的能力都能够得到充分发挥和保障，社会更加和谐繁荣。

可见，实现共同富裕现代化对于分配提出了更高的要求。第一，实现共同富裕现代化的远景目标要求分配制度更加公平正义。唯物史观认为，实现公平正义不是一个抽象的、人道主义的空洞概念，而是在社会历史发展过程中形成的，始终与生产方式密切相关。在资本主义社会中，由于资本所有者无偿占有劳动者创造的剩余价值，这使得实现实质上的公平正义只是一句空话。尽管资产阶级在同封建专制与剥削压迫的斗争中提出了实现"公平正义"的口号与诉求，在一定程度上体现了历史的进步性，然而，资产阶级与无产阶级在分配的核心理念上存在着本质上的差别，这也造成了劳动性所得偏低而资本收益高的现象。中国式现代化是在与社会不公正的制度和秩序的斗争过程中逐渐发展和形成的。没有公平正义的分配制度，就无法实现共同富裕现代化的远景目标。第二，实现共同富裕现代化的远景目标要求分配实现公平与效率并举。公平与效率是人类对共同富裕社会的抽象概括与价值表达。公平是人类共同追求的价值理想，是推动社会前进的精神动因。公平不仅是每一位社会成员实得利益实现程度的准绳，也是人们约束自身行为的准则。作为人类社会发展的总方向与总目标，公平是对生产关系、社会关系的评价，公平理念也是意识形态的重要组成部分。因此，公平兼具生产关系和上层建筑两方面的性质。公平不但具有客观性、历史性、具体性、相对性，也有主观性、阶级性、抽象性与绝对性。早在2500年前的亚里士多德已经意识到"效率"观念，并认为决定美德（"善"）内容的是合理性。中国共产党在领导中国人民进行革命、建设和改革的历史进程中深刻认识到，只有实现生产关系的变革，才能实现公平与效率的相互统一，在坚持"按劳分配为主体"的劳动性所得分配制度的同时，跳出西方"鱼和熊掌不可兼得"的固化思维，创新性地提出了"公平与效率相统一"的发展思想，并在实践中不断坚持和发展这一思想。实现共同富裕现代化建立在经济高质量发展的基础上，中国式现代化也蕴含着文明的发展与社会的进步，这就使得效率与公平成为中国特色社会主义新时代的一对重要范畴。然而，在社会实践中，公平与效率始终具有"非对应性"与"不相干性"的特征。《荀子·大略篇》引民谚："欲富乎？忍耻矣，倾绝矣，绝故旧矣，与义分背矣。"阿瑟·奥肯在《平等与效率——重大的抉择》中指出："或者是以效率为代价多一点的平等，或者是以平等为代价的稍微多一点的效率。"[①]在资产阶级社会中，生产关系与生产力的对立性决定了效率与公平的非一致性、冲突性，诚然，资产阶级社会从其诞生起，就以血与火的文字载入史册，一方面财富在资本家一方不断积累，另一方面无产阶级只能与赤贫相伴。畸高的经济效率使资本主义社会暴露出不可调和的矛盾：效率的提升并没有带来公平度的提高。总而言之，共同富裕既包括"富裕"，即通过生产力的极大发展来实现社会物质财富的丰富，也包括"共同"，就是让每一位参与劳动的劳动者都能平等地共享社会发展成果。我们只有通过合理的分配方式，即让劳动者提高劳动性所得水平，才能实现共同富裕目标，而现阶段整体劳动性所得分配偏低必然制约分配的公平正义，也与公平与效率相统一的价值导向相悖，从而对我们实现共同富裕现代化产生消极影响。

---

① ［美］阿瑟·奥肯. 平等与效率——重大的抉择［M］. 王奔洲，译. 北京: 华夏出版社, 1987: 1.

第六章

增进劳动性所得的对策建议

提高劳动性所得是促进社会公平和经济发展的重要举措，也是实现共同富裕现代化的必由之路。它不仅有利于实现社会稳定，促进经济高质量发展，还可以激发劳动者的积极性和创造性。为实现提高劳动性所得的目标，需要各级政府、企业和广大劳动者的共同努力。首先，公有制经济中的企业要做好薪酬战略设计、薪酬激励方案以健全企业薪酬分配市场化机制，通过完善企业高管薪酬管理制度、逐步提高国有资本上缴的范围和比例，以及推动国有资本收益向民生领域转移等方式，建立并完善国有资本的收益分享机制。其次，非公有制经济中的企业应构建与市场经济相适应的企业工资制度，提升劳动力素质和劳动生产率，保障劳动者主人翁地位。最后，政府部门也应完善相关政策，通过完备的制度体系加强劳动者权益保障、扩大劳动者就业规模、改善营商环境，从而创造更多的就业机会和工资提升空间。

第一节　公有制经济中提高劳动性所得的对策建议

生产资料公有制是社会主义经济制度的基础，也是中国共产党执政兴邦和发展经济的重要支撑和依靠力量。新中国成立以来，公有制经济在推进我国经济发展、民生改善、科技创新和国防建设等方面作出了历史性贡献。我国公有制经济中的劳动性所得分配由改革开放前的工资增长与经济效益"单一挂钩"变革为与劳动力市场基本适应、与经济效益和劳动生产率挂钩，不再简单以经济效益论英雄，而是统筹考虑企业经济效益、劳动生产率、劳动市场价位对标以及政府职能部门发布的工资指导线等多重因素。随着我国改革向纵深推进，我国公有制经济下的劳动者的劳动性所得有了很大提升，但不能否认的是，非公有制经济下的劳动者的收益水平仍与预期水平存在偏差，劳动者的收益水平提高比例仍不及企业利润提高比例。因此，要进一步健全国有企业薪酬分配市场化机制和完善国有资本的收益分享机制，提高公有制经济劳动性所得水平，增进民生福祉，为实现全体人民共同富裕夯实物质基础。

一、健全国有企业薪酬分配市场化机制

国有企业是我国国民经济发展的中坚力量，也是中国特色社会主义市场经济行稳致远的重要支柱。国有企业中的劳动者作为国家经济发展的直接参与者，其薪酬待遇是关乎企业健康发展的重要方面。只有提高国有企业劳动者的劳动收入水平，才能充分调动劳动者工作积极性，从而更好地投身于社会主义市场经济建设中去。近年来，我国国有企业劳动性所得水平逐年提升，且整体高于非公有制企业劳动性所得水平，已经取得了不小的改变。然

而，市场化的迅猛发展使得居民消费水平逐年升高，这也在一定程度上对劳动性所得水平提出了更高的要求。因而，国有企业要站好第一班岗，建立健全企业薪酬分配的市场化机制，通过做好薪酬战略设计和薪酬激励方案以提高劳动性所得水平。

第一，企业做好薪酬战略设计。薪酬战略是指特定组织关于未来存续与发展的相关薪酬分配活动目标、策略、方针等的全局性、根本性谋划，即通过薪酬资源的投资方向与投资项目，引导职工行为朝着组织目标的一致性努力，从而强化组织期望行为和组织价值的系统性决策、计划和指导活动。在企业正常运营的过程中，企业根据总体战略目标制定和实施适合于本企业的薪酬战略，并充分利用薪酬这一激励杠杆，向劳动者传递国家对本企业的方向引领、企业的战略文化，从而更好地调动劳动者建设社会主义事业的积极性和创造性。对一个企业而言，企业的整体发展战略是其发展前行的"指路标"，而劳动者薪酬水平则是企业发展的具体手段。由此，薪酬战略对于薪酬管理的计划、组织、执行和控制均具有指导方针的意义。改革开放以来，世界市场已变得更为开放，全球化浪潮不断升级使得企业间的竞争也更为激烈。然而，我国多数国有企业并未将薪酬纳入企业整体发展规划当中，且多数地方所属企业对职工薪酬战略激励方式单一，这些企业大多把薪酬对职工的作用定义为"吸引、保留与激励"。即企业对职工的薪酬态度大多是为职工支付市场化的基本工资。由于不同企业在发展目标及整体战略调整方面存在较大差异，因而企业仅仅为职工提供基本的薪酬保障无法满足企业整体的经营发展战略及人力资源管理战略的要求。很多企业高层认为，薪酬战略的设计较为空泛，没有实质性依托，这导致薪酬设计普遍缺乏对企业发展战略的思考，对战略的支撑作用不强。事实上，企业和薪酬战略之间的联系越紧密或彼此越适应，企业的效率就会越高。因而，只有将薪酬体系设计纳入企业整体战略当中，才能充分落实具体的战略性薪酬。

一般来说，企业薪酬战略的设计主要包含三大要素：即基于战略要求的薪酬策略、基于业务需求的员工队伍分层分类、基于组织需求的员工牵引。

由此，国有企业应从以下四个方面着手做好薪酬战略的设计。一是充分衡量企业的内外部环境及其对薪酬的影响。在制定企业薪酬之前，企业要充分考察目前的发展阶段和效益状况。因为企业的薪酬战略是以企业的总体战略为导向的，企业对待职工的价值观也体现在企业的薪酬战略中。企业的内部环境主要是指企业的内部能力。因此，企业必须充分衡量本企业的职能、人力资源以及财务状况等因素，以达到一种平衡的状态。外部环境主要包括行业状况、行业远景、竞争、国外需求和劳动力市场。通过对内外部环境的全面分析，有利于在制定薪酬战略前充分了解本企业的发展状况，也为具体薪酬设计打好基础。二是制定与企业经营战略和环境相匹配的薪酬战略。不同发展情况的国有企业要针对企业的实际情况制定适合本企业发展的薪酬战略。对于快速成长的国有企业，由于其市场分配不断扩大、产品或服务需求猛增。企业扩张的同时也意味着优秀人才规模的不断扩张，这表明企业在薪酬设计时既要重视企业内部的公平性，通过建立以职位为基础的薪酬体系，来实现内部的公平性。要保持外部的竞争性，通过设置技术研发、市场营销、财富管理等岗位吸引优秀人才的加入，以保持薪酬的外部竞争性。还要保持薪酬结构的灵活性，通过提高固定工资和福利水平，来增强企业薪酬水平的外部竞争性。对于成熟的国有企业来说，由于企业的规模、产品销量等都已趋于稳定，企业的发展速度也较为缓慢。因此，企业要充分考量如何在保持现有经营水平的基础上积极寻求新的突破与发展。由此，这类国有企业要在重视内部公平性的同时，不再特别强调外部竞争性，而应当将人力资源管理的重心放在发现、培养和开发内部人才。三是实施薪酬战略。薪酬战略的设计是企业在实施薪酬战略时所遵循的基本原则，只有将薪酬战略应用于实践才能发现这一薪酬战略与企业整体发展是否相匹配。由此，企业在实施其制定的薪酬战略时，要及时关注本企业所属行业的其他企业的薪酬水平，进而及时调整适合本企业整体战略发展的薪酬水平。四是评估薪酬系统的匹配性。薪酬战略作为薪酬体系设计的指南，并不是一成不变的，因为企业所处的环境是不断变化的，企业的经营战略也同样不断发生变化，所以企业的薪酬战略也必然随之变化。因此，企业管理者要对薪酬战略实施情况进行充分评估，进而适当地对薪酬战略进行调整。总的来说，企业薪酬战略的确定过程是一个封闭的循环过程。薪酬战略就是在这种不断制定、实施、评估与调整的过程中逐渐更新与完善的，从而达到提高劳动性所得的目标。

第二，企业做好薪酬激励方案。"激励"即充分调动职工的工作积极性，把其内在的能力充分发挥出来。薪酬激励就是企业根据绩效评价结构支付的旨在激励职工绩效的组合薪酬形式。薪酬激励既不是"平均主义"的表现，更不是企业对职工的无偿给予，而是通过对职工的激励，让职工形成一种强大的竞争力。一般来说，企业针对职工的薪酬激励主要包括短期激励薪酬和长期激励薪酬。短期激励薪酬是与某个项目或某个受时间约束的目标相联系的薪酬，如绩效工资、盈利分享；长期激励薪酬关注的是组织总体和长远的效益。企业薪酬激励大多与明确的绩效目标挂钩，因而，它能够把职工的劳动聚焦于企业的具体项目中，在组织引导企业职工以工作行为达成企业目标的同时，避免职工的行为脱离企业的战略主线而形成本位主义倾向。与此同时，激励薪酬对职工激励的力度要远大于职工获得的基本工资，因为基本工资是相对固定并且具有刚性的，而薪酬激励仅针对某个项目或某段时间的工作绩效，属于额外奖励。因此，职工要想获得基本工资外的激励薪酬，就必须不断提高其劳动所创造的价值，即提高单位时间内创造的劳动生产率。可见，提高企业职工的劳动性所得也有助于企业的高质量发展。然而，在实践过程中，激励薪酬计划在使用的产出标准上无法保证足够的准确和公正，也容易造成管理层和职工之间的摩擦。因此，企业要在使用过程中充分考虑劳动者的权益保障，即在劳动性所得最大化的前提下设计激励方案。一是企业针对职工的薪酬激励设计必须与企业文化相符。企业文化是一个完整的体系，由企业价值观、企业精神、企业伦理道德、企业形象等基本要素构成。企业价值观和企业精神处于企业文化系统的深层，企业伦理道德处于企业文化系统的中层，企业形象处于企业文化系统的表层。这几个要素以企业价值观和企业精神为核心，相互影响、相互制约，共同推动企业的发展。企业文化是企业职工共同的精神力量和内在驱动力，更是这个企业保持竞争优势的动力源泉。因而，如果企业的价值观不清晰，就容易导致企业对职工的薪酬激励与企业文化相悖的情况发生。二是建立有效的绩效管理体系。薪酬激励以职工乃至整个企业的利润作为激励职工的基础，要构建公平、合理、完善的薪酬管理体系，企业的绩效管理要构建多层次评价体系。与此同时，还要构建以KPI为核心的绩效指标体系，通过强调个人绩效承诺、注重绩效改进和辅导，实现从人评人到制度评人的变化。三是建立与职工开展有效沟通的渠道。薪酬激励计划的实施需要企业管理者注意增加企业的沟通渠道，确保下情得以上达。尽管当前不少企业都实施了先进的企业管理制度，但是由于企业在执行的过程中存在许多问题，导致企业的沟通渠道无法畅通无阻地运转。因此，应畅通企业的沟通渠道，进而充分保障企业职工获得薪酬激励的根本权益。

二、完善国有资本的收益分享机制

国有资本作为全民所有的公共资源，就其本质属性而言充分体现了建立并完善国有资本收益分享机制是提高劳动性所得与增进民生福祉的必然要求。应在进一步提升国有企业监管水平的基础上，通过完善国有企业高管的薪酬管理制度、逐步提高资本上缴的范围比例、着力推动国有资本收益向民生领域转移以提高劳动性所得水平、缩小收入差距。

第一，完善国有企业高管的薪酬管理制度。计划经济时期，国有企业作为一个进行成本核算的基层生产单位，只是按照国家的指令进行生产。企业的管理层也只是简单地执行国家指令，没有任何的自主决定权。由此，改革开放以后，随着社会主义市场经济体制的建立和国有企业改革的深化，我国的市场化竞争日渐国际化，部分国有企业出现了人才外流的情况。市场化选聘高层管理人员为国有企业引入了新的用人理念，带来了国企选人用人机制的深刻变革。2003年，国务院国资委正式成立，作为国务院的特设机构，国资委的诞生意味着履行出资人职责的机构出现了，也标志着我国国有企业高管制度正式确立。然而，在部分国有企业深化改革的进程中，其考核评价体系的设计和建设面临外部因素的多重扭曲。国资监管部门对商业类国有企业的考评机制过于注重企业规模、效益等指标，导致部分国有企业出现了盲目扩张、过于追求短期效益、贪大求全等问题，从而扭曲了本应追求企业长期价值最大化的基本目标。同时，由于考核机制不健全，考评的结果也难以与国企高管的薪酬和激励直接挂钩。不少国有企业在实际操作中存在薪酬只上不下的"棘轮效应"，为了矫正过去部分国企高管薪酬待遇过高与绩效不匹配问题，国家出台了统一的"限薪令"。"限薪令"的设定也挫伤了国企高管团队人员的积极性，致使许多优秀人才流失。同时，即使在一些企业对非组织任命的高管成员采取了市场化薪酬模式，但由于国有企业的社会主义性质，使得国企高管薪酬在原则上不能与普通职工薪酬差距过大，从而也在客观上抑制了市场化职业经理人的薪酬上限。国企高管作为整个企业的灵魂，只有制定合理、规范的国企高管薪酬制度，才能助力企业高质量发展，提高企业整体收益。一是要从多个维度综合评价和实施国企高管薪酬设计。国企高管的薪酬分配机制是由政府管理部门、企业上级主管部门结合企业自身评价综合决定的，因此，要在动态关联国有企业经营效益的基础上，充分考量企业内部高管之间的薪酬差距、高管与普通职工的薪酬差距，并结合同行业、同属性、同规模非国有上市公司等企业高管的薪酬状况，从而对国企高管的薪酬激励进行综合设计。二是要强化战略性、发展性思维，合理制定国企高管薪酬。合理的国企高管薪酬是企业效益的重要体现，如果企业发展战略与规划发展目标与国企高管薪酬挂钩不紧密，那么将导致对国企高管薪酬的过度激励，或是远没有达到国企高管应得的薪酬水平。因而，国家应秉持战略性、发展性思维，统筹考虑国企高管薪酬管理与国有企业可持续发展，从而提高国企高管薪酬的合理性。

第二，逐步提高国有资本上缴的范围与比例。国有资本是党和国家事业发展的重要物质基础。改革开放以来，特别是党的十八大以来，随着我国国有企业与市场经济的进一步融合，我国国有企业的面貌焕然一新，在活力、效率以及竞争力、创造力、控制力、影响力、抗风险能力等方面都发生了显著变化。中国特色现代国有企业制度更加成熟，国有资本成为我国经济社会健康发展的"稳定器"和改善民生福祉的"压舱石"。国有资本收益制度现存问题之一在于国有资本收益征缴困难。国有资本作为国家预算收入的主要来源，不但来源可靠，而且保持着一定的增长稳定性。但长期以来，国家对国有资本收益的征缴成效甚微。尽管随着我国现代企业制度的建立，国家有关部门已经明确对各类国有资本收益及收缴作出规定，甚至明确指定由财政部门会同国有资产管理部门负责收缴入库，并规定国有资产收益应按照中央、地方产权关系和现行财政体制，分别列入同级政府国有资产经营预算。然而，在国有企业实际运营过程中，由于部分企业确实存在效益低下问题，一些公益性国有企业甚至背上巨额贷款，企业在税负较高的情况下，确实存在税后利润上缴困难的情况。与此同时，由于国有股份缺乏人格化代表，在部分国有控股企业中，国有股权收益可能会遭遇不应有的侵蚀。因此，为推进全体劳动者共享国有企业发展的收益，应从以下两个方面出发进行完善。一是要从国有资产管理体制出发，明确国有资本收益征缴和预算编制主体。国有资本无法正常上缴在于国家并未明确国有资本收益征缴和预算编制主体。近年来，针对我国国有资本收益征缴和预算编制主体，社会上掀起了热烈的讨论，一种意见认为应该利税分开，建议由政府的财政部门和国有资产管理部门分别编制；还有一种意见认为国有资本预算应纳入统一的复式预算之中，理由是企业国有资产与国家预算有着千丝万缕的联系。笔者认为，应当主张由国资委来编制国有资本预算，由此国务院要特别授权并由相关机构及时修改相关法律。二是削减部门利益，将专用基金纳入预算统一管理。部门利益掣肘是国有资本收益制度的重大问题之一。因而，国家有必要赋予国资委整合各部门利益的权力，只有这样，才能将专用基金纳入国有资本统一的预算管理中。

第三，着力推动国有资本收益向民生领域转移。将国有资本收益向民生领域转移是现代政党、政府和学术界共同关注的重大议题。国有资本的迅猛发展是民生改善和社会进步的基石。国有资本收益为改善民生提供了最为重要的资金、资源和服务。改善民生福祉是发展的根本目的，我们的发展也始终秉持着以人民为中心的发展理念，如果国有资本的收益不能由广大劳动者共享，不能让劳动者有与经济增长相符合的实际收益和主观的获得感，那么这样的发展既不会持续，也将失去意义。近年来，随着我国经济的高速发展，国有资本收益也逐渐增多，但劳动者民生福祉的改善仍相对滞后。由此，我们要着力推动国有资本收益向民生领域覆盖，要通过国有资本收益完善全覆盖、保基本、多层次、可持续的民生保障体系，充分发挥社会保障在促进社会公平方面的重要作用。民生保障制度作为一项整体、系统、协调、规范的制度安排，社会保障基本公共服务高质量发展既是满足人民群众需求结构变化、消费升级的要求，也是满足共同富裕下人民群众需求的主要内容。我国发展始终坚持人民至上的理念，将社会保障制度作为反贫困、调节收入分配和增进民生福祉的根本出发点和落脚点，使改革发展成果更多更公平惠及全体人民。实现共同富裕，我们不仅要推动公共服务均衡发展，围绕全覆盖、多层次的目标，健全国家公共服务制度体系，而且要着力提高公共服务供给效率和质量，充分依托和运用大数据、物联网等新技术，推动互联网与政府公共服务体系深度融合。同时，以国有资本助力优化社会保障制度设计，提升制度质量。持续健全社会救助体系，建立健全政府救助与慈善救助衔接机制，增强社会救助创新发展活力，推进基本养老保险和医疗保险改革，建立长期护理保险制度和医养融合型养老服务体系，完善公共服务政策制度体系。与此同时，促进共同富裕，不能搞"福利主义"那一套。"福利主义"寄希望于选举一届政府在短期内"一刀切"式同步、同等提高社会福利。作为资本主义生产关系的自我调整，这些"福利主义"的制度架构不可能真正改变资产阶级和无产阶级间贫富分化的基本格局。促进共同富裕要动态统筹、循序渐进。因此，要科学制定公共政策，引领社会共识，通过深化制度改革，加强社会保险、社会救助、社会福利等制度之间统筹协调管理，推动民生保障制度高效协同发展，防止落入"福利主义"陷阱。

第二节　非公有制经济中提高劳动性所得的对策建议

非公有制经济是中国现阶段除了公有制经济形式以外的所有经济结构形式，也是社会主义市场经济的重要组成部分。它不仅对发展我国社会生产力、满足人民多样化需要、促进国民经济发展发挥着日益重要的作用，而且吸纳了大量社会闲散人员和国有企业下岗职工，为维护社会稳定作出了贡献。国家保护各种所有制经济产权和合法利益，坚持权利平等、机会平等、规则平等，激发非公有制经济活力和创造力。我国非公有制经济的蓬勃发展对于促进国家经济高质量发展、增加劳动者就业岗位等方面均发挥了重要作用。然而，面对我国经济转型升级的紧迫任务，一些非公有制企业发展质量和效益不高、发展动能转换慢等问题逐步凸显出来，这不仅使得企业发展存在难以为继的情况，更严重影响了企业职工的劳动报酬数额。由此，必须全面深化非公有制经济中的分配制度改革，持续提高非公有制经济中劳动者的收入水平。

一、构建与市场经济相适应的民营工资制度

经济体制改革是资源配置方式的改革。作为大多数非公有制经济劳动者获得收益的主要形式，建立健全合理的企业工资制度，既是对按劳分配主体地位的坚持，也是营造合理有序的初次分配秩序的重要内容。改革开放以来，特别是实行社会主义市场经济后，我国民营经济高速发展，逐步形成了多种所有制经济共同发展和相互融合的基本格局。民营企业发展的逐步深化，对推动经济发展、促进劳动者就业、强化市场机制、稳定社会管理发挥

着重要的作用。但从我国当前民营企业劳动者的总体收益情况而言，民营企业劳动者整体工资水平不仅低于国有企业劳动者，而且由于民营企业运行机制中资本占主导地位，使资本侵占企业利润成为普遍现象，这也在一定程度上降低了民营企业劳动者的收入水平。实现共同富裕现代化的强国目标，提升劳动性所得水平，亟须构建与市场经济相适应的民营企业工资制度。

第一，在完善劳动力市场各项机制的基础上，建立与劳动市场相适应的企业基本工资制度。劳动力市场就是劳动力要素交易的场所。经过新中国成立以来七十余年的发展，我国劳动力市场法规及政策体系日益健全，为劳动力市场运行提供了制度保障。从我国劳动力市场总体运行情况来看，当前我国就业形势基本稳定，城镇就业规模持续扩大，就业结构不断优化，就业质量不断提升，使工资收入、就业环境、劳动关系等方面呈现积极向好的发展趋势，为经济持续健康发展、社会大局稳定、人民生活持续改善奠定了良好的基础。当前经济下行压力持续加大，我国劳动力人口数量和结构发生了显著变化，劳动力由"无限供给"转向"有限供给"，应当合理建立与劳动力市场变化相适应的企业基本工资制度。一是要深化户籍制度改革。人口是经济社会发展的基础性要素，也是城市持续高质量发展的重要支撑。近年来，随着国家户籍制度改革的不断深入，外来人口落户限制逐渐放宽放开，对城镇人口增长起到了拉动作用。持续深化户籍制度改革，要准确把握城乡人口流动的具体特征，打破限制劳动力自由流动的体制壁垒，在促进劳动力资源跨地区、跨行业、跨部门自由流动的同时，实现劳动力资源定价市场化基础上的合理配置，消除因户籍制度等体制壁垒所导致的劳动力成本偏低等定价扭曲问题。与此同时，完善包括岗位工资制度、奖金制度、津贴制度等在内的企业工资分配制度，建立健全与企业经营绩效、劳动力市场相适应的职工工资薪酬调整机制，使职工劳动报酬同企业发展、劳动力市场供求、宏观经济状况相兼顾。二是充分做好基于劳动者职位的薪酬设计。职位薪酬设计是以职位评价为基础来确定企业中不同职位的基础薪酬，这样的分配方式有利于消除工资结构中的不公正因素，维护企业工资等级间的逻辑和公正关系。同时，这样建立起来的简单工资结构，也易于被职工所理解。做好基于劳动者的职位薪酬设计，关键要做好劳动者的职位评价。职位评价就是对不同职位工作的难易程度、职权大小、任职资格高低、工作流程简易或复杂、创造价值的多少等进行比较，从而评估出该特定工作的相对价值。应在准确的职位评价基础上做好薪酬调查与薪酬结构，以确保劳动者获得与其职位相适应的工资水平。

第二，强化落实企业工资指导线与企业最低工资制度。企业工资指导线是政府相关部门根据国家经济社会发展及居民生活消费等基本情况，对年度企业职工工资平均增长幅度的预测。企业工资指导线适用于企业在岗职工工资分配。企业工资指导线由基准线、上线（又称预警线）和下线组成，企业可在下线和基准线之间安排工资增长。为了避免因工资水平增长滞后于经济增长而损害劳动者合法权益以及因工资水平大起大落影响经济发展的稳定性和持续性，我国参考新加坡等发达国家的有益经验，于1997年制定和实施了工资指导线制度。当前，工资指导线并无国家统一标准，而是根据区域产业发展水平、企业经营效益和劳动力供求状况分别确定。近年来，由于我国经济发展进入新常态，我国企业经营效益平均水平趋于下降，各地工资指导线的历史均值呈现先上升后回落的趋势。可见，当前工资指导线缺乏指导性。政府制定的工资指导线无法根据实际情况的变化适时作出调整，导致工资指导线缺乏实际作用，与当地物价、房价相比，最低工资标准较低，而很多企业却以此为标准划定企业劳动者的工资水平，这使得劳动者工资与其劳动价值并不相符。由此，为了充分维护非公有制经济劳动者获得合理劳动报酬的权益，应当通过强化落实企业工资指导线制度以提高劳动性所得水平。一是制定合理的工资指导线。对于企业而言，工资指导线是防止工资的增长吞噬劳动率增长的重要防线。因而，制定合理的工资指导线，要充分结合国家和各地区的各项政策，并根据人均GDP水平、社会平均工资水平等因素，制定工资指导线并向社会发布。二是加强最低工资保障制度建设。最低工资是指劳动者在法定或依法约定的工作时间内提供了正常劳动，用人单位依法应支付的最低限度的劳动报酬。最低工资是劳动者维持个人及家庭成员基本生活需要的工资，是劳动者工资的法定最低限额。由此，企业必须将政府对最低工资的有关规定告知本企业的职工，与此同时，企业支付给劳动者的工资不得低于其适用的最低工资标准。

第三，建立健全工资正常增长机制和支付报酬机制。一方面，企业各类岗位从业人员的工资水平要和不同职业、工种、岗位的劳动力市场工资价位基本适应，工资总额增减要与经济效益增减同向联动，既要实现企业自身经济效益的提高，也要实现劳动者劳动报酬的不断提高。企业要进一步构建科学完善的工资效益联动模式，强化与劳动生产率挂钩联动机制，以劳动生产率提高为前提，合理增加或减少人员。另一方面，建立高技能人才工资正常增长机制。培养方面，要健全高技能人才培养机制，实施高技能领军人才培育计划，加强高技能人才供需预测和培养规划。评价方面，要健全技能人才评价制度，大力推行企业技能人才自主评价，鼓励企业增加技能人才的技能等级内部层次，形成"八级工"职业技能等级序列。使用方面，不但要制定符合企业长期运行战略的激励方案，即提高对高技能人才的薪酬激励制度，加大对企业招聘高技能人才的支持力度，企业引进培育的高技能人才参照相应的引才政策享受补助津贴。激励方面，要提高企业领军技能人才的薪酬待遇，并积极推荐符合条件的高技能人才在本企业或社会中挂职或兼职，鼓励各类企业落实高技能领军人才的经济待遇。同时，要将建立健全针对企业职工的表彰奖励、晋升技术技能等级、物质奖励、薪酬激励等相结合的技能人才表彰奖励机制。

二、提升劳动力素质和职业技能水平

习近平总书记指出，"说到底，实现中华民族伟大复兴的中国梦，要靠各行各业人们的辛勤劳动"[1]，"人间万事出艰辛。越是美好的未来，越需要我们付出艰辛努力"[2]。劳动作为人的最基本的实践活动，在劳动过程中，必须体现实践的要求，无论是脑力劳动，还是体力劳动，都是需要付出辛苦和勤劳的。劳动者只有辛勤劳动，才能积累财富、成就人生。在现代社会中，劳动力既是自然人力，也在一定程度上凝聚了教育等投资，因此，劳动力是人力资本的载体。在创立唯物史观的过程中，马克思、恩格斯从现实的人和现实的人类社会出发，以实现全人类共同解放为目标，追求实现人的自由而全面的发展，提出了人的自由全面发展思想，深刻阐释了人的发展与生产力发展之间相互依存、相互作用的辩证关系。《政治经济学批判大纲（草稿）》指出："从直接生产过程的观点来考察，充分发展个人就是生产固定资本，这种固定资本就是人类自身。"[3]随着人类经济社会活动的持续深入，人们逐渐认识到，与传统物质资本相比，人力资本不仅是经济增长的重要源泉和持久动力，更是实现民族振兴、赢得国际竞争主动权的战略资源。深化劳动性所得分配制度改革、促进劳动性所得分配公平合理的重点在于不断提高劳动者收入水平，而实现这一目标的基础在于我国人力资本的高质量积累。只有这样，才能不断提高劳动生产率，提高产业创新能力和水平，从而为提高劳动报酬提供坚实的保障。新中国成立以来，经过长期努力，我国劳动力素质得到了普遍提升，人力资本取得了长足的进步，已经成为人力资本大国。总的来看，尽管当前我国技能劳动者队伍逐年扩大，但低技能劳动者规模仍然较大，劳动者素质和技能水平提升较为缓慢。由于技能培训和素质提升不足，大量低技能劳动者在低端制造业和低端服务业之间相互迁移，不仅难以推进产业基础高级化、产业链现代化，也严重制约了劳动者的收益水平和劳动者权益保障水平的提高。与此同时，当前我国人力资本配置仍存在结构性失衡问题。从城乡区域间配置来看，教育资源分布不均

---

① 习近平.在知识分子、劳动模范、青年代表座谈会上的讲话[M].北京：人民出版社，2016：9.

② 习近平在同全国劳动模范代表座谈时的讲话[N].人民日报，2013-04-29（01）.

③ 马克思.政治经济学批判大纲（草稿）：第3分册[M].北京：人民出版社，1963：364.

衡，人力资本水平差距大，农村和欠发达地区人力资本积累较为滞后。从行业配置看，互联网、金融等行业吸收了大量优质劳动力，而制造业、生产性服务业则面临人才不足问题。因此，提升人力资本水平，已成为深化劳动力收益分配的关键因素。

第一，加大基础教育投入，较快提升教育型人力资本。纵观人类的历史发展，"教育兴则国兴，教育强则国强"，当前世界的发达国家之所以强大，就在于这些国家始终把教育摆在国计民生发展的重要位置。当前，提高整体劳动性所得水平，就要从整体上提高劳动力素质水平。基础教育是提升整个人力资本的奠基工程。一是需要进一步发挥政府相关部门在人力资本形成中的基础性作用。进一步增加基础教育经费，大力推进义务教育均衡发展，以县域为基本单元推进城乡义务教育一体化发展，加大对欠发达地区人力资本投入倾斜力度，不断缩小城乡、区域之间在人力资本水平和积累阶段方面的差距。二是改革高等教育体制，加快提升创新型人力资本。创新型人力资本是资源投入转化的结晶，具有长期边际效益递增的特质。因此，要把创新型人力资本投入纳入国家发展规划，动员挖掘全社会资源潜力，增强投入的确定性。也可考虑多元化筹资模式，整合财政资金、社会资金等，从制度上保障创新型人力资本投入的合理增加，形成持续稳定的创新型人力资本投入增长机制。三是推动职业教育改革，加快提升技能型人力资本水平。职业教育是提升低技能劳动者人力资本水平的最重要渠道。要坚持以市场需求为导向，深化职普融通、产教融合、校企合作，推动专业设置与社会需求、学习内容与职业标准、教学过程与生产过程对接。切实提升普通劳动者特别是新生代农业转移人口的技能水平。构建行业企业参与职业教育的动力机制，不但能够以行业企业需求为基准来理解和认识行业企业参与职业教育，而且能够促进行业企业对职业教育需求的内在化，实现互利互惠、利益共享。与此同时，从源头上提升企业的话语权，也可以提高行业企业对政策的认同感，有利于行业组织充分发挥责任，提供商业计划的劳动力市场信息。

第二，强化劳动者职业技能培训。当前，企业"招工难"和劳动者"就业难"两大问题并存，解决问题的关键就在于提高劳动者职业技能素质。提高劳动者职业技能素养，有利于推动"人口红利"向"人力资本红利"转变，也有利于提高劳动性所得，使更多普通劳动者通过自身努力跨入中等收入行列。由此，要广泛开展贯穿劳动者从学习到工作各个阶段的多层次职业培训，对新成长劳动力开展就业前培训，对企业职工开展岗位培训，对失业人员开展再就业技能培训，不断增强劳动者求职择业能力、稳定就业能力、转岗专业能力。与此同时，要围绕制造强国、质量强国、网络强国、数字中国建设需要，加强重点领域技能人才培养，深入实施制造业技能根基工程，壮大技能劳动者队伍。聚焦高校毕业生、农民工、就业困难人员等重点群体，开展各类职业技能培训。突出国家乡村振兴重点帮扶地区，开展农村劳动力特别是脱贫劳动力转移就业培训。

第三，培育劳动者职业道德意识。职业道德是随着社会分工的发展，出现相对稳定的职业集团的同时产生的。劳动者的职业生活实践是职业道德产生的基础。所谓职业道德就是同劳动者的职业活动密切联系的体现职业特征的道德活动现象、道德意识现象和道德规范现象，是社会道德在职业生活中的具体体现，是劳动者在职业生活中处理和协调人与人、人与社会、人与自然关系的道德准则。对于劳动者而言，只有确立与自己从事职业相对应的职业道德观念、形成良好的职业习惯，才能在实际社会工作中获得企业和顾客的尊重，不断获得成长，并提高个人的劳动性所得水平。强化劳动者职业道德意识，一是坚持修德之念。职业道德修养是一个人做不完的功课。职业道德修养贯穿于劳动者的从业全过程。职业道德是一般社会道德的特殊形式。因此，个人品德也是职业道德的基础。每一个劳动者都代表其所属行业的形象，其个人品德的好坏，直接影响社会对其职业道德的评价。所以，劳动者要常修从业之德，要坚持"吾日三省吾身"，坚定职业道德修养。保持"不以物喜、不以己悲"的平常心态，以踏实干事、尽忠职责的态度奉献于所从事的职业，良好的职业道德才会彰显，个人的人格魅力才会提升。二是坚持内省和慎独。"内省""慎独"也是职业道德修养的重要方法。内省，即指自觉地进行思想约束，内心时刻反省检查自己的言行。内省是靠自觉性来约束的，不自觉或自觉性不高就难以真正进行内在的自我反省。慎独，既是一种崇高的道德境界，又是一种道德修养的重要方法，指的是在别人看不见、听不到的时候，在闲居独处的情况下，更要小心、谨慎，严格要求自己，使自己的语言和行为符合道德要求。劳动者的工作特点富有极强的自主性和独立性，不具备慎独的修养，将很难做好本职工作。

三、构建和谐劳资关系提高劳动者主体地位

劳动关系作为最基本、最重要的社会关系之一，其协调稳定程度影响并决定着一个社会的和谐程度，切实做好劳资沟通协商、大力推动劳动关系和谐、助力国家经济高质量发展是新时代劳动性所得分配制度变革的题中应有之义。作为经济社会发展的主导因素，劳动者在我国各生产力要素中的地位和作用十分突出。正如习近平总书记所指出的："无论时代条件如何变化，我们始终都要崇尚劳动、尊重劳动者，始终重视发挥工人阶级和广大劳动群众的主力军作用。"[①]在传统的劳动关系中，劳动者对企业具有较强的经济从属性与人身附属性。劳动者的工作时间、工作地点比较固定，工作量和工作任务也多为事先确定并被有计划地加以分配。由此，劳动者以工资作为重要的收入来源，也必须严格遵循企业所设置的管理制度与工作指令。然而，随着人类社会逐渐步入数字信息时代，互联网大数据的算法模型推动了人工系统在产业网络层面的数字化编码；元宇宙空间中的仿真模拟实现了人工系统在社会空间层面的数字智能交互。由此，新产业、新业态应运而生。国家统计局数据显示，截至2021年，我国灵活就业人员约为2亿人，其中新就业形态人员约为7800万人。2023年3月，中华全国总工会公布了新就业形态劳

---

① 习近平. 在庆祝"五一"国际劳动节暨表彰全国劳动模范和先进工作者大会上的讲话[M]. 北京：人民出版社，2015：2—3.

动者规模的新数据，新就业形态劳动者的规模约为8400万人。[①]可见，新就业形态的迅猛发展尽管创造了大量的就业岗位，也在一定程度上提升了所在行业的工资水平，但也由此产生了一系列问题。一方面，在新就业形态下的劳动关系难以确认。在实际工作中，劳动者与多个平台形成服务关系。例如，网约车司机可以在滴滴出行、曹操出行、阳光出行、飞豹出行等多个平台注册，这就导致劳动者与多个平台形成服务关系，从而加大了对劳动关系的认定难度。另一方面，新就业形态下劳动者的弱势地位更加明显。数字技术与实体经济的深度融合使得数字化平台企业利用大数据、实时通信等方法对劳动者的工作时间、劳动效率以及劳动流程等进行管理，从而延长了劳动者的工作时间并在无形中加大了劳动者的工作强度。由此，我们要重构适应数字技术变革的现代劳动关系。

第一，以利益共享为原则构建现代劳动关系。利益共享包括经济利益与政治利益的共享。经济利益共享是指劳动者在及时、足额得到劳动报酬的前提下，也能够得到或者分配到企业部分的利润。共享为实现共同富裕提供了新的分配方式，并且可以通过推进现代化实现经济发展、社会进步与民生改善。要统筹处理好企业发展与维护劳动者权益的关系，调动劳动关系主体双方的积极性与主动性。党的二十大提出全面建成社会主义现代化强国的战略任务，并提出"人民生活更加幸福美好，居民人均可支配收入再上新台阶，中等收入群体比重明显提高"[②]等总体目标。实现共同富裕的中国式现代化，要以和谐劳动关系为基础。从我国企业劳资关系的现实来看，实现利益共享是构建和谐劳资关系的关键一环。因此，我们要始终以共建共享思想引领新型劳动关系的构建。共建为人类现代化提供了新的实践方式。当前，人类交往比过去任何时候都要深入、广泛。由此，要维护好劳动者最关心、最直接、最现实的基本权益，引导劳动者树立主人翁

---

① 第九次全国职工队伍状况调查综述［N］.工人日报，2023-03-01（02）.

② 习近平.高举中国特色社会主义伟大旗帜　为全面建设社会主义现代化国家而团结奋斗——在中国共产党第二十次全国代表大会上的报告［N］.人民日报，2022-10-26（01）.

意识，立足岗位，诚实劳动。

第二，立足经济社会发展全局和新发展阶段构建现代劳动关系。布莱恩在《技术的本质：技术是什么，它是如何进化的》一书中提出，新技术的产生与发展不但会重塑商品生产和服务模式，也将"引起经济中的价格和生产网络在各行各业伸展、重塑"[①]。现代劳动关系是当代科技变革与产业变革的直接产物。近年来，随着云计算、区块链、大数据、人工智能等科技的发展，我国传统的产业发生了颠覆性变化，由此，必须以互利共赢为目标调节劳动关系。生产与分配具有内在同一性。劳动关系既表现为分配关系，又与生产过程息息相关。因此，构建现代化劳动关系不能超越和脱离现有经济社会发展阶段，只有与经济社会的发展同步协调，才能持续推动经济增长、不断培育经济增长新动能，从而实现劳动者权益的最大化。同时，也要持续优化劳动力市场的供求结构，实现工资水平、劳动报酬份额的稳步提升和劳动关系的长久和谐。

第三，以加强反垄断为抓手构建现代劳动关系。处于垄断地位而没有适当约束的资本，不仅会在一定程度上降低雇佣劳动者的工资，而且其也会针对与其合作的小商户制定较为严苛的合作条件，还会排斥其他资本的合理竞争，破坏市场秩序，破坏构建和谐劳动关系所需的社会环境。因此，构建现代劳动关系，还需要限制垄断，防止资本无序扩张，维持公平有序的市场竞争。具体而言，就是要构建公开透明的市场准入机制，鼓励平等竞争；强化企业社会责任意识，规范和引导行业协会和雇主组织在协调劳动关系方面的积极作用；维护劳动者平等参与、平等发展的权利，完善市场供求机制、竞争机制和价格机制，防止因企业垄断行为和资本无序扩张导致的分配秩序混乱与劳动关系扭曲。

---

① ［美］布莱恩·阿瑟. 技术的本质：技术是什么，它是如何进化的［M］. 曹东溟，译. 杭州：浙江人民出版社，2014：171.

第三节　劳动性所得增进的政策保障

分配制度是社会主义基本经济制度的主要内容，也是推动实现共同富裕目标的基础性制度。提高劳动性所得水平是关系国家长治久安的重大问题，不仅需要微观企业层面从劳动者个人角度出发进行调整以提高劳动性所得水平，而且国家层面也要做好提高劳动性所得水平的基础性保障。因此，我们要以习近平新时代中国特色社会主义思想为指导，加强前瞻性思考、全局性谋划、战略性布局、整体性推进，在国家政策层面保障劳动性所得水平稳步提升。

一、加强劳动者权益保障体系建设

我国作为社会主义国家，身在其中的劳动者理当享有由他们亲手创造的一切改革发展成果，在共建中实现共享，这也是社会主义生产的内在要求。因此，对劳动者劳动权益的保障不但是对以人民为中心发展理念的坚持，而且关乎劳动者获取劳动性所得的基本权益和劳动者的民生福祉，与共同富裕现代化目标的实现息息相关，必须高度重视并予以落实。实现人的自由全面发展是马克思主义理论的重要组成部分，也是马克思主义最高的价值追求。自由发展和全面发展是马克思关于人处于理想生存状态的两个特质的描述。在资本主义社会，由于存在资本对剩余劳动的占有，因而劳动者无法确保自身的体力、智力、个性、品质以及其他方面的各种能力都能得到充分的协调。只有扬弃私有制，才能实现人的本质的回归，彻底提升劳动者的主体地位。在历史唯物主义的视域中，"劳动是自由的生命表现，因此是生活的乐趣"①。人民群众是历史的创造者，作为价值主体的劳动者既是中国特色社会主义事业的建设者，更是幸福生活的拥有者与享受者。因此，不断满足劳动者追求幸福劳动、实现美好生活的需要，始终是中国共产党人的奋斗目标。中国特色社会主义进入新时代，劳动者对美好生活的向往更加强烈。然而，近年来，不同于传统的正规就业，以平台用工为代表的新就业形态已经成为社会主要就业渠道之一。新形势下，越来越多的劳动者选择新就业形态，因而，新就业形态吸纳的就业人数不断增加，劳动组织模式持续演进，在经济社会发展中发挥着日益重要的作用。同时，由于这一行业存在的时间较短，新就业形态劳动者的权益保障问题也未得到广泛的关注。造成新就业形态劳动者基本劳动权利保障缺失问题的原因主要有以下几个方面。一是平台用工商业模式导致劳动基准制度难以覆盖。由于新就业形态的劳动者以灵活就业方式参与平台用工，因而劳动者可以自主决定是否工作、工作时间及工作地点。这样的劳动方式与传统工厂制或企业制的工作模式不同，因而超出了现行劳动法的调整范围。二是算法对劳动过程的改造增加了劳动强度失控的风险。平台用工的运营核心是快速高效实现劳动供需双方的匹配，算法是支撑这种劳动形态的技术基础。因而劳动者无法知悉算法自动决策所推动的任务设定依据，只能被动接受并转化为突破边界的劳动强度和时间限度。习近平总书记在党的二十大报告中强调，"加强灵活就业和新就业形态劳动者权益保障"②。这不仅是党中央坚持以人民为中心思想的生动展现，更是对我国高质量发展中亟待解决的重大现实问题的主动回应。当前，加强劳动者权益保障体系应从以下几个方面着手。

第一，切实提升我国劳动法治理效能。"法者，治之端也。"法治是人类文明进步的重要标志，也是推进共同富裕和中国式现代化的必由之路。党的十八大以来，以习近平同志为核心的党中央将人民对美好生活的向往作

---

① 马克思恩格斯全集：第42卷［M］北京：人民出版社，1979：38.

② 习近平. 高举中国特色社会主义伟大旗帜　为全面建设社会主义现代化国家而团结奋斗——在中国共产党第二十次全国代表大会上的报告［N］. 人民日报，2022-10-26（01）.

为奋斗目标，顺应时代发展和进步的潮流，把法治建设提到了前所未有的战略高度。劳动法在我国劳动者权益保护方面起到了十分重要的作用，也与经济社会高质量发展产生了密切的关系。自1995年《中华人民共和国劳动法》（2018年修正）实施以来，我国已初步建立了适应社会主义市场经济改革发展需要的劳动法律法规体系。当前，劳动法、劳动合同法、就业促进法、社会保险法、劳动争议调解仲裁法等构成了具有中国特色的劳动法律法规体系，也初步形成了能够较好兼顾劳动者与用人单位等各方面利益的劳动用工标准体系。有关劳动报酬、工作时间、休息休假、职业安全卫生、特殊保护、社会保险等劳动标准体系初步建立，较好地兼顾了劳动者与用人单位等各方面利益，但仍存在立法空白、体系化程度低等问题。由此，为了更好地契合共同富裕现代化的发展需要，一方面，充分完善劳动法律内容。一是要在充分保障劳动者合法权益的同时兼顾用人单位合法权益，在功能导向上要尽快提炼并凝聚共识和再认识。二要适时健全劳动法律法规体系并优化劳动用工标准。既要聚焦回应以工资、集体劳动关系等为代表的传统短板，又要及时回应人工智能、就业新形态、数字劳动等领域提出的新课题，处理好规范与促进、安全与灵活等人力资源市场中的轴心关系。三是要加强劳动治理中顶层设计与地方实践的良性互动。顶层设计要把握好方向与原则，地方实践要把握好灵活与底线。另一方面，切实提升我国劳动法治理效能。劳动法治理作为国家治理体系的重要一环，其地位、意义和作用亟待凝聚共识和再认识，我们要以推动高质量发展为主题来提高劳动性所得水平。一是要确立合理科学的劳动法治新理念。即劳动法在价值取向上要在劳动法、劳动合同法规定的基础上，进一步明确保护劳动者合法权益并兼顾用人单位合法权益。与此同时，劳动法治理在功能导向上要尽快提炼并凝聚共识。二是加快弥补劳动法治理的劳动法治共同体短板。全面依法治国的根本是建设德才兼备的高素质法治工作队伍。就切实提升我国劳动法治理效能而言，除了要有合理科学的劳动法治新理念、健全完备的法律法规体系外，还要在劳动法治理过程中构建劳动法治共同体。因而，要进一步做好司法解释、指导性案例等在弥补法律漏洞、明确裁判要旨等方面的抓手性工作。

第二，加快探索适合新就业形态劳动者特点的社会保障制度。社会保障是民生安全网、社会稳定器，与人民幸福安康息息相关，关系国家长治久安，是实现劳动性所得分配制度公平正义的最有效的手段。改革开放以来，我国资本迅猛发展，导致劳动性所得整体偏低，且居民间收益差距不断扩大，调节收入分配和缩小收入差距，始终是中国共产党在社会主义市场经济背景下矢志不渝追求的奋斗目标。尽管党的十八大以来我们在很大程度上提高了劳动性所得，但是与资本收益相比仍然有很大的差距。税收和社会保障是再分配环节收入分配的主要制度安排，随着社会保障制度的发展，特别是近十年来社会保障基金规模的迅速扩大，社会保障制度调节劳动性所得与资本收益差距的作用初步显现。然而，不少企业对于劳动者的保障制度仍存在不到位的情况。由此，我们要保障劳动者基本权益。保障劳动者取得劳动报酬的权利，完善并落实工资支付规定，健全工资支付监督、工资保证金和欠薪应急周转金制度，建立欠薪保障金制度，依法惩处拒不支付劳动报酬等违法行为，保障职工特别是农民工按时足额领到工资报酬。保障职工休息休假的权利，督促企业依法安排职工休息休假。保障职工获得劳动安全卫生保护的权利，督促企业健全并落实劳动安全卫生责任制。同时，重视特殊群体和困难群体的社保问题，要采取有效措施，促进中小微企业和重点群体积极参保、持续缴费，促进和引导各类单位和符合条件的人员长期持续参保。

第三，规范劳动者用工管理考核体系。促进规范用工，必须划出法治底线的"硬杠"。在经济社会生产实践中，一些平台用工合作企业以外包或劳务派遣等灵活组织方式用工，但实际上仍直接对劳动者进行劳务管理，将外包当成了规避相应法律责任的"挡风板"，增加了劳动者的维权难度。同时，在新就业形态下，劳动关系与合作关系之间的边界更加模糊，一些平台企业及其用工合作企业诱导或强迫劳动者注册成为个体工商户，并与之订立合作协议，严重损害了劳动者的劳动保障权利。由此，平台企业应合理设定绩效考核标准，保障劳动者的人身安全和工作自主权。相关部门应加快建设新就业形态劳动者权益监测服务保障中心体系，适度增加对企业用工的监管力度，畅通员工维权服务渠道。

二、完善劳动就业政策支持体系

就业是最基本的民生，实现"居民收入增长和经济增长基本同步，劳动报酬提高与劳动生产力提高基本同步"[①]的阶段性目标，需要我们坚持就业优先战略不动摇，努力促进高质量充分就业。马克思就业思想是马克思经济理论体系中的重要组成部分，马克思从社会分工、职业的选择、失业以及平等就业等密切相关的问题之中，提炼出了符合社会主义社会发展规律的就业思想。他以资本主义就业问题为研究的出发点和立足点指出，失业是资本积累过剩所造成的必然结果，是工业革命大规模机械化生产和科技进步所带来的负面效应，更是在资本主义制度和意识形态下所产生的。民生所需，源于劳动；劳动实现，在于就业。就业是民生之本，是人民群众最关心最直接最现实的问题。就业是劳动者生存的经济基础和基本保障，失业就意味着劳动者失去了生活来源。只有实现稳定就业，才能让劳动者获得劳动性所得。我国始终坚持就业优先政策，改革开放以来，通过以市场化为导向的劳动就业制度的改革，我国实现了从"统包统配"的固化用工制度向市场就业体制的根本转变，初步建成了符合市场经济特点的劳动就业制度。不但实现了城市就业的基本稳定，也吸纳了数以亿计的农民工就业。党的十八大以来，我们党高度重视就业问题，坚持以人民为中心的发展思想，把就业摆在优先位置，创新实施就业优先政策，推动就业工作取得积极进展。在互联网时代，数字经济的兴起为大量从业者造就了新的就业形态，这种新的就业形态既是经济业态发展、市场竞争与技术进步交互作用的必然结果，也在一定程度上改变了传统的就业模式。当前，我国新就业形态主要集中在消费互联网用工

---

① 习近平. 高举中国特色社会主义伟大旗帜 为全面建设社会主义现代化国家而团结奋斗——在中国共产党第二十次全国代表大会上的报告[N]. 人民日报, 2022-10-26(01).

领域，平台经济的快速发展不仅提供了大量的工作机会，还形成了巨大的分布式效应，有助于缓解经济与就业的波动。与此同时，新就业形态有助于培育劳动者的自我负责精神与工匠精神，劳动者由过去的与企业的雇佣关系转变为直接为客户工作，直接接受客户服务评价，有助于劳动者更好地塑造专业精神。近年来，国内消费市场持续低迷，新就业形态规模增长缓慢。习近平总书记在党的二十大报告中指出："强化就业优先政策，健全就业促进机制，促进高质量充分就业。"①新时代新征程，要贯彻落实党的二十大精神，强化就业优先政策，健全就业促进机制，促进高质量充分就业。

第一，持续强化就业优先政策。党的二十大报告提出："强化就业优先政策，健全就业促进机制，促进高质量充分就业。"可见，正确理解和把握高质量充分就业的内涵是做好就业工作的基础和前提。高质量发展是实现共同富裕现代化的首要任务，而高质量充分就业是高质量发展的重要内容。因此，必须将高质量充分就业纳入高质量发展总体战略中。这意味着，我们要始终坚持以人民为中心的发展思想。一是要将扩大就业、增加就业岗位作为就业工作的首要任务。当前及未来很长一段时间，不断扩大就业，持续增加就业岗位是就业工作的重中之重。稳就业、扩就业首先需要稳增长，即充分发挥经济增长带动就业的主导作用。同时，还需要稳定市场主体，增强劳动力市场吸纳就业的积极性。二是以更大力度促进重点群体就业。确保重点群体就业有保障、生活有出路，是维护就业稳定的重点要求。因此，要多措并举促进高校毕业生等青年群体就业。高校毕业生作为社会上最宝贵的人力资源，近年来面临愈发沉重的就业压力。十年前本科毕业就能争取到的工作岗位，现如今硕士毕业也未必能够在竞争中胜出。由此，高校要做好针对毕业生就业的统筹工作，以便为更好地为学生提供就业服务。畅通高校毕业生在不同地区、不同单位、不同行业之间的职业通道，要做好信息衔接，依据高校毕业生的就业状况，精准识别并提供个性化的就业服务。对于那些往届未

---

① 习近平. 高举中国特色社会主义伟大旗帜　为全面建设社会主义现代化国家而团结奋斗——在中国共产党第二十次全国代表大会上的报告［N］. 人民日报，2022-10-26（01）.

就业的毕业生，教育部门和人社部门应想办法提供就业服务，增加就业信息供给，增加就业选择机会。

第二，筑牢平台经济就业"蓄水池"。近年来，随着信息技术的快速发展和广泛应用，平台经济开始迅速崛起。我们把基于网络平台的各种经济活动和经济关系的总和称为平台经济。平台经济既是一种商业模式创新，代表着产业范式的变迁，又是一种新型生产关系。基于现代信息技术的平台经济具有较高的包容性和灵活性，不仅催生了诸如外卖、网约车、网络直播带货等新就业形态，也为社会提供了数以万计、种类丰富的工作岗位。因而，平台经济作为就业的"蓄水池"和"稳定器"的作用日益显现。平台经济的出现改变了人们的生活，也打开了更多就业"风口"，大龄失业人员、农民工、残疾人等就业困难群体，因文化素质、技能水平普遍较低或者身体有缺陷，很难在传统劳动力市场上找到工作，而灵活就业具有门槛低、弹性大、不受城乡地域限制等特点，恰恰为这一群体提供了再就业的机会。比如快递员、家政护理等服务性岗位，入行门槛较低，稍加培训便可很快上岗，工作时间也很灵活，为解决本人及其家庭生活困难提供了一条出路。新就业形态在不断改变工业经济主导的就业格局的同时，也对政府的就业政策提出了挑战。政府决策部门需要考量，这些新就业形态是否还是非正规就业、非标准就业、非典型就业、非主流就业。与此同时，国家需要创造更多更加多样化的新形态工作岗位，并通过培训促进劳动者新工作技能的提升与迁移，帮助劳动者顺利转换就业形态。国家要做好顶层设计，以制度创新推动源头治理，除了要明确平台企业应当合理承担的维护劳动者权益的相关责任外，还要在公平就业、劳动报酬、休息、劳动安全等方面作出一系列规定。比如，平台企业应健全劳动报酬支付和休息制度，不得制定损害劳动者安全健康的考核指标；在制定、修改直接涉及劳动者权益的制度规则和平台算法之前，要充分听取工会和劳动者代表的意见建议；针对外卖员等群体遭遇意外事故保障不到位的问题，组织开展平台灵活就业人员职业伤害保障试点；等等。这些内容，直面劳动者最关心、最直接、最现实的权益问题，给他们带来更可靠的保障，也为平台企业合法合理用工设置了红线。

第三，促进创业带动就业。创业是就业之源，提升全社会人力资本水平，提高劳动者就业创业能力，是解决结构性失业问题、促进高质量充分就业的重要途径。一方面，要号召劳动者始终保持干事创业的精神状态。人无精神则不立，国无精神则不强。理想信念是共产党人的政治灵魂，是共产党人经受住各种考验的精神支柱。劳动者要坚定理想信念，坚持不懈用习近平新时代中国特色社会主义思想凝心铸魂，以崇高的理想信念激发干事创业的信心和勇气，把理想信念化作实现共同富裕现代化的实际行动。另一方面，加大对初始创业者的支持力度，进一步降低创业成本，提升初创企业持续发展能力，支持并规范发展新就业形态，促进以创业带动就业。推动数字经济和实体经济深度融合，催生更多新产业新形态新商业模式，培育多元化多层次就业需求，带动更多劳动者就业创业。

三、改善营商环境提升劳动者经营性收入

优化营商环境是全面深化改革、实现高质量发展的必然选择，也是推进国家治理体系和治理能力现代化的重要任务。营商环境就是生产力，就是竞争力，良好的营商环境可以吸引项目落地、激发经济发展的内生动力，凝聚企业创业，保证人民安居乐业。因此，优化营商环境有利于激发市场主体活力，有利于鼓励创新创造，有助于进一步理顺政府与市场的关系、政府内部不同层级和部门之间的关系以及市场主体之间的关系，确保市场在资源配置中起决定性作用，更好地发挥政府作用。改革开放以来，为了改善营商环境，我国营商政策不断优化，为改善我国营商环境提供了基本保障。然而，当前我国营商环境仍然存在一些问题，在很多领域企业需要多个部门和环节的审批才能开始运营。这不仅浪费了企业的时间和精力，还容易滋生腐败。与此同时，市场准入也是限制我国营商环境改善的一个问题。目前，一些行业还存在着过多的准入限制和行业垄断现象，这阻碍了新企业的进入和竞

争。改善营商环境，具体要从改善政府服务方式和降低运营成本两个方面着手考虑。

第一，改善营商环境的关键在于改善政府的服务方式。一是做好优化营商环境顶层设计。营商政策是营造良好的营商环境的制度保障。应做好营商政策的顶层设计，把牢政策设计谋划第一关，切实增强政策的操作性、针对性和时效性。因此，要围绕政策法规落实不到位、政府窗口服务质量差、公用企业涉企服务不规范等方面进行整治。二是不断简政放权，推进行政审批制度改革。优化营商环境是一项涉及多部门的系统工程，优化营商环境的区域协同，使得这一系统工程更为复杂。为了促进优化营商环境区域协同的实现，必须明晰具体负责的职能部门，进一步简化审批程序，健全审批服务标准化体系，精简各类审批事项，把省级、市级部门审批权逐步下放，避免企业为审批事项作不必要的奔波。三是推进商事制度改革，继续向纵深推进"最多跑一次"和"零跑动"。创新推进商事制度改革，加大"放"的力度，强化"管"的能力，提升"服"的水平，全力打造一流营商环境高地。四是以政务诚信为抓手，加强社会信用体系建设。社会信用源自人类社会生存和发展的需要，人们对利益的追求促使人们不得不进行合作，而要开展合作就必须相互信任，这种相互信任不断发展就产生了社会信用。政府要想取信于民，就要强化恪守诚实信用原则。因此，我们要全面推进政府信用体系建设，为社会信用体系建设提供方向标。五是要强化"数字政府"建设，各地要在现有政务服务网的基础上，加快大数据的统筹整合，建立健全相关制度机制。与此同时，要利用各省统一信息平台优化政府服务，即政府权责清单要做到全流程网络公开，政府服务全过程要做到信息化透明，依托"互联网+政务服务"改革政府服务模式。

第二，改善营商环境的重点在于降低企业的运营成本。判断一个地区的营商环境好不好，一条很重要的标准就是企业运营成本低不低。企业在低成本环境下经营，更容易产生比较优势、竞争优势，而降低税费成本、融资成本、物流成本、要素成本和劳动力成本是其中的重中之重。一是降低税费成本。税收是营商成本的重要组成部分，但减税的相关政策是由中央来制定的，地方政府不能胡乱作为。如果有比较好的减税想法，应该跟国家税务部门研究后报送国务院审批，甚至可能需要全国人大常委会批准并通报，这是因为税率的任何变动都可能触及法律的更改。因此，地方政府税费成本中的税尽量不要乱用乱改，这是违法的。要降低营商成本，一方面要按照中央精神，用足用好中央对一些高新技术、新兴产业等鼓励类行业的税收优惠政策，多发展一些中央鼓励的产业，这样既能够贯彻中央政策，又能够让企业切实享受税收优惠红利。另一方面，地方政府应该认真研究自己能够做主的收费项目，能降的尽量降，能豁免的尽量豁免，尽力为各类企业尤其是困难企业降低成本。二是降低融资成本。人们普遍认为，降低融资成本是地方政府无能为力的事情。这是因为，贷款的基准利率由中国人民银行统一管理，浮动利率则由各地商业银行管理。然而，全社会融资成本不仅由利率决定，还受到融资结构、管理激励措施的影响。因此，为了降低地区融资成本，我们既要改善地区融资结构，降低企业高利息融资比重，也要发展产业链金融，以增强中小企业的融资能力，更要通过优惠政策增加小微企业的资本信用。

参考文献

一、马克思主义经典著作及重要文献

[1] 马克思恩格斯选集: 第1-4卷 [M]. 北京: 人民出版社, 2012.

[2] 马克思恩格斯文集: 第1-10卷 [M]. 北京: 人民出版社, 2009.

[3] 列宁选集: 第1-4卷 [M]. 北京: 人民出版社, 1995.

[4] 列宁专题文集: 第1-5卷 [M]. 北京: 人民出版社, 2010.

[5] 毛泽东选集: 第1-4卷 [M]. 北京: 人民出版社, 1991.

[6] 毛泽东文集: 第1-8卷 [M]. 北京: 人民出版社, 1999.

[7] 中共中央文献研究室. 毛泽东年谱: 第1-5卷 [M]. 北京: 中央文献出版社, 2013.

[8] 邓小平文选: 第1-2卷 [M]. 北京: 人民出版社, 1994.

[9] 邓小平文选: 第3卷 [M]. 北京: 人民出版社, 1993.

[10] 邓小平文集 (1949—1974年): 上、下卷 [M]. 北京: 人民出版社, 2014.

[11] 邓小平思想年谱 (1975—1997) [M]. 北京: 中央文献出版社, 1998: 342.

[12] 江泽民文选: 第1-3卷 [M]. 北京: 人民出版社, 2006.

[13] 江泽民. 沿着有中国特色的社会主义道路前进 [M]. 北京: 人民出版社, 1987: 16.

[14] 江泽民. 加快改革开放和现代化建设步伐 夺取有中国特色社会主义事业的伟大胜利 [M]. 北京: 人民出版社, 1992: 10.

[15] 胡锦涛文选: 第1-3卷 [M]. 北京: 人民出版社, 2016.

[16]习近平谈治国理政：第1卷[M].北京：外文出版社，2018.

[17]习近平谈治国理政：第2卷[M].北京：外文出版社，2017.

[18]习近平谈治国理政：第3卷[M].北京：外文出版社，2020.

[19]习近平谈治国理政：第4卷[M].北京：外文出版社，2022.

[20]习近平.在庆祝"五一"国际劳动节暨表彰全国劳动模范和先进工作者大会上的讲话[M].北京：人民出版社，2015.

[21]习近平.在知识分子、劳动模范、青年代表座谈会上的讲话[M].北京：人民出版社，2016.

[22]习近平.论坚持全面深化改革[M].北京：中央文献出版社，2018.

[23]中共中央文献研究室.习近平关于社会主义经济建设论述摘编[M].北京：中央文献出版社，2017：31.

[24]中共中央文献研究室.建国以来重要文献选编：第1-3册[M].北京：中央文献出版社，1992.

[25]中共中央文献研究室.建国以来重要文献选编：第4-7册[M].北京：中央文献出版社，1993.

[26]中共中央文献研究室.建国以来重要文献选编：第8-10册[M].北京：中央文献出版社，1994.

[27]中共中央文献研究室.建国以来重要文献选编：第11册[M].北京：中央文献出版社，1995.

[28]中共中央文献研究室.建国以来重要文献选编：第12-13册[M].北京：中央文献出版社，1996.

[29]中共中央文献研究室.建国以来重要文献选编：第14-17册[M].北京：中央文献出版社，1997.

[30]中共中央文献研究室.建国以来重要文献选编：第18-20册[M].北京：中央文献出版社，1998.

[31]中共中央文献研究室.十一届三中全会以来重要文献选读：上、下册[M].北京：人民出版社，1987.

［32］中共中央文献研究室. 十二大以来重要文献选编: 上［M］. 北京: 人民出版社, 1986.

［33］中共中央文献研究室. 十二大以来重要文献选编: 中［M］. 北京: 人民出版社, 1986.

［34］中共中央文献研究室. 十二大以来重要文献选编: 下［M］. 北京: 人民出版社, 1988.

［35］中共中央文献研究室. 十三大以来重要文献选编: 上［M］. 北京: 人民出版社, 1991.

［36］中共中央文献研究室. 十三大以来重要文献选编: 中［M］. 北京: 人民出版社, 1991.

［37］中共中央文献研究室. 十三大以来重要文献选编: 下［M］. 北京: 人民出版社, 1993.

［38］中共中央文献研究室. 十四大以来重要文献选编: 上［M］. 北京: 人民出版社, 1996.

［39］中共中央文献研究室. 十四大以来重要文献选编: 中［M］. 北京: 人民出版社, 1997.

［40］中共中央文献研究室. 十四大以来重要文献选编: 下［M］. 北京: 人民出版社, 1999.

［41］中共中央文献研究室. 十五大以来重要文献选编: 上［M］. 北京: 人民出版社, 2000.

［42］中共中央文献研究室. 十五大以来重要文献选编: 中［M］. 北京: 人民出版社, 2001.

［43］中共中央文献研究室. 十五大以来重要文献选编: 下［M］. 北京: 人民出版社, 2003.

［44］中共中央文献研究室. 十六大以来重要文献选编: 上［M］. 北京: 人民出版社, 2005.

［45］中共中央文献研究室. 十六大以来重要文献选编: 中［M］. 北京: 人民出版

社，2006.

[46] 中共中央文献研究室. 十六大以来重要文献选编: 下 [M]. 北京: 人民出版社，2008.

[47] 中共中央文献研究室. 十七大以来重要文献选编: 上 [M]. 北京: 中央文献出版社，2009.

[48] 中共中央文献研究室. 十七大以来重要文献选编: 中 [M]. 北京: 中央文献出版社，2011.

[49] 中共中央文献研究室. 十七大以来重要文献选编: 下 [M]. 北京: 中央文献出版社，2013.

[50] 中共中央文献研究室. 十八大以来重要文献选编: 上 [M]. 北京: 中央文献出版社，2014.

[51] 中共中央文献研究室. 十八大以来重要文献选编: 下 [M]. 北京: 中央文献出版社，2016.

[52] 中共中央文献研究室. 十八大以来重要文献选编: 上 [M]. 北京: 中央文献出版社，2018.

[53] 中共中央党史和文献研究院. 十九大以来重要文献选编: 上 [M]. 北京: 中央文献出版社，2019.

[54] 中共中央党史和文献研究院. 十九大以来重要文献选编: 中 [M]. 北京: 中央文献出版社，2021.

[55] 中央档案馆，中共中央文献研究室. 中共中央文件选集 (1949年10月—1966年5月): 第14册 [M]. 北京: 人民出版社，2013.

[56] 中央档案馆，中共中央文献研究室. 中共中央文件选集 (1949年10月—1966年5月): 第30册 [M]. 北京: 人民出版社，2013.

[57] 中央档案馆，中共中央文献研究室. 中共中央文件选集 (1949年10月—1966年5月): 第32册 [M]. 北京: 人民出版社，2013.

[58] 中央档案馆，中共中央文献研究室. 中共中央文件选集 (1949年10月—1966年5月): 第37册 [M]. 北京: 人民出版社，2013.

[59] 中央档案馆, 中共中央文献研究室. 中共中央文件选集（1949年10月—1966年5月）：第38册 [M]. 北京：人民出版社, 2013.

[60] 建党以来重要文献选编（1921—1949）：第1册 [M]. 北京：中央文献出版社, 2011.

[61] 建党以来重要文献选编（1921—1949）：第3册 [M]. 北京：中央文献出版社, 2011.

[62] 中共中央关于经济体制改革的决定 [M]. 北京：人民出版社, 1984.

[63] 中共中央文献研究室. 新时期经济体制改革重要文献选编：上、下 [M]. 北京：中央文献出版社, 1998.

[64] 关于深化收入分配制度改革的若干意见 [M]. 北京：人民出版社, 2013.

[65] 中华人民共和国国民经济和社会发展第十三个五年规划纲要 [M]. 北京：人民出版社, 2016.

[66] 中华人民共和国国民经济和社会发展第十四个五年规划和2035年远景目标纲要 [M]. 北京：人民出版社, 2021.

[67] 中共中央、国务院关于支持浙江高质量发展建设共同富裕示范区的意见 [M]. 北京：人民出版社, 2021.

二、著作图书类

[1] 蔡昉. 中国经济发展的世界意义 [M]. 北京：中国社会科学出版社, 2019.

[2] 曹永栋. 中国特色社会主义分配制度的理论基础、实践特征与效率效应研究 [M]. 北京：人民出版社, 2022.

[3] 万海远. 走向共同富裕之路 [M]. 北京：人民出版社, 2022.

[4] 刘伟. 新时代中国特色社会主义政治经济学探索 [M]. 北京：北京大学出版社, 2021.

[5] 谢伏瞻, 高培勇. 共同富裕理论探索 [M]. 北京：中国社会科学出版社, 2022.

[6] 宋晓梧. 新中国社会保障和民生发展70年 [M]. 北京：人民出版社, 2019.

[7] 陶志勇. 新时代劳动观 [M]. 北京：中国工人出版社, 2021.

[8] 刘灿, 王朝明, 李萍, 盖凯程. 中国特色社会主义分配制度研究 [M]. 北京: 经济科学出版社, 2017.

[9] 杨莲秀. 中国特色社会主义收入分配理论与实践 [M]. 上海: 上海三联出版社, 2020.

[10] 韩康, 张占斌. 奔向共同富裕中国式现代化 [M]. 湖南: 湖南人民出版社, 2022.

[11] 徐大建. 西方经济理论思想史 [M]. 上海: 上海人民出版社, 2020.

[12] 武力. 中华人民共和国经济简史 [M]. 北京: 中国社会科学出版社, 2008.

[13] 武力. 中国共产党与当代中国经济发展研究 (1949-2006) [M]. 北京: 中共党史出版社, 2008.

[14] 武力. 中国发展道路: 上、下 [M]. 长沙: 湖南人民出版社, 2012.

[15] 武力. 意气风发: 1956年的中国 [M]. 成都: 四川人民出版社, 2018.

[16] 黄泰岩, 王检贵. 如何看待居民收入差距的扩大 [M]. 北京: 中国财政经济出版社, 2001.

[17] 黄泰岩. 中国城镇居民收入差距 [M]. 北京: 经济科学出版社, 2007.

[18] 黄泰岩. 初次收入分配理论与经验的国际研究 [M]. 北京: 经济科学出版社, 2011.

[19] 裴长洪, 王震, 孙婧芳. 中国基本分配制度 [M]. 北京: 中国社会科学出版社, 2017.

[20] 赵人伟. 中国居民收入分配再研究 [M]. 北京: 中国财政经济出版社, 1999.

[21] 赵人伟, 赖德胜, 魏众. 中国的经济转型和社会保障改革 [M]. 北京: 北京师范大学出版社, 2006.

[22] 李实, 罗楚亮. 中国收入差距的实证分析 [M]. 北京: 社会科学文献出版社, 2014.

[23] 李实, 白南生. 中国人类发展报2005: 追求公平的人类发展 (英文版) [M]. 北京: 中国对外翻译出版公司, 2005.

[24] 牛先锋, 杨磊. 人民至上: 从《共产党宣言》到《为人民服务》[M]. 南宁:

广西人民出版社, 2021.

[25] 白暴力. 让城乡居民收入稳步增长——为什么要深化收入分配制度改革 [M]. 北京: 人民出版社, 2008.

[26] 白暴力. 中国特色社会主义制度经济学基础 [M]. 北京: 经济科学出版社, 2008.

[27] 李萍. 新中国经济制度变迁 [M]. 成都: 西南财经大学出版社, 2019.

[28] 李萍等. 转型期分配制度的变迁: 基于中国经验的理论阐释 [M]. 北京: 经济科学出版社, 2006.

[29] 廖洪乐. 中国农村土地制度六十年——回顾与展望 [M]. 北京: 中国财政经济出版社, 2008.

[30] 李慎明. 共同富裕与中国特色社会主义 [M]. 北京: 中国社会科学出版社, 2011.

[31] 高尚全, 刘世锦, 张维迎. 40年改变中国经济学大家谈改革开放: 上、下 [M]. 北京: 北京联合出版公司, 2018.

[32] 张维迎. 中国改革开放30年10位经济学家的思考 [M]. 上海: 上海人民出版社, 2008.

[33] 林毅夫, 周其仁, 张维迎, 姚洋, 黄益平. 改革的追问 [M]. 北京: 中信出版社, 2019.

[34] 厉以宁, 林毅夫, 刘世锦. 中国经济新动力 [M]. 北京: 中国工人出版社, 2020.

[35] 林毅夫, 王勇, 赵秋运. 论中国经济的发展 [M]. 北京: 中信出版社, 2022.

[36] 蔡昉. 中国经济实践探索与学理解说 [M]. 成都: 四川人民出版社, 2021.

[37] 蔡昉. 劳动经济学 [M]. 北京: 中国社会科学出版社, 2015.

[38] 曾国安, 胡晶晶. 国民收入分配中的公平与效率: 政策演进与理论发展 [M]. 北京: 人民出版社, 2013.

[39] 权衡. 收入分配经济学 [M]. 上海: 上海人民出版社, 2017.

[40] 李实, 万海远. 中国收入分配演变40年 [M]. 上海: 格致出版社, 上海人民

出版社，2018.

[41] 孙文远. 中国收入分配研究：成因、趋势及其影响 [M]. 北京：经济管理出版社，2018.

[42] 张俊山. 马克思主义的分配理论和我国收入分配制度改革研究 [M]. 北京：经济科学出版社，2016.

[43] 杨锦英，肖磊. 马克思主义分配理论新探 [M]. 成都：西南财经大学出版社，2015.

[44] 荣兆梓. 理解当代中国马克思主义政治经济学 [M]. 济南：济南出版社，2019.

[45] 刘灿，王朝明，李萍，盖凯程. 中国特色社会主义收入分配制度研究 [M]. 北京：经济科学出版社，2017.

[46] 赵敦华. 西方哲学简史 [M]. 北京：北京大学出版社，2001.

[47] 王立胜. 中国式现代化道路与人类文明新形态 [M]. 江西：江西高校出版社，2022.

[48] 周端明. 结构转变中的中国城乡居民收入差距演进的研究 [M]. 安徽：安徽师范大学出版社，2014.

[49] 张宇. 中国特色社会主义政治经济学 [M]. 北京：中国人民大学出版社，2016.

[50] 顾海良，张雷声. 20世纪国外马克思主义经济思想史 [M]. 北京：经济科学出版社，2006.

[51] 刘尚希. 共同富裕与人的发展：中国的逻辑与选择 [M]. 北京：人民出版社，2022.

[52] 肖贵清. 十八大以来中国特色社会主义理论创新研究 [M]. 北京：中国人民大学出版社，2019.

[53] 白永秀，任保平，何爱平. 中国共产党经济思想90年 [M]. 北京：人民出版社，2011.

[54] 卫兴化. 中国特色社会主义经济理论体系研究 [M]. 北京：中国财政经济出

版社2015.

[55]周新城. 当代中国马克思主义政治经济学的若干理论问题[M]. 北京: 社会
科学文献出版社, 2016.

[56]张卓元. 中国经济学30年（1978-2008）[M]. 北京: 中国社会科学出版社,
2008.

[57]张卓元. 新中国经济学史纲（1949-2011）[M]. 北京: 中国社会科学出版社,
2012.

[58]陈宗胜. 改革、发展与收入分配[M]. 上海: 复旦大学出版社, 1999.

[59]钱震杰. 中国国民收入的要素份额研究[M]. 北京: 中国金融出版社, 2011.

[60]陈广汉. 增长与分配[M]. 武汉: 武汉大学出版社, 1995.

[61]任保平. 数字经济驱动经济高质量发展的逻辑[M]. 北京: 人民出版社,
2023.

[62]任保平, 师博, 李文斌, 李凯. 形成新时代西部大开发新格局研究[M]. 西
安: 西北大学出版社, 2020.

[63]任保平. 从经济增长治理到高质量发展[M]. 北京: 经济科学出版社, 2022.

[64]任保平. 新时代中国经济高质量发展研究[M]. 北京: 人民出版社, 2020.

[65]陈婷. 通向共同富裕的收入分配制度改革研究[M]. 北京: 人民出版社,
2023.

[66]杨娟. 中国现阶段个人收入分配制度研究[M]. 长沙: 湖南大学出版, 2023.

[67]赵麦茹, 何爱平. 经济思想史视域下中国分配制度演化研究[M]. 北京: 社
会科学文献出版社, 2023.

[68]黄臻. 中外收入分配制度研究[M]. 北京: 社会科学文献出版社, 2022.

[69]尤国珍. 现代化视域下新中国农村分配制度研究（1949-1966）[M]. 北京:
人民出版社, 2021.

[70]王伟荣. 劳动就业与收入分配[M]. 武汉: 武汉大学出版社, 2023.

[71]孙浩进. 民生经济学视域下的中国收入分配制度变迁[M]. 哈尔滨: 黑龙江
大学出版社, 2014.

[72] 张占斌. 现代化之问 [M]. 北京: 国家行政学院出版社, 2023.

[73] 张占斌. 中国经济新常态与全面建成小康社会 [M]. 石家庄: 河北人民出版社, 2017.

[74] 张占斌. 中国经济高质量发展相关问题研究 [M]. 北京: 人民出版社, 2021.

[75] 张占斌. 中国共产党与中国式现代化 [M]. 北京: 国家行政学院出版社, 2023.

[76] 张占斌, 张青. 完善我国分配制度研究 [M]. 北京: 国家行政学院出版社, 2018.

[77] 林峰. 收入分配格局及其优化研究 [M]. 上海: 上海财经大学出版社, 2021.

[78] 徐汝峰. 中国金融发展的收入分配效应研究 [M]. 济南: 山东大学出版社, 2022.

[79] 许慎. 说文解字 [M]. 上海: 上海古籍出版社, 2004.

[80] 胡晓凤, 韩淑颖. 中国社会主义经济问题讨论纲要 [M]. 吉林: 吉林人民出版社, 1983.

[81] 于光远. 政治经济学社会主义部分探索: 二 [M]. 北京: 人民出版社, 1981.

[82] 吴敬琏. 论 "四人帮" 经济思想的封建性 [M]. 山西: 山西出版社, 1989.

[83] 刘军, 刘军胜. 中国薪酬发展报告（2023）[M]. 北京: 社会科学文献出版社, 2023.

[84] 宋云中. 基于公司治理模式的中国国企高管薪酬机制研究 [M]. 北京: 中国经济出版社, 2017.

[85] 国家发展和改革委员会就业收入分配和消费司, 北京师范大学中国收入分配研究院. 中国居民收入分配年度报告（2022）[M]. 北京: 社会科学文献出版社, 2023.

[86] 中国统计年鉴（2023）[M]. 北京: 中国统计出版社. 2023.

[87] 依绍华. 中国居民消费结构升级研究 [M]. 北京: 中国社会科学出版, 2019.

[88] [美] 布莱恩·阿瑟. 技术的本质: 技术是什么, 它是如何进化的 [M]. 曹东溟译, 杭州: 浙江人民出版社, 2014.

[89] [美]道格拉斯·诺斯. 经济史中的结构与变迁[M]. 陈郁, 罗华平, 译. 上海: 上海人民出版社, 1994.

[90] [英]庇古. 福利经济学[M]. 金镝, 译. 北京: 华夏出版社, 2007.

[91] [美]康芒斯. 制度经济学[M]. 于树生, 译. 北京: 商务印书馆, 1962.

[92] [英]威廉·汤普逊. 最能促进人类幸福的财富分配原理的研究[M]. 何慕李, 译. 北京: 商务印书馆, 1997.

[93] [美]约翰·贝茨·克拉克. 财富的分配[M]. 王翼龙, 译. 北京: 华夏出版社, 2013.

[94] [美]约瑟夫·熊彼特. 经济分析史: 第2卷 [M]. 杨敬年, 译. 北京: 商务印书馆, 1996.

[95] [美]塞缪尔·弗莱施哈克尔. 分配正义简史[M]. 吴万伟, 译. 南京: 译林出版社, 2010.

[96] [美]约翰·罗尔斯. 正义论[M]. 何怀宏, 何包钢, 廖申白, 译. 北京: 中国社会科学出版社, 2009.

[97] [捷克]奥塔·锡克. 社会主义的计划和市场[M]. 王锡君, 等, 译. 北京: 中国社会科学出版社, 1982.

[98] [荷]J.丁伯根. 生产、收入与福利[M]. 何宝玉, 等, 译. 北京: 北京经济学院出版社, 1991.

[99] [英]乔治·拉姆塞. 论财富的分配[M]. 李任初, 译. 北京: 商务印书馆, 2022.

[100] [英]亚当·斯密. 国民财富的性质和原因的研究: 上、下[M]. 郭大力, 王亚南, 译. 北京: 商务印书馆, 1972.

[101] [英]亚当·斯密. 国富论: 上、下 [M]. 郭大力, 王亚南, 译. 北京: 商务印书馆, 2016.

[102] [德]黑格尔. 逻辑学: 上、下[M]. 杨一之, 译. 北京: 商务印书馆, 2021.

[103] [美]约翰·E.罗默. 分配正义论[M]. 张晋华, 吴萍, 译. 北京: 社会科学文献出版社, 2017.

[104]［美］塞缪尔·亨廷顿. 文明的冲突与世界制度的重建［M］. 周琪, 等, 译. 北京: 新华出版社, 2010: 22.

[105]［法］托马斯·皮凯蒂. 21世纪资本论［M］. 巴曙松, 陈剑, 余江, 周大昕, 李清彬, 汤铎铎, 译. 北京: 中信出版社: 2014: 204.

[106]［美］阿瑟·奥肯. 平等与效率——重大的抉择［M］. 王奔洲, 译. 北京: 华夏出版社, 1987: 1.

三、期刊论文类

[1]祝奉明. 马克思恩格斯关于共同富裕的思想的形成基础、历史演进和当代价值［J］. 当代世界与社会主义, 2023（02）: 69-77.

[2]刘倍玮. 第三次分配促进共同富裕的实现机制探析——基于中美慈善捐赠的比较视角［J］. 理论月刊, 2023（08）: 73-82.

[3]吴燕, 魏传光. 马克思共同富裕思想中的资本逻辑批判及其现实启示［J］. 学校党建与思想教育, 2023（03）: 15-19.

[4]马惠娣. 马克思主义历史逻辑中的"共同富裕"［J］. 哲学分析, 2022, 13（04）: 98-110+198.

[5]高惺惟, 崔笑李. 马克思恩格斯对实现共同富裕的理论贡献［J］. 科学社会主义, 2022（04）: 6-17.

[6]任政. 马克思主义唯物史观视野中共同富裕的理论逻辑及实践自觉［J］. 当代世界与社会主义, 2022（03）: 52-59.

[7]张雷声. 马克思分配理论及其中国化的创新成果［J］. 政治经济学评论, 2022, 13（01）: 59-73.

[8]文丰安. 在中国式现代化进程中推进乡村共同富裕的内在逻辑及法治路径［J］. 江汉论坛, 2023（11）: 129-135.

[9]曹永栋, 陆跃祥. 马克思收入分配理论的真实内涵及现代启示［J］. 社会主义研究, 2017（02）: 24-31.

[10]孔兆政. 中国式共同富裕的正义镜像［J］. 哈尔滨工业大学学报（社会科学

版），2023，25（06）：31-37.

[11]张光先，钟晓敏.中国式现代化共同富裕的理论内涵、内在逻辑和实践进路
[J].财经论丛，2023（12）：24-34.

[12]姬旭辉.从"共同富裕"到"全面小康"——中国共产党关于收入分配的理
论演进与实践历程[J].当代经济研究，2020（09）：42-50.

[13]关斐，司小飞.共同富裕视域下中国收入分配制度改革的历史考察[J].河南
社会科学，2023（05）：73-82.

[14]淦宇杰，许钤川.分配制度改革推进共同富裕的内在逻辑、基本特征与结构
优化[J].南昌大学学报（人文社会科学版），2022（03）：32-40.

[15]张璟龙，刘李红.共同富裕视域下协调配套的分配制度体系——思想渊源、
演进历程与实践进路[J].经济学家，2023（02）：5-14.

[16]吴丰华，白永秀.中国共产党的分配思想演进路径分析[J].经济纵横，2011
（11）：80-83.

[17]刘儒，李超阳.新中国成立以来收入分配政策的历史变迁与基本经验[J].
当代经济研究，2020（04）：32-45+2+113.

[18]朱春晖.毛泽东对马克思分配正义理论的传承与创新[J].湖南科技大学学
报（社会科学版），2016，19（05）：13-18.

[19]王明生."大跃进"前后毛泽东分配思想述论[J].南京大学学报（哲学·人
文科学·社会科学版），2002（04）：12-19.

[20]梁柱.邓小平晚年心系分配问题[J].毛泽东邓小平理论研究，2010（03）：
32-36+73+85.

[21]丁建设，谌基东.改革开放以来中国共产党对分配制度功能认识和政策选
择的转变及其实践效应[J].当代世界与社会主义，2023（02）：51-60.

[22]严金波，李波.改革开放40年来我国分配关系变化的理论分析[J].上海财
经大学学报，2019，21（01）：4-15.

[23]权衡.中国收入分配改革40年：实践创新、发展经验与理论贡献[J].中共
中央党校学报，2018，22（05）：33-41.

[24] 张雷声. 马克思分配理论及其中国化的创新成果 [J]. 政治经济学评论，2022（01）：59-73.

[25] 邱海平. 社会主义分配理论的创新发展 [J]. 马克思主义与现实，2022（04）75-86+204.

[26] 潘文轩. 在新时代下实现更加公平合理的收入分配 [J]. 经济学家，2018（10）：14-20.

[27] 刘伟. 中国特色社会主义收入分配问题的政治经济学探索——改革开放以来的收入分配理论与实践进程 [J]. 北京大学学报（哲学社会科学版），2018，55（02）：27-39.

[28] 张磊，毛章勇，龚志民. 中国特色社会主义分配制度的优越性研究 [J]. 福建论坛（人文社会科学版），2022（12）：24-34.

[29] 孙豪，曹肖烨. 收入分配制度协调与促进共同富裕路径 [J]. 数量经济技术经济研究，2022，39（04）：3-24.

[30] 程开明，李金昌. 城市偏向、城市化与城乡收入差距的作用机制及动态分析 [J]. 数量经济技术经济研究，2007（07）：116-125.

[31] 周云波. 城市化、城乡差距以及全国居民总体收入差距的变动——收入差距倒U形假说的实证检验 [J]. 经济学（季刊），2009（04）：1239-1256.

[32] 蔡昉. 城乡收入差距与制度变革的临界点 [J]. 中国社会科学，2003（05）：15-25+205.

[33] 林光彬. 等级制度、市场经济与城乡收入差距扩大 [J]. 管理世界，2004（06）：30-40+50.

[34] 吴晓刚，张卓妮. 户口、职业隔离与中国城镇的收入不平等 [J]. 中国社会科学，2014（06）：118-140+208-209.

[35] 边燕杰，张展新. 市场化与收入分配——对1988年和1995年城市住户收入调查的分析 [J]. 中国社会科学，2002（05）：97-111+205.

[36] 刘精明. 市场化与国家规制——转型期城镇劳动力市场中的收入分配 [J]. 中国社会科学，2006，（05）：110-124+207-208.

[37] 安家骥, 狄鹤, 刘国亮. 经济金融化与财富收入分配——基于二十大报告关于着力发展实体经济和共同富裕的理解[J]. 当代经济研究, 2023（04）: 78-84.

[38] 闫里鹏, 牟俊霖, 王阳. 创新、人力资本与城镇劳动收入差距[J]. 山西财经大学学报, 2023, 45（08）: 31-46.

[39] 熊小林, 李拓. 中国居民收入分配差距测算及其影响因素研究[J]. 统计与信息论坛, 2023, 37（10）: 39-52.

[40] 冯涛, 罗小伟, 徐浩. 劳动力市场扭曲与收入分配差距研究——基于城乡"二元"结构视角[J]. 云南财经大学学报, 2016, 32（01）: 24-37.

[41] 王德文, 蔡昉. "十五"时期城乡居民收入增长及其差距[J]. 经济研究参考, 2003（39）: 33-34.

[42] 陆铭, 陈钊. 城市化、城市倾向的经济政策与城乡收入差距[J]. 经济研究, 2004（06）: 50-58.

[43] 王小鲁, 樊纲. 中国收入差距的走势和影响因素分析[J]. 经济研究, 2005（10）: 24-36.

[44] 黄祖辉, 茅锐. 重新认识城乡收入差距[J]. 中国社会科学评价, 2023（02）: 113-120+159-160.

[45] 王银梅, 陈义岚. 地区收入分配差距的实证分析[J]. 统计与决策, 2012（06）: 119-122.

[46] 王文利. 不均衡发展与我国东西部地区居民收入差距的实证分析[J]. 经济问题探索, 2004（02）: 90-92.

[47] 韩喜平, 朱翠明. 分配制度上升为基本经济制度的理论逻辑[J]. 社会科学辑刊, 2020（04）: 5-13+211.

[48] 韩喜平, 郝婧智. 人类文明形态变革与中国式现代化道路[J]. 当代世界与社会主义, 2021（04）: 49-56.

[49] 韩喜平, 王思然. 马克思主义引领哲学社会科学体系的内在逻辑[J]. 东南学术, 2023（02）: 42-48.

[50] 韩喜平, 王思然. 在推进新文科建设中构建自主知识体系[J]. 内蒙古社会科学, 2023, 44 (05): 16-22+2.

[51] 韩喜平, 王思然. 共同富裕: 人类的追求与中国的实践[J]. 毛泽东邓小平理论研究, 2022 (01): 1-10+107.

[52] 韩喜平, 王思然. 中国式现代化与共同富裕[J]. 思想理论教育导刊, 2023 (04): 23-29.

[53] 韩喜平, 王思然. 新中国成立以来农村社区治理的模式演进与现代化转型[J]. 江淮论坛, 2021 (03): 83-89.

[54] 韩喜平, 王思然, 杨春辉. 共同富裕背景下我国劳动收入偏低: 潜在威胁、深层原因与政策威胁, 2024 (04): 1-13+149.

[55] 韩喜平, 何况. 中国共产党百年消除贫困的伟大创造[J]. 吉林大学社会科学学报, 2021 (03): 22-33+232.

[56] 邵彦敏, 张洪玮. 共享发展理念对世界发展理论和实践的创新[J]. 社会科学战线, 2020 (09): 247-252.

[57] 邵彦敏, 金易. 澄清对马克思"按需分配"理论认识的几个误区[J]. 理论学刊, 2010 (06): 17-21.

[58] 罗克全. 权利应得——分配原则的正义基础[J]. 吉林大学社会科学学报, 2009 (03): 80-84.

[59] 孙伟平. 价值观的力量——论习近平新时代中国特色社会主义思想的价值表达[J]. 哲学研究, 2018 (03): 3-8.

[60] 方建国. 社会主义收入分配的规律、性质及实践路径[J]. 福建论坛·人文社会科学, 2012 (10): 27-33.

[61] 杨承训. "深化收入分配制度改革"的经济学解析——兼论以初次分配为重点架构中国特色社会主义分配理论[J]. 经济学动态, 2008 (01): 64-69.

[62] 李楠, 胡爽平. 马克思主义分配原理在新中国60年的创造性运用和发展[J]. 山东社会科学, 2009 (06): 57-61.

[63] 唐卓. 应得原则: 马克思评价分配方式的正义预设[J]. 湖南社会科学,

2023, (05): 32-38.

[64] 陈思明. 马克思主义分配理论的理性回归和时代发展 [J]. 中央财经大学学报, 2003 (07): 41-44.

[65] 刘嗣明. 邓小平收入分配理论的主要创立历程及其科学性 [J]. 武汉大学学报 (人文社会科学版), 2000 (05): 674-678.

[66] 陈映. 邓小平先富、后富、共同富的分配理论 [J]. 毛泽东思想研究, 2004 (6): 40-44.

[67] 龚立新. 从"均中求富"到"双论"思想——毛泽东、邓小平收入分配思想的演进与比较 [J]. 江西社会科学, 2002 (05): 83-85.

[68] 罗雪中, 彭升. 略论党的三代领导人的收入分配理论 [J]. 毛泽东思想研究, 2005 (06): 125-127.

[69] 刘嗣明, 郭晶. 党的收入分配理论体系的创立历程及十七大的新发展 [J]. 当代经济研究, 2008 (04): 34-38.

[70] 吴丰华, 白永秀, 周江燕. 中国共产党90年分配思想: 阶段划分与成果梳理 [J]. 经济学动态, 2011 (06): 16-21.

[71] 谢昌飞. 马克思"按需分配"理论的合理性与现实性: 从西方左翼学者的质疑谈起 [J]. 理论探讨, 2023, (05): 135-142.

[72] 吴绮雯. 改革开放我国就业发展经验及展望 [J]. 江西社会科学, 2018, 38 (10): 92-100.

[73] 刘伟, 蔡志洲, 郭以馨. 现阶段中国经济增长与就业的关系研究 [J]. 经济科学, 2015 (04): 5-17.

[74] 李岩. 我国现代劳动关系协调机制现状与发展 [J]. 人民论坛, 2014 (32): 150-152.

[75] 余少祥. 新就业形态的特征、挑战与对策建议 [J]. 人民论坛·学术前沿, 2023 (16): 6-15.

[76] 李文涛. 劳动关系判断之法律保护标准及个别劳动权益保护: 以新就业形态之灵活用工为背景 [J]. 中国人力资源开发, 2023, 40 (12): 110-122.

[77] 吴清军. 加强新就业形态劳动者权益保障 [J]. 人民论坛, 2023（10）: 67-70.

[78] 张建刚. 改革开放以来我国居民收入分配变化趋势及其成因分析 [J]. 毛泽东邓小平理论研究, 2018（04）: 69-75+108.

[79] 陈友华, 詹国辉. 中国社会组织发展: 现状、问题与抉择 [J]. 新视野, 2020（05）: 73-80.

[80] 宋学勤. 中国共产党社会治理思想的演进和最新成果 [J]. 人民论坛·学术前沿, 2022（17）: 88-95.

[81] 宋学勤, 卫玮岑. 中国之治: 中国共产党社会治理思想主题 [J]. 河北学刊, 2023, 43（06）: 13-21.

[82] 张昱, 滕明君. 建党百年来中国社会治理范式的嬗变及启示 [J]. 社会建设, 2021, 8（03）: 3-10.

[83] 李建伟, 王伟进. 社会治理的演变规律与我国社会治理现代化 [J]. 管理世界, 2022, 38（09）: 1-15+62.

[84] 张会来, 董玉琦, 高克凡. 中国共产党基层社会治理思想的演进历程和实践启示 [J]. 学校党建与思想教育, 2023,（24）: 24-28.

[85] 臧雷晨, 潘晨雨. 中国社会治理体制变迁的轨迹、逻辑与动阻力机制——基于历史制度主义视角 [J]. 学习与探索, 2021（11）: 34-42+191.

[86] 杨思斌. 加强灵活就业和新就业形态劳动者权益保障 [J]. 行政管理改革, 2022（12）: 12-19.

[87] 朱涟莲, 潘敏. 完善平台经济从业者权益保障体系 [J]. 宏观经济管理, 2023（03）: 67-73.

[88] 张嘉昕, 唐鑫. 新时代高质量发展下的和谐劳动关系构建 [J]. 学术研究, 2020（05）: 104-111.

[89] 罗玉辉, 侯为民. "以人民为中心": 中国特色社会主义收入分配的理论逻辑与关键举措 [J]. 兰州学刊, 2023（09）: 45-57.

[90] 胡莹. 数字经济时代我国劳动过程的制度优势——基于社会主义基本经济制度新概括的视角 [J]. 马克思主义理论学科研究, 2022, 8（01）: 59-66.

[91]陈万球.人工智能时代的劳动方式变革图式[J].武汉大学学报(哲学社会科学版),2023,76(01):36-43.

[92]刘晗琦.新中国劳动关系演变的历史逻辑与现实启示[J].吉首大学学报(社会科学版),2021,42(05):105-112+123.

[93]赵秀丽.劳动过程变迁视角下劳资关系的演变与最新发展[J].当代经济研究,2022(05):79-88.

[94]冉昊.开启全体人民共同富裕的现代化新征程:基于分配改革的路径研究[J].科学社会主义,2021(04):98-104.

[95]陈燕.初次分配改革促进共同富裕:内在逻辑、实现难点及优化路径[J].江汉论坛,2023(01):39-45.

[96]王云飞.我国地区收入差距变化趋势——基于基尼系数分解的分析[J].山西财经大学学报,2007(08):28-32.

[97]蒋永穆,豆小磊.共同富裕思想:演进历程、现实意蕴及路径选择[J].新疆师范大学学报(哲学社会科学版),2021,42(06):16-29.

[98]李实,朱梦冰.推进收入分配制度改革 促进共同富裕实现[J].管理世界,2022,38(01):52-61+76+62.

[99]罗楚亮,李实,岳希明.中国居民收入差距变动分析(2013—2018)[J].中国社会科学,2021(01):33-54+204-205.

[100]唐任伍,李楚翘.共同富裕的实现逻辑:基于市场、政府与社会"三轮驱动"的考察[J].新疆师范大学学报(哲学社会科学版),2022,43(01):49-58+2.

[101]孙锐.构建人才引领驱动高质量发展战略新布局[J].人民论坛·学术前沿,2023(21):76-87.

[102]杜育红,郭艳斌.教育与收入分配:理论的逻辑与现实的证据[J].华东师范大学学报(教育科学版),2023,41(10):1-11.

[103]周晓桂.经济新常态下我国收入分配制度改革的再思考[J].宏观经济管理,2019(09):51-58.

[104] 刘美霞. 论"橄榄型"分配格局与社会公平的关系 [J]. 南方论刊, 2023 (02)：12-14.

[105] 熊晓琳, 任瑞姣. 以共享发展理念引领我国收入分配制度改革 [J]. 思想理论教育导刊, 2019 (01)：50-53.

[106] 伍文中, 郭庆. 共同富裕实现进程中收入分配秩序优化路径研究 [J]. 河海大学学报 (哲学社会科学版), 2023, 25 (05)：20-28.

[107] 严金强, 胡铖. 论我国按劳分配及其实现形式的演变逻辑 [J]. 教学与研究, 2023 (10)：85-94.

[108] 齐美东, 张硕. 我国金融资源空间分布差异及优化路径 [J]. 南京社会科学, 2022 (11)：33-41+68.

[109] 邓纲, 祖木莱提·迪力夏提. 农村金融资源配置的困境与出路 [J]. 华南农业大学学报 (社会科学版), 2023, 22 (04)：22-28.

[110] 王蓉. 普惠金融调节收入分配之功能研究 [J]. 南方金融, 2023 (03)：66-79.

[111] 侯燕磊. 发挥金融改善居民收入与财富分配差距的积极作用 [J]. 宏观经济管理, 2023 (11)：81-91.

[112] 宋朝龙. 国有资本产权运行的社会主义逻辑与中国式现代化道路的成功保障 [J]. 毛泽东邓小平理论研究, 2021 (10)：41-46.

[113] 郑志国. 我国初次分配的原则和结构分析 [J]. 江汉论坛, 2022 (06)：5-11.

[114] 绍东, 张毓颖. 初次分配结构影响物质资料再生产与劳动力再生产动态平衡的机制研究 [J]. 教学与研究, 2023 (07)：37-51.

[115] 李实, 陈基平. 中国国民收入分配格局的长期变动趋势 [J]. 社会科学战线, 2023 (09)：50-62.

[116] 周嘉欣, 韩喜平. 构建新时代和谐劳动关系的历史基础与现实路径 [J]. 理论视野, 2021 (10)：46-51.

[117] 李松龄. 劳动关系协调机制的理论认识与制度创新安排 [J]. 湖南社会科学, 2022 (01)：42-50.

[118]白暴力. 健全劳动者参与机制 扎实推动全体人民共同富裕[J]. 世界社会主义研究, 2022, 7(10): 41-49+118.

[119]韩文龙, 晏宇翔, 唐湘. 完善收入分配基础性制度促进共同富裕[J]. 中共杭州市委党校学报, 2023(05): 54-63.

[120]浙江省统计局课题组, 朱天福, 张琦. 共同富裕目标下的浙江收入初次分配研究——浙江省"劳动者报酬占GDP比重"偏低的原因分析及政策建议[J]. 统计科学与实践, 2022(04): 14-17.

[121]沈坤荣, 林剑威, 赵倩. 以改革开放创新激发经济发展潜力与动力[J]. 河北学刊, 2023, 43(06): 1-12.

[122]叶菊英. 浙江收入分配差距的现状、成因及对策[J]. 浙江学刊, 2014(02): 192-197.

[123]蒋永穆, 王运钊. 改革开放以来混合所有制的演进脉络、内在逻辑及展望[J]. 福建论坛(人文社会科学版), 2023(10): 5-17.

[124]李娟伟, 任保平. 新中国成立以来国有企业改革的历史阶段、理论逻辑及政策启示——基于马克思主义政治经济学视角[J]. 当代经济研究, 2022(04): 98-112.

[125]李亮亮, 邢云文. 数字经济赋能共同富裕: 逻辑理路、问题指向与实践进路[J]. 经济问题, 2024(01): 10-17.

[126]王利利, 徐强. "赋能"与"赋责": 共同富裕下平台经济的发展机制和治理逻辑[J]. 经济问题, 2024(01): 33-39+65.

[127]李实, 张尉. 收入水平、不平等感知与主观福祉[J]. 北京社会科学, 2023(12): 106-121.

[128]黄意武. 精神生活共同富裕视域下公共文化治理的转向、困境与适配[J]. 中州学刊, 2023(12): 70-76.

[129]胡汉辉, 申杰. 在全国统一大市场建设中推进共同富裕——兼论国内大循环的畅通路径[J]. 南方经济, 2023(12): 143-158.

[130]周明生, 赵杉杉. 要素替代、产业结构升级推进共同富裕实现[J]. 统计与

决策, 2023, 39（23）：132-137.

[131] 张光先, 钟晓敏. 中国式现代化共同富裕的理论内涵、内在逻辑和实践进路 [J]. 财经论丛, 2023（12）：24-34.

[132] 洪竞科, 蒋静雅, 刘炳胜. 区域平衡性干预政策对共同富裕影响机制研究——兼论要素投入与效率的"得"与"失" [J]. 财经研究, 2023, 49（12）：48-61.

[133] 张春华, 王乾坤, 侯冠宇. 数字经济、要素配置与共同富裕 [J]. 统计与决策, 2023, 39（22）：5-10.

[134] 刘文文, 李克强, 付海洋. 数字金融发展对共同富裕影响的实证检验 [J]. 统计与决策, 2023, 39（22）：140-145.

[135] 刘学斌. 身份为据、权力掌控、秩序取向——中国传统均平思想的底层逻辑 [J]. 福建师范大学学报（哲学社会科学版）, 2023（06）：18-27+170.

[136] 曹晓婕, 闵维方. 教育缩小收入差距促进共同富裕的实证研究 [J]. 教育研究, 2023, 44（11）：127-138.

[137] 刘方平. 马克思关于未来社会共同富裕思想及其当代价值 [J]. 马克思主义与现实, 2023（06）：107-115.

[138] 乔晓楠, 李欣. 劳动报酬占比、劳动报酬差距与共同富裕——政治经济学的理论逻辑与测度分析 [J]. 河北大学学报（哲学社会科学版）, 2023, 48（06）：132-149.

[139] 张青卫, 龙浩然. 扎实推进共同富裕的本质要求、现实挑战及实践路径 [J]. 哈尔滨工业大学学报（社会科学版）, 2023, 25（06）：1-8.

[140] 卢京宇, 郭俊华. 三产融合促进农民农村共同富裕：逻辑机理与实践路径 [J]. 农业经济问题, 2023（11）：105-117.

[141] 谢宜泽. 数字经济下的共同富裕：机遇、挑战与应对 [J]. 新疆社会科学, 2023（06）：23-32+167.

[142] 杜喆, 赵金科. 习近平精神生活共同富裕重要论述的历史唯物主义意蕴 [J]. 学术探索, 2023,（09）：19-24.

[143] 李万君, 李艳军, 史清华. 中国农村市场化改革: 回顾、反思及启示[J]. 中国农村经济, 2023, (07): 36-56.

[144] 姜长青. 促进共同富裕的中国社会主义基本经济制度研究[J]. 理论学刊, 2023, (04): 5-12.

[145] 张义凡. 改革开放中农村土地集体所有制的重要作用及启示[J]. 毛泽东邓小平理论研究, 2023, (05): 85-94+109.

[146] 刘灿. 社会主义基本经济制度与中国式现代化[J]. 政治经济学评论, 2023, 14 (02): 3-13.

[147] 淦宇杰, 许钤川. 分配制度改革推进共同富裕的内在逻辑、基本特征与结构优化[J]. 南昌大学学报(人文社会科学版), 2022, 53 (03): 32-40.

[148] 陈叶玲, 李志平. 我国农村居民收入结构变化及贡献率分析[J]. 湖北社会科学, 2022, (06): 84-91.

[149] 肖潇. 正确认识和把握实现共同富裕的战略目标和实践途径[J]. 马克思主义研究, 2022, (04): 67-76.

[150] 孟桢. 百年来中国共产党领导分配制度改革的理论基础、历程全景及其基本经验[J]. 湖南社会科学, 2022, (01): 31-41.

[151] 柏路. 精神生活共同富裕的时代意涵与价值遵循[J]. 马克思主义研究, 2022, (02): 64-75+156.

[152] 冉昊. 加强和改善党对全面深化改革的领导: 基于生产-分配的视角[J]. 河南社会科学, 2021, 29 (10): 106-113.

[153] 卢倩倩, 许光建, 许坤, 等. 中国居民收入分配体系: 演变、特征与展望[J]. 宏观经济研究, 2021, (07): 5-15+160.

[154] 何瑛, 杨琳. 改革开放以来国有企业混合所有制改革: 历程、成效与展望[J]. 管理世界, 2021, 37 (07): 44-60+4.

[155] 周浩波. 社会主义初级阶段收入分配制度改革: 历程、成就与经验[J]. 辽宁大学学报(哲学社会科学版), 2020, 48 (03): 18-25.

[156] 汤国钧. 我国关于"按劳分配"的讨论[J]. 经济研究, 1958 (7): 72-76.

[157] 艾思奇. 努力研究社会主义社会的矛盾规律 [J]. 哲学研究, 1958 (7): 4-6.

[158] 胡莹, 郑礼肖. 改革开放以来我国劳动报酬的变动分析——基于以人民为中心发展思想的视角 [J]. 经济学家, 2019 (07): 5-14.

[159] 胡建平, 干胜道, 王文兵. 中国劳资收入分配公平的测度研究 [J]. 财会月刊, 2023, 44 (14): 116-122.

[160] 李江涛. 广州市外来工现状与对策 [J]. 开放时代, 1995 (02): 70-73.

四、报刊文献类

[1] 习近平. 在同全国劳动模范代表座谈时的讲话 [N]. 人民日报, 2013-04-29 (01).

[2] 习近平. 关于《中共中央关于制定国民经济和社会发展第十四个五年规划和二〇三五年远景目标的建议》的说明 [N]. 人民日报, 2020-11-04 (02).

[3] 习近平. 高举中国特色社会主义伟大旗帜 为全面建设社会主义现代化国家而奋斗——在中国共产党第二十次全国代表大会上的报告 [N]. 人民日报, 2022-10-26 (01).

[4] 中共中央、国务院关于支持浙江高质量发展建设共同富裕示范区的意见 [N]. 人民日报, 2021-06-11 (01).

[5] 中共中央关于进一步全面深化改革 推进中国式现代化的决定 [N]. 人民日报, 2024-07-22.

[6] 坚持党的领导传承红色基因扎根中国大地 走出一条建设中国特色世界一流大学新路 [N]. 人民日报, 2022-04-26 (01).

[7] 第九次全国职工队伍状况调查综述 [N]. 工人日报, 2023-03-01 (02).

五、外文文献类

[1] Hofman, Antre A. Economic Growth, Factor Shares and Income Distribution in Latin American in the Twentieth Century [M]. Presented at the International Workshop on "Modern Economic Growth and Distribution in

Asia, Latin America, and the European Periphery: A Historical National Accounts Approach", 2001 (03): 16-18.

[2] Shioji Etsuro. Composition Effect of Migration and Regional Growth in Japan [J]. Journal of the Japanese and International Economies, 2001, 15 (01): 29-49.

[3] Vollrath D. How Important Are Dual Economy Effects for Aggregate Productivity [J]. Journal of Development Economics, 2009, 88 (02): 325-334.

[4] Croix D, Lubrano. The Trade off between Growth and Redistribution: ELIE in an Overlapping Generations Model [R]. in Macrojustice: A Pluridisciplinary Appraisal of kolm's Theory, eds. by Claude Gamel and Michel Lubrano, 2009: 307-339.

[5] Ricardo S Freguglia. Regional Inequality and Labor Transfers in Brazil [J]. Economic Development and Cultural Change, 2012 (52): 587-603.

[6] Wu Ximing, Perloff M. Jeffrey. China's Income Distribution over Time: Reasons for Risiong Inequality [J]. Home Page of the Jeffrey, 2004 (05): 235-256.

[7] Sicular T. The Urban-rural Income Gap and Inequality in China [J]. Review of Income and Wealth, 2007 (53): 93-126.

[8] Benjamin D, L Brandt, J Giles. Did Higher Inequality Impede Growth in Rural China? [J]. Economic Journal, 2011, 121 (05): 1281-1309.

[9] Herrerias M J, J Ordonez. New Evidence on the Role of Regional Cluster and Convergence in China (1952-2008) [J]. China Economic Review, 2012, 23 (04): 1120-1133.

[10] Hicks J. The Theory of Wages [M]. London: McMillan, 1932.

[11] Kaldor N. A Model of Economic Growth [J]. The Economic Journal: 1957, 67 (268): 591-624.

[12] Keynes J M. Relative movements of Real Wages and Output [J]. Economic Journal, 1939, 49(193): 34-39.

[13] Feldstein M S. Did Wages Reflect Growth in Productivity? [J]. Journal of Policy Modeling, 2008, 30(04): 591-594.

[14] Gollin D. Getting Income Shares Right [J]. Journal of Political Economy, 2002, 110(02): 458-474.

[15] Blanchard O, Nordhaus W D and Phelps E S. The Medium Ru [J]. Brookings Papers on Economic Activity, 1997(02): 89-158.

[16] Harrison A E. Has Globalization Eroded Labor's Share? [M] Mimeo: University of Califomia at Berkeley and NBER, 2002.

[17] Rodriguez F , Jayadev A. The Declining Labor Share of Income [J]. Human Development Research Papers, 2010(36).

[18] Oyvat C. Globalization, Wage Share and Income Distribution In Turkey [M]. Cambridge Journal of Regions, 2011: 123-138.

[19] Duenhaupt P. Financialization and the Rentier Income Share-Evidence from the USA and Germany [J]. International Review of Applied Economics, 2012: 465-487.

六、网络文献

[1] 国务院国有资产监督管理委员会. 中央企业负责人2022年度薪酬信息披露 [EB/OL] (2023-12-29) [2024-11-01]. http: //www. sasac. gov. cn/n2588020/n2588072/n2591106/n2591108/c29687153/content. html

[2] 恩施土家族苗族自治州政府. 个体工商户收入减少生存艰难 [EB/OL] (2020-08-28) [2024-11-01]. http: //www. enshi. gov. cn/sj/sjjd/202008/t20200828_639169. shtml.

[3] 中国社会科学院. 2016年社会蓝皮书 [EB/OL]. (2016-01-06) [2024-11-01]. http: //cass. cssn. cn/baokanchuban/xinshukuaidi/201601/t20160106_2814691. html.